새로운

교육과정

강봉규 · 박성혜

Curriculum

태영출판사

머리말

교육과정이란 그 나라에서 기르고자 하는 인간상을 구체화하고 그 구현방안을 설계한 청사진이라 할 수 있다. 그만큼 교육학 영역에서 차지하는 비중은 매우 크다고 하겠으나 교육학의 다른 하위영역들에 비하여 학문적 전통이 매우 짧다. 예컨대, 교육심리학, 교육사회학, 교육철학 등의 교육학 하위영역들은 각각 기존의 심리학, 사회학 그리고 철학 등에 방법론적으로, 개념적으로 의존하고 있으나 교육과정학은 어떤 특정한 모학문의 인식론에 의존하고 있지 않다. 따라서 이미 출판된 교육과정 서적들을 살펴보면 그 내용체계가 각양각색이어서 교육과정학의 정체성과 독립성에 의문이 생길 때가 많다.

따라서 본서는 교육과정학이란 학교교육과정에 관해서 이론적으로 기본원리, 실제적으로는 교육과정 편성과 운영의 지침을 제공할 수 있어야 한다는 입장에서 11장의 내용체계로 구성하였다.

그리고 본서는 교육과정학에 관한 개론서이기 때문에 한 학기용의 강의 교재로 내용분량을 적절하게 조절하여 집필되었다. 특히 독자들의 내용파악의 효율성을 높이기 위해 긴 문장으로 서술하기 보다는 내용단위를 분절하여 핵심적인 내용으로 요약 · 집약화하는 서술방식을 택하였다.

끝으로 본서의 출판에 관한 김현태사장님의 따뜻한 보살핌과 편집과 교정일을 맡아주신 오세복 선생님께 깊이 감사를 드리는 바이다.

2010년 5월 1일

저자 씀

차 례

1

교육과정의 개념

1. 학교교육과 교육과정
2. 교육과정 개념의 변화
3. 교육과정의 정의
4. 교육과정의 역할과 개념적 특징

1. 학교교육과 교육과정

1) 교육의 기본요소

교육의 역할 중 가장 원초적인 것은 전달적 기능이라고 하겠다. 전달활동이 성립되기 위해서는 가르치는 자(교육자), 가르침을 받는 자(학습자), 가르칠 내용(교육내용, 교육재료) 등을 고려하지 않을 수 없다.

가르치는 자와 가르침을 받는 자간에는 가르치는 작용과 가르침을 받는 활동과를 '매개하는 것'이 있음으로써 처음으로 교육적 작용이 가능한 것이다. 이때 가르치는 자를 '주체인 교육자', 가르침을 받는 자를 '객체인 학습자', 가르침을 연결하는 것을 '매개체로서의 교육내용'이라고 하고 그것을 교육의 3요소(three elements of education)라고 종래부터 불러왔다. 즉 주체인 교육자를 '교육의 주체(the subject of education)', 객체인 학습자를 '교육의 객체(the object of education)', 매개체로서의 교육내용을 '교육의 재료(educational materials)'라고 하고 이들을 교육을 성립시키는 필수불가결한 최소한의 요소로 보는 것이다.

이들 중 교육내용 요소가 곧 교육과정의 핵심적인 개념정립의 근본이 된다고 하겠다.

2) 학교교육 내용의 변화

(1) 학교교육의 본질

교육이란 인류생활이 시작됨과 더불어 시작되었고, 인류역사의 발전과 더불어 발전되어 왔다고 볼 수 있다.

교육이란 인간사회만이 가지고 있는 하나의 인간생활의 기본적인 기능으로서 사람의 가치실현을 위하여 타인에게 의도적으로 작용하고 그 작용에 따라 보다 바람직한 상태로 행동을 변화시키는 활동이기 때문이다.

그래서 사람은 교육을 필요로 하는 동물이며 교육에 의해서만이 사람이 될 수 있다고 하는 선현들의 말과 같이 교육은 오직 사람에게만 쓰이는 말이며 또 사람에게만 필요로 하는 활동이다. 식물을 손질하고 가꾸며 키워나가는 것을 재배라 말하고, 동물을 가꾸고 기르는 활동은 사육이라 말하며, 개나 말 등 동물을 대상으로 특정한 기능을 가르치는 경우는 훈련이라 말하며 교육이라는 말은 사용하지 않는다.

그런데 이와 같은 교육활동은 두 가지 측면으로 나누어 볼 수 있는 바, 하나는 개인적, 사적, 비조직적으로 이루어지는 경우고, 다른 하나는 집단적, 공적, 조직적으로 이루어지는 경우다. 학교교육이란 후자의 경우를 가리키는 말이다. 학교란 보다 건전하고 올바른 지적 발전과 정서적 발전을 비롯하여 바람직한 습관형성과 가치관형성을 위하여 의도적으로 청소년들의 생활방식과 사고방식을 지도하기 위하여 마련된 기구요, 제도다.

(2) 학교발생의 어원적 고찰

영어의 school의 어원은 라틴어의 schola이고, 이 schola는 다시 희랍어의 scholé에서 유래한 것인데 이것은 '한가함'을 의미했던 것이다. 이러한 school의 어원으로 미루어 보면 원래 학교란 우선 생산 · 경제활동을 노예에 맡김으로써 시간적 · 경제적 여유를 즐겼던 상류층 자녀들의 담소의 자리 그 자체였고 또 이런 상류층 자녀의 교양 향상을 위한 계획적 교육의 마당이었음을 알 수 있다.

(3) 학교교육 내용의 역사적 기원

[1] 무의식적 모방 학습기

미개한 원시사회에서의 학습내용이란 성인들의 일상생활을 무의식적으로 모방하는 학습활동기였다. 어린 아이들은 활을 만들어 쏘아 보며, 물에서 통나무 배를 타보며 소꿉장난을 해 봄으로써, 어른들의 생활을 무의도적으로 축소해서 경험하고 장차의 생활에 필요한 기술을 무의도적으로 학습했던 것이며, 성인들 또한 이런 어린이의 놀이를 계획적으로 지도하지는 않았던 것이다. 이것이 오늘날의 생활학습의 원리며 교육의 제1단계라 해야 할 것이다.

2 의도적 모방 학습기

교육의 제2단계는 의도적 모방활동 학습기이었다. 즉, 어른들이 집을 지을 때 아이들은 옆에서 연장을 날라 주면서 집짓는 건축 기술을 배우며, 동네 어른들이 멧돼지를 잡기 위하여 사냥할 때 자기도 소리를 지르면서 몰이꾼의 하나가 되어 수렵 기술을 배웠던 것이다. 이 제2단계에 비로소 어린이들은 생활과 노동을 통해서 의식적으로 생활기술을 배웠고, 또 성인들은 어린이들을 의식적으로 자기네의 활동에 참가시켰던 것이다. 그러나 이 단계에서도 아직 조직적(계획적·계속적) 학습내용은 보이지 않았다.

3 문자의 발생과 학교교육의 시작

조직적 학습내용은 문자의 발생과 더불어 발생하였고, 이 때에 비로소 교육은 제3단계, 즉 학교교육 단계에 들어서게 되는데, 학교란 아이들의 직접경험의 범위를 벗어나는 고도의 문화내용 · 생활양식 · 생활기술을 '문자'를 통해서 정선 · 압축 · 체계화하여, 일정한 장소에서 교육하기 위한 역사적 필연성에 의하여 발생하게 되었다. 즉, 개인의 경험만으로는 감당 못할 만큼 생활양식과 생산기술이 복잡해졌고, '문화'가 축적되었기 때문에 이를 다음 세대에 '계승'시키기 위해서는 문자를 통해서 조직적으로 기록 · 훈련시키지 않으면 안 되었고, 따라서 형식적 교육의 필요성을 인식하기에 이른 때부터라 하겠다. 역사적으로 문자의 발생과 '학교의 발생'이 동시였음을 짐작할 수 있다. 따라서 학교교육의 내용은 문자교육이 효시였음을 시사받을 수 있다.

(4) 근대학교의 발전과 교육내용의 변화

근대학교는 근대국가의 발전에 따라서 그 이전까지는 학교교육이 주로 사원이나 저택에서 행해졌던 것이 국가에 의해서 통일되게 관리하게 되었으며, 산업혁명의 결과로 모든 산업이 발달하였고 국민 생활이 향상됨에 따라 교육내용 체계가 더욱 복잡해지고 다양화됨에 따라 학교교육의 필요성은 더욱 강조되기에 이르렀다.

한편, 민주적 사상의 보급에 따라 인권이 존중되었고 교육에 대한 기회균등 사상이 발달해서 19세기에서 20세기에 걸쳐서는 근대학교의 현저한 발달을 초래하게 되었는데, 그 '개혁 확충'으로서는 종교와 교육의 분리, 의무교육의 보급, 여성교육의 발달과 남녀공학의 실현, '교육내용면'에 있어선 교과목의 확대, 과학교육과 실업교육의 진흥, 생활적응 교육의 신장, 보건체육 교육의 보급 등 큰 변화를 가져왔고, 국민교육의 기회도 초등교육에서 중등교육으로 또는 대학교육에 이르기까지 확대 발전하게 되었다.

3) 학교교육 내용의 역사적 변천

학교교육이 발달하면서 19세기 이전에 학교에서 가르친 내용과 학생들이 배운 교육내용의 역사적인 흐름을 요약해 보면 〈표 1-1〉과 같다.

표 1-1 19세기 이전의 학교교육의 주된 교과과정 개요

서양	한국
고대 이집트 경서의 읽기와 쓰기, 기하, 산수, 천문학 고대 그리스 -아테네	

음악학교 : 독서 · 서 · 산, 음악
체육학교 : 체조, 운동경기
-스파르타
호머의 시, 독 · 서 · 산의 기초
리쿠르스의 법률, 군사훈련

로마시대
초등 : 독 · 서 · 산, 12동판법 암송
중등 : 그리스어, 라틴어, 역사, 문법, 신학, 지리, 역사, 천문학
고등 : 웅변술, 수사학

중세시대
수도원학교 : 7자유학과(3학 : 문법, 수사학, 변증법, 4과 : 산수, 기하, 천문학, 음악)
기사교육 : 7예(말타기, 활쏘기, 검술, 수영, 서양장기, 시, 음악)
중세대학 : 7자유학과, 법률, 의학, 신학, 형이상학, 윤리학, 라틴어

르네상스 시대
김나지움 : 수학, 그리스어, 히브리어, 라틴어
대학 : 문법, 수사학, 예술, 고전문학, 사변론술

17세기 실학주의 시대
초등 : 역사, 지리, 미술, 물리, 모국어
중등 : 7자유학과, 물리학, 지리학, 역사학, 종교
대학 : 신학, 철학, 법학, 과학, 고전문학

18세기 계몽시대
7자유학과, 체육, 국어, 도덕, 실과교육, 자연과학, 수학, 정치, 경제, 역사학

고구려
태학 : 3사(사기, 한서, 후한서), 5경(시경, 서경, 주역, 예기, 춘추)
경당 : 5경, 한서, 문선, 춘추, 사기

신라
국학 : 논어, 효경, 예기, 주역, 모시, 좌전, 춘추, 상서, 문선

고려
국자감 : 7제(주역, 서경, 시경, 예기, 봉부, 춘추, 좌씨전, 무학)
12도 : 9경, 3사, 시문짓기

조선시대
성균관 : 강독 : 4서(논어, 맹자, 중용, 대학), 5경 (시전 · 서전 · 주역 · 예기 · 춘추
제술 : 의, 론, 송, 기
서법 : 해서, 행서, 초서

향교 : 소학, 4서 5경, 실업교육
백운동서원 : 성리학
서당 : 천자문, 소학, 동몽선습, 통감, 4서 3경, 사기, 당송문, 작문, 습자

2. 교육과정 개념의 변화

1) 어원적 고찰

교육과정의 영어 단어인 curriculum의 어원은 라틴어의 'currere', 곧 '뛴다'는 뜻의 동사다. 명사로서의 'curriculum'은 말이 달리고 사람이 뛰는 경주의 course, 즉 'race course'를 뜻한다.

이 말이 교육에 전용되어 학생이 일정한 목표를 향해 달리는 과정이란 뜻으로 사용하게 되었다. 흔히 말하는 'course of study'란, 라틴어의 영역으로 본래 'curriculum'이라든가, 'course of study'와 같은 의미로 쓰였던 것이다. 'curriculum'은 다만 '뛴다', '과정'만을 뜻하는 것은 아니다. 뛰는 과정에는 반드시 내용이 수반되어야 한다. 무엇인가 학생이 학습하고 경험하는 내용이 필요한 것이다. 따라서 'curriculum'이란 말이 교육에 전용되어 일정한 순서로 배열된 학습 'course'와 더불어 학습내용이나 경험내용을 의미하게 된 것이다. 바꾸어 말하면 학생이 학습한다든가 경험하는 내용의 학습경험 그 자체를 뜻한다.

이 단어가 교육용어로 등장하게 된 연대는 정확하지 않으나 대체로 1920년경으로 알려져 있다. 역사상 최초로 교육과정을 교육학의 한 전문분야로서 취급한 책은 1918년 Franklin Bobbitt에 의한 「The Curriculum」이다.

2) 교육과정 개념의 변화과정

(1) 주지주의적 관점

1920년대의 주된 관심은 거의 전적으로 교과를 가르치는 일에 초점이 두어졌다. 여기에서 교과란 교사가 학생들에게 가르쳐 주어야 할 지식의 주제 또는 제목들을 열거해 놓은 것을 의미한다. 이 시기에 있어서는 주지주의적 교육관의 영향하에 교육을 지식 전달작용을 하는 것으로 보았기 때문에 교육과정에서의 주된 관심은 각 교과의 지도내용을 어떻게 체계화하고 조직 배열할 것인가에 두어지게 되기 마련이다.

이렇게 해서 마련된 것을 우리는 course of study, 즉 교수요목, 교과과정, 학과과정이라 부르게 된 것이다.

(2) 실용주의적 관점

종래의 교육에 있어서는 수업을 단순히 지식이나 기술을 전달시켜 주는 작용을 주된 기능으로 생각해 왔지만, 이와 같은 생각에 회의를 느끼기 시작한 것은 1930년대를 전후해서 특히 미국 교육에서 두드러지게 나타났다.

이와 같은 흐름은 Dewey 등에 의한 실용주의 교육 사상에 의해 주도되었다. 학교교육은 변천하는 사회 속에서 보다 현명하게 생각하고 판단하며 제반 실생활문제를 합리적으로 처리할 수 있는 사람, 민주적인 집단사회에서 협동성과 책임감, 그리고 민주사회의 시민으로서의 자질과 인간존중사상 등의 교육을 충실하게 해야 한다고 보았다. 이와 같은 교육을 종래의 주지주의하에서의 교과과정으로는 충족시킬 수는 없다는 것은 당연한 귀결이라 하겠다.

그리하여 새 시대의 사조에 맞는 '교육과정 개정'(Curriculum revision) 운동이 활발하게 전개되었는데 그 대표적인 예는 「8년연구」(The Eight Year Study, 1932~1940)를 들 수 있다.

이러한 교육과정 개정작업에서는 교육과정을 비교적 단절된 교수요목으로 보기보다는 '학교의 지도하에 학생들이 가지게 되는 모든 경험'으로 정의하게 되었다. 교육과정을 '교수요목'으로 보는 견해와 '학생들의 경험'으로 보는 관점 간에는 큰 차이가 있다. 즉 전자가 '모든 학생들에게 공통된 문서'를 의미한다면 후자는 '학생 개개인에 따라서 다르게 나타나는 경험자체'를 의미한다고 볼 수 있다.

가장 대표적인 개념은 Ragan이 정의한 "교육과정은 곧 학생들이 학교의 지도하에 경험하는 모든 학습생활의 총화다."

(3) 학문주의적 관점

1960년대 이후 가속적으로 발달해 온 과학문명은 현세기 후반기에 들어와 지식과 기술을 급증하게 했으며, 이 결과에서 야기된 각종의 변화양상은 현대인에게 이러한 실정에 효과적으로 대처하기 위해서, 특히 학교교육을 통하여 새로운 학문과 지식에서 요구되는 체계적인 지식과 탐구 발견능력을 갖추게 하는 것이 무엇보다도 학교교육의 중심과제가 되어야 한다는 견해에 따라서 교육과정은 곧 학문적 체계와 그 탐구방식이 중심이 되어야 한다는 것을 주장하기에 이르렀다.

이와 같은 주장에 기초를 둔 새로운 교육과정에의 견해는 1960년 Bruner 등의 저서인 「교육의 과정」(The Process of Education)에서 제안된 것으로부터 구체화되기 시작했다. 그리고 그들에 의하여 제안된 교육과정의 새로운 이론이 이른바 학문중심 교육과정(discipline centered curriculum)이다.

학문중심 교육과정론에서는 각종 학문에서 요구되는 체계적인 지식과 탐구능력을 길러주는 일이 오늘날의 사회발전 추세에 비추어 보아 학교교육의 중심과제가 되어야 한다는 것이며, 교육과정은 "일련의 구조화된 의도하는 학습결과" 또는 "각 학문에 내재되어 있는 지식 탐구과정의 조직"이라 정의하고 있다.

(4) 인간주의적 관점

1980년대 이후에는 과학 · 기술의 발달과 경제의 지속적인 성장에 따른 고도산업사회의 도래는 물질만능의 풍조, 인간소외, 청소년 문제 등의 사회병리적 현상을 수반하게 되어, 지금까지의 '교육의 적절성'(relevance of education)의 문제에 대한 재검토가 이루어짐과 더불어, 인류의 가치실현과 개개인의 자아실현을 중시하는 인간교육의 실현이 중요한 과제로 등장하게 되었다.

이와 같은 인간교육에의 요구는 인간중심 교육과정의 형성을 강조하게 되었고, 교육과정의 정의도 "학생들이 학교생활을 하는 동안에 가지게 되는 모든 경험"이라고 하였다. 이러한 경험의 범주 속엔 학교의 지도, 계획, 의도가 없는데도 가지게 되는 경험, 즉 잠재적 교육과정(latent curriculum)도 포함된다.

(5) 구성주의적 관점

앞에서 소개한 관점들은 대개가 학습이 이루어지는 과정에 대해 연구하는 심리학적인 접근인데 비해 구성주의는 지식이란 무엇이며 지식이 어떻게 구성되는지에 대해 관심을 갖는 철학적 접근이다.

구성주의자들에 의하면 전통적인 교육내용은 지식이 인간의 외부에 객관적으로 존재하며, 인간은 이러한 지식을 수동적으로 받아들이는 개체라는 가정하에 모든 교육활동이 이루어졌다고 주장한다. 하지만 구성주의에서는 지식이란 외부에 객관적으로 존재하는 것이 아니라 인간에 의해 의미가 부여되는 것이며, 학습은 능동적으로 의미를 구성하는 과정이라고 주장한다. 이러한 지식에 대한 인식론적 차이는 결국 교수-학습의 방법과 교육과정 설계에 매우 큰 차이점을 초래하게 된다.

구성주의에 의하면 학습은 학습자가 지식의 내적인 표상을 구축하는 과정으로 경험에 의해 독특하게 개발되는 개인적인 해석이다. 그러므로 학습은 개인적인 경험에 근거해서 의미가 개발되는 능동적이며 개인적인 과정이다. 따라서 세계에 대한 객관적이고, 절대적인 지식은 존재하지 않고, 개인에 따라 다양한 의미나 관점이 존재하게 된다.

극단적인 구성주의자들은 우리가 추구해야 할 교수목적은 학습자가 사실이나 개념, 원리 등 어떤 지식의 요소를 알도록 하는 것이 아니라 오히려 학습자에게 세상에 대해 그들 스스로 해석하는 방법을 보여주는 데 있다고 주장한다. 그것을 보여주기 위한 방법은 설계자가 미리 정해 놓을 수는 없으며, 학습자와 함께 개발하여야 하는 것이다.

구성주의에 의하면 의미는 경험에 근거하므로 학습을 위해 경험을 설계하는 것은 매우 중요하다. 학습은 경험에 근거하므로, 개인이 그 아이디어를 이해하고, 사용할 수 있게 하기 위해서는 그 아이디어가 포함되어 있는 경험이 필수적으로 제공되어야 한다. 그러므로 구성주의자들은 구성적 과정이 학교나 교실의 훈련을 넘어 발생하고 전이되기 위해서는 학습이 반드시 실세계의 맥락을 반영하는 풍부한 맥락 안에서 이루어져야 한다고 주장한다.

구성주의적인 관점에 의하면 맥락은 학습과 관련된 지식 기반에 통합되는 것이며, 정보를 실제 생활의 맥락과 분리시키는 것은 불가능하다. 그러므로 구성주의자들은 인지적 경험을 실제적인 활동에 “위치시키는 것(situating)”을 강조한다. 하지만 현재 학교에서 제공되고 있는 경험은 실세계에서 접하는 경험과는 매우 다르며, 이 점은 학교에서 배운 지식을 실세계에 적용하는 데 실패하는 가장 중요한 요소라고 하겠다.

또한 학습은 개인의 경험에 의한 의미를 구성하는 과정이므로 학습의 중심은 교사가 아니라 학습자가 된다. 교사는 학습자가 의미를 구성할 수 있도록 보조하는 보조자, 촉진자 또는 코치의 역할을 하며, 의미를 구성하는 방법을 보여주는 모델이 되어야 한다. 모든 학습 환경은 학습자들이 문제를 해결하고, 의미를 구성할 수 있는 풍부한 환경을 제공해야 하며, 교수설계의 관심은 교수 활동보다는 학습자들의 문제해결 활동과 문제해결을 도와줄 수 있는 환경을 설계하는 데 주어져야 한다. 이 환경 내에서 학습자들은 자신들이 구성한 의미를 적용하고, 사용함으로써 실제의 문제에 지식을 전이할 수 있는 능력을 기르는 것이다.

따라서 구성주의 관점에서 교육과정 개발은 아무래도 국가나 지역 수준의 교육과정 개발보다는 학교나 교실 수준의 교육과정 개발과 더욱 관련이 높다고 하겠다. 학교나 교실수준의 교육과정 개발은 학습자의 능동적이고 주체적인 학습을 통하여 지식의 교육적 구성이 가능할 수 있도록 교육내용이 학습자들의 삶과 관련이 있도록 선정될 필요가 있으며, 이미 선정된 내용은 재구성되어야 한다.

그리고 학교에서 이와 같은 교육내용의 선정과 재구성이 가능할 수 있도록 하기 위해서는 국가수준 교육과정이 교과별 내용제시에서 벗어나 교과별 목표제시 방식으로 전환되어야 하며, 학습자의 관심과 능력 수준에 알맞은 학습자료를 교사들이 자유롭게 사용할 수 있도록 교과서 중심 수업을 완화하는 제도적 · 문화적 여건을 조성해야 한다.

다시 말하면, 구성주의 관점에서의 교육과정 개발은 개발을 위한 특정한 절차나 기법을 의미하는 것이 아니라, 국가나 지역, 학교 등의 기관들이 행사해 온 교육에 대한 통제를 교사와 학습자에게 되돌려 줌으로써 그들이 자신들의 삶을 변화시키는 데 필요한 방식으로 교육내용(교과서 내용 포함)을 선정하고 재구성하며 수업과 평가 체제를 계획하는 활동을 의미한다고 볼 수 있다.

3. 교육과정의 정의

1) 교육과정의 수준별 개념

교육과정의 개념을 세 가지 수준에서 정리해 본다면 그 내용은 다음 〈표 1-2〉와 같다.

표 1-2 교육과정 개념의 세 가지 수준

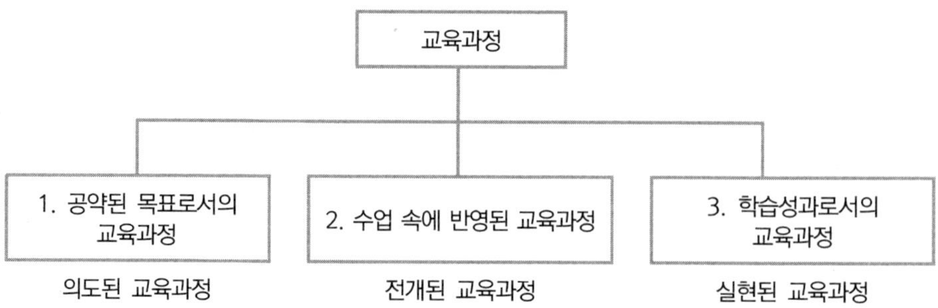

첫째, "공약된 목표로서의 교육과정"이란, 말하자면 의도된 교육과정이라고 할 수 있다. 교육부령으로서의 교육과정이 이 수준에 속한다고 보겠다.

둘째, "수업 속에 반영된 교육과정"이란, 말하자면 전개된 교육과정을 가리키고 있다. 공약으로서의 또는 규범으로서의 교육과정은 어차피 교사에 의하여 재해석되고 교사의 손에 의하여 그의 수업행위 속에서 재현되지 않으면 안될 처지에 있다.

셋째, "학습성과로서의 교육과정"이란, 말하자면 수업을 통하여 학생들에게 실지로 '실현된 교육과정'이라고 할 수 있다. 학생들의 학습능력이나 경험배경이나 교육적 필요에 커다란 개인차가 있을 수 있다는 점을 고려할 때 동일한 교육과정에 의하여 전개된 동일한 수업조건 속에서도 우리는 천차만별의 셋째 수준의 교육과정을 기대해야 할 것이다. 잠재적 교육과정의 입장도 바로 이러한 셋째 수준의 교육과정의 중요성을 시사하고 있다.

2) 교육과정의 정의

교육과정은 학생들로 하여금 교육목적에 맞는 성장 · 발달을 도모하고 바람직한 행동변화를 기대한다는 점에서 결국은 교육목적을 달성하기 위한 수단이라 할 수 있다. 따라서 교육과정이란 말은 다양하게 정의되고 있다.

(1) 학습내용으로서의 교육내용

교육과정이란 학생들에게 가르쳐야 할 학습내용(a course of study)으로 정의된다. 즉, 피교육자들에게 무엇을 어떻게 학습시킬 것인가에서 '무엇을'이라는 것이 교육과정에 해당된다. 이 때의 학습내용은 지식의 체계일 수도 있고 경험의 체계로서 성립될 수도 있다. 이 정의는 가장 전통적이고 대표적인 개념규정이다.

(2) 학습경험으로서의 교육내용

교육과정이란 학교의 책임하에 학생들에게 제공되는 모든 경험활동으로 정의된다.

이렇게 볼 때 교육과정이란 학교가 학생들에 대하여 선택된, 교육적인 경험을 준비하여 그들의 성장 · 발달을 도와 주며 학습에 의한 행동의 변화를 초래하는 수단으로 삼는 것이라 할 수 있다. 따라서 종전의 교과라든가, 교재라고 불리운 것도 결국 학생의 성장 · 발달을 돕기 위해 마련된 선택된 학습경험이라 볼 수 있다.

(3) 전체계획으로서의 교육내용

교육과정이란 일정한 교육기관에서 교육의 모든 과정을 마칠 때까지 요구되는 교육내용, 그 내용을 학습하기에 필요한 연한, 또 연한 내에 있어서의 학습시간 배당을 포함한 교육의 전체계획이라고 정의할 수 있다. 바꾸어 말하면 학교의 교육목적을 달성하기 위하여 선택된 문화재, 또는 생활경험을 교육적인 관점에서 편성하고 그들 학습활동이 언제, 어디서, 어떻게 행해질 것인가 종합적으로 묶은 교육의 전체계획이라고 할 수 있다.

(4) 학습결과로서의 교육내용

교육과정이란 일련의 구조화된 의도적인 학습결과라고 정의될 수 있다. 여기서 학습결과는 학생들이 실제로 배운 것이며, 교과 내용학습 뿐만 아니라 태도 및 자신감 등을 위한 부수적인 학습으로부터 온 결과다.

이 입장은 내용으로서의 교육과정이란 개념보다 훨씬 넓은 의미를 가지면서도 계획으로서의 교육과정 개념보다는 좀 제한된 개념이라 할 수 있다.

이상과 같이 네 가지 입장에서의 개념을 정의하여 보았다. 다만 주의할 것은 교육과정이란 '가르쳐야 하는 것이라든가 또는 전달해야만 할 것'으로 목적시 해서는 안 된다는 점이다. 교육목적은 어디까지나 학생 자신의 성장 · 발달에 있는 것이며 교육내용 그 자체에 있는 것이 아니기 때문이다. 그러므로 교육과정은 어디까지나 교육목적을 달성하기 위한 수단임을 다시 인식해야 하겠다.

3) 교과과정과 창의적 체험활동

(1) 교과과정

교과과정과 교육과정의 개념상의 차이는 다음과 같다.

첫째, '교과과정'은 학교교육을 교과영역에 국한시킴으로써 교과체계를 존중하여 교과계획으로 그치게 됨에 대해서 '교육과정'은 교과영역 뿐만 아니라 생활영역까지 포괄적으로 다룬다.

둘째, '교과과정'은 그 활동의 본질에 있어서 계획된 정규시간에, 교실 안에서 교과 · 교재를 매개로 이루어지는 교사와 학생간의 교과학습을 강조함에 대하여, '교육과정'은 그를 포괄하여 보다 폭넓은 학교생활의 전체적 활동으로 본다.

셋째, '교과과정'은 교사나 학생이 학습경험을 계획하는 것, 편제하는 것으로 보고 있음에 대하여, '교육과정'은 계획, 편제뿐만 아니라 그것을 실천하는 것까지 포괄해서 생각한다.

이와 같이 '교과과정'이란 학교교육에서의 교과계획, 즉 부분계획이요, 교과활동에 국한시켜 말함에 반해서, '교육과정'은 학교생활의 전체계획이요, 생활영역까지 포함시키는 것으로 학교로 인하여 영향이 미치는 모든 영역을 총체적으로 다루는 개념이라 하겠다.

(2) 창의적 체험활동

교육부에서 제정한 우리나라의 교육과정은 교과외 영역의 활동을 정규과정으로 포함시키고 있는데 '……창의적 체험활동이라 함은 교육목적 및 교육목표를 달성하기 위하여 필요한 교과 이외의 기타 교육활동을 말한다'라고 하여 학생의 자율활동이라든가, 봉사활동, 동아리활동, 진로활동 등의 4개 영역으로 구성된다. 즉 창의적 체험활동이란 학교 교육과정에서 교과학습 이외의 교육활동을 지칭한다.

이렇듯 창의적 체험활동은 교과과정을 보충하고, 교과면과 협력하며, 관련된다는 의미에서 '협력과정'이라고도 하는데 그것은 교과활동과 중복되는 것, 서로 보충하는 것, 교과활동에서 파생한 것, 완전히 독립된 것 등 다양성을 띠고 있다.

2009 개정교육과정(제8차교육과정)에서 창의적 체험활동을 도입하고 이 프로그램 속에 종전의 재량활동과 특별활동 내용을 포함시키고 있다.

4. 교육과정의 역할과 개념적 특징

첫째, 교육과정은 넓게는 교육, 좁게는 학교교육의 기본적인 내용들, 예를 들면 전인교육 · 지식교육 · 정서교육 · 기능교육 등 학교교육의 일반적인 지침뿐만 아니라 구체적인 학습내용까지를 규정하거나 또는 그에 대해 구체적인 시사를 제공함으로써 학교수업의 모습과 그 과정까지도 결정지어 주는 역할을 담당한다.

둘째, 교육과정은 교육적 성취를 위한 수단이란 점에서 교육의 핵심적 위치를 차지한다. 교육을 우리 인간의 삶 전체의 한 표현양식이며 인간가치의 계속적인 재형성과정으로 본다면, 교육과정은 바로 그러한 교육의 실체를 만들어 내는 데 직접 관여하는 주체가 된다. 즉, 교육과정은 교육목적의 성취 내지 학생의 성장 · 발달을 돕는 데 기본이 있다.

셋째, 교육과정은 학교교육을 위하여 주도면밀하게 계획되고 만들어진 것이라는 점이다. 교육적 성과에 대한 막연한 기대나 그럴 듯한 가정을 바탕으로 해서 교육과정은 생기지 않는다. 학교교육을 통해 성취하고자 하는 교육적 성과가 무엇인지에 대한 진지한 탐색과 합의, 이러한 성과를 어떠한 방법으로 얻을 수 있을 것인가에 대한 전문적인 판단과 그에 따른 합리적 개발과정을 통해서 생성된다. 이 점에서 교육과정은 계획된 것이고 만들어진 것이다.

넷째, 교육과정은 교육이 포괄할 수 있는 가정교육 · 학교교육 · 사회교육 등 모든 종류의 교육형태 가운데 조직적이고 체계적인 교육, 즉 학교교육에 초점을 두고 있다. 따라서 학교교육의 핵심이라 볼 수 있는 수업은 교육과정을 매개체로 삼아 교사나 학생이 학교에서 상호작용하는 과정임을 시사해 준다.

다섯째, 교육과정은 그 생성자체가 교육을 위해서 계획되고 만들어진 것이기 때문에 강력한 실천성을 갖는다. 이러한 교육과정의 실천성 때문에 교육과정은 실천되는 데에서 그 의미가 살아난다. 이 점에서 교육과정은 교육의 실천, 즉 그 교육자체를 가능케 하는 중요한 요인이 되는 것이다.

이상 교육전체의 범주 내에서 교육과정의 특징을 살펴볼 때, 교육과정은 체계적인 교육을 담당하고 있는 학교교육의 기본요소가 됨을 알 수 있다.

2

교육과정 구성의 기초

1. 교육과정의 철학적 기초
2. 교육과정의 사회적 기초
3. 교육과정의 심리적 기초

1. 교육과정의 철학적 기초

교육과정 개발자들은 교육과정을 계획할 때 의식하든 의식하지 않든지 간에 철학적, 심리학적, 사회학적 가정을 하게 된다. 따라서 이들 세 기초학문들이 교육과정에 어떻게 기여하고 있는지를 숙고해 보는 것은 교육과정 개발과정을 명료화하고, 교육과정 개발의 질을 향상시키는데 도움이 될 것이다.

Marsh에 의하면 교육과정의 역사는 교육과정을 결정할 때 이 세 초점이 어떻게 적절한 균형을 이루었는지, 혹은 어느 쪽에 비중이 주어졌는지의 역사라고 할 수 있다.

1) 교육철학의 기능과 교육과정

교육철학은 교사들의 교육관을 확립시켜 줌은 물론 교육과정의 구성과 전개에 방향감을 분명하게 잡아주는 기능을 하게 된다.

우선 철학의 기능을 흔히 사변적 기능, 규범적 기능 그리고 분석적 기능으로 나누어 볼 수 있다면, 교육철학의 기능도 이 세 가지 측면에서 고찰할 수 있다.

(1) 교육철학의 사변적 기능

교육과의 관련된 수많은 사실들을 하나의 유기적인 체계로 조직하여야만 전체로서의 교육의 기능이나 본질 혹은 위치 등을 제대로 파악할 수 있게 된다.

교육현상에 대한 전체적인 안목을 제시하는 기능을 교육철학이 담당하고 있으며 이러한 교육철학의 기능을 다른 기능과 구분하여 교육철학의 사변적 기능이라고 부른다.

(2) 교육철학의 규범적 기능

교육이란 현상을 파악하여 전체적인 개념이나 안목을 획득하는 활동도 필요하지만, 교육이란 것은 그 사회가 추구하는 기본가치를 오늘의 현실에서 구현하고자 하는 고도의 유목적적, 의도적인 인간행위인 것이다. 그러므로 모든 교육활동의 궁극에는 필연적으로 가치개념이나 가치기준에 포함되기 마련이다.

교육철학의 규범적 기능은 이렇게 교육의 정책이나 방안을 결정하는 근거로서의 가치기준이 무엇인가를 명백히 할 뿐만 아니라, 이러한 가치기준에 비추어 그러한 정책이나 방안을 평가하는 기능을 말한다.

(3) 교육철학의 분석적 기능

우리는 교육적 논의에 사용되는 언어의 의미가 명백하고 모호성이 없으며, 과연 바르게 사용되고 있는지의 여부를 검토함으로써, 교육에서 취급하는 여러 논의나 결론들의 타당성을 검증할 수도 있다. 뿐만 아니라 다른 한편에서는 교육에 관한 사실을 사실로서 확립시키는 데 어떤 증거가 올바른 증거인가를 밝혀 봄으로써 교육적 진술에 대한 진위여부를 확인할 수도 있다.

위와 같은 방법들에 의하여 교육에 관한 사고나 사상, 혹은 교육실제에 관계되는 용어나 문장이 어떠한 형식을 취하고 있는가를 철저하게 분석하고 음미하여, 교육일반에서 사용하고 있는 개념이나 기본 상정들의 의미를 명료하게 하는 것이 바로 교육철학의 분석적 기능인 것이다.

2) 교육철학의 기본입장과 교육과정

(1) 전통적 입장

이 입장에서는 교사들은 교육과정이란 오로지 학습자들이 배우는 교과목들로 이루어지며, 과거지향적인 성격을 갖는 것이라고 생각하고 있다. 그들의 주된 일은 교과내용을 잘 이해시키고, 좋은 점수를 내도록 하는 것이며, 그런 모범적인 교육은 지금의 생활적응(life adjustment)이니, 또는 인간발달(human development)이니 하고 떠드는 데 있지 않고 전통적인 과거의 학교에서 찾아볼 수 있다고 주장한다.

이 입장은 근래의 교육추세에 반대하는 입장으로서 그 특징을 살펴보면 다음과 같다.

첫째, 정신이란 훈련되어야 하고 그 많은 지적 과업을 완수하려면 정신적 훈련에 그 가치를 인정해야 하며,

둘째, 교육과정의 계획은 내용을 논리적으로 조직할 수 있는 교과전문인에 의해서 이루어져야 하며,

셋째, 실제적인 지도계획은 그 전문인에 의해서 만들어진 교과서나 지도서에 따라 교사가 마련해야 하며,

넷째, 교육과정은 교과중심이어야 한다는 것이다.

이러한 견해를 가진 사람들은 초등학교를 하나의 학구적인 중등교육의 준비과정으로 보며 소위 체험활동이니, 직업, 취미활동이니 하는 것 등은 교육과정 속에 넣지 않으며, 주로 지적으로 우수한 학습자들만을 상대로 교육과정을 짜게 되니 소위 학습지진아를 위해서는 전연 고려하지 않는다. 따라서 요구되는 교과목 성적에 미달되면 몇 번이고 낙제하기 마련이다.

이런 입장에 찬동하는 사람들은 언어, 수학 그리고 과학 등의 고전적 내용을 강조한다. 그것은 오직 그렇게 함으로써만이 복잡한 현세기의 영도에 필요한 훈련된 정신을 산출할 수 있다고 믿기 때문이다. 지적 정예분자의 육성이란 이들의 큰 목표의 하나다.

이러한 입장을 대표하는 교육철학 사상은 항존주의 교육철학(perennialism) 사상이다.

항존주의 주창자로서는 1930년대에 시카고 대학 총장이었던 Hutchins와 Alder 그리고 Maritain 등이 있다. Hutchins는 대학의 교육과정은 영구불변의 진리를 추구하고 이성적이어야 한다는 것을 강조하면서 「The Great

Curriculum」을 운영하였다. 이 교과과정은 역사상의 고전 100권을 선택하여, 이러한 대저서를 비판적으로 읽고 학습할 것을 강조하는 교과과정인 것이다.

항존주의자들은 영구불변의 절대적인 진리가 우주에 존재하는 것이며, 시간과 공간을 초월한 가치가 있다고 믿는다. 겉으로 보기에는 이 세상의 모든 것은 변화하는 것 같지만 궁극적인 실체는 변하지 않는 것이라고 보는 것이 항존주의자들의 주장이다. 이와 함께 인간의 본성은 이성이라고 생각하고, 이성에 의하여 인간이 행동할 때에 그는 참된 인간이 되는 것이라고 본다. 인간이 이성을 가졌다고 하는 말은 동시에 자기의 행동을 자유롭게 할 수 있는 자유를 가지고 있고, 자기의 행동에 대해서 책임을 질 수 있는 책임감과 자제력을 가지고 있음을 뜻한다.

교육의 근본적인 목적과 역할도 그들은 이성을 함양하는 일이라고 생각하기 때문에 이성적 인간상으로 꼽고 있다.

(2) 보수적 입장

보수주의 입장의 교육과정의 특징을 살펴보면 다음과 같다.

첫째, 교육과정 속에는 배워야 할 어떤 기본적인 것들이 있어야 하며, 정신이란 한낱 지적 훈련으로 강화되는 것이 아니라 적절한 자각에 대한 바람직하고 정확한 반응을 야기시키게 함으로써 훈련되어진다는 견해를 갖고 있다. 이들은 의식적, 무의식적으로 학습의 결합론(connectionistic theory)에 입각하여 적절한 시기에 정확한 답을 기억, 적용할 수 있도록 학습자를 조건지우는 것을 탐색한다.

둘째, 교육과정 계획에는 교과체계가 포함되어야 하며 그럼으로써 사전에 선정된 학문적 요소들을 적절한 학년에서 배우게 한다는 것이고,

셋째, 실제적인 지도계획은 학습자들과 같이 하는 것보다는 그들을 위해서 교사에 의해서 이루어져야 한다는 것이다.

실제적으로 보면 많은 학교들은 기본적인 것 혹은 3R'S를 강조하는 이 보수주의 입장을 취하고 있다. 전통주의는 특히 대중을 위해서 생각하고 지도할 수

있는 지적 정수분자를 훈련하는 것을 강조하는 데 대해서, 보수적 입장은 전통적인 교과를 강조하기는 하나 고전적 지향이 좀 약하며 모든 학습자에 의한 기본적인 것의 정통에 중점을 두고 있다.

이 입장을 대표하는 교육철학 사상은 본질주의 교육철학 사상(essentialism)이다.

Bagley, Kandal 등을 비롯한 학자들이 1938년에 '미국교육 향상을 위한 본질과 강령'(An Essentialist Platform for the Advancement of American Education)을 선언하고 본질주의적인 운동을 전개하였다.

본질주의자들의 주장은 전통적인 교육사상과 일맥 상통하는 바가 있다. 무엇보다도 교육에서 문화적 유산의 보전과 전달을 중요시한다. 문화적 유산이라고 하는 것은 인류가 오랜 역사적 경험을 통하여 쌓아올린 경험의 축적인 것이다. 그것은 인류의 이상을 실현하기 위한 노력의 표현인 것이며, 오랜 역사를 거쳐 오는 동안에 그 참된 가치가 인정된 것이다. 이러한 귀중한 문화적 축적이 교육에서 핵심적인 위치를 차지해야 한다는 것이 본질주의자들의 주장이다.

본질주의자들은 또 교사의 적극적인 역할과 교재의 논리적이고 체계적인 조직을 중요시한다. 학습자의 흥미나 관심은 쉽사리 변하는 것이기 때문에 그들을 일정한 방향으로 훈련하는 것이 중요한 것이며, 그렇게 하기 위해서는 교사의 경험과 연구에 의하여 정선되고 조직된 훌륭한 교재를 가지고 교사가 능동적으로 교육을 해야 한다고 주장하는 것이다.

따라서, Bagley를 비롯한 본질주의 교육사상들은 인류의 문화재 중에서 가장 본질적인 요소를 잘 터득한 교양 있는 사람을 이성적인 인간상으로 강조하고 있다.

(3) 진보적 입장

이 입장은 실용주의적 입장을 대변하고 있다.

실용주의적 교육과정은 학생들의 지력을 성장시키기 위한 수단이다. 삶을 영위하면서 현명한 결정을 내리는데 필요한 지식을 구성하는 능력을 키워주는 수단이다.

실용주의에 있어서의 교육의 방법으로서는 과학적 · 경험적 탐구방법 특히 귀납적인 탐구방법을 가장 중요시하고 있다. 끊임없는 문제 상황 속에서 지성을 사용한 계속적인 탐구활동의 결과만이 인간을 진리의 세계로 인도한다는 것이다. 또한 실용주의에서는 전통적인 학교에서 가르치는 교과중심의 고정된 학습이 교육의 내용이 아니고, 교육과정상에 충분한 융통성을 주어 학습자의 개인적인 필요나 흥미 또는 능력을 촉진하고 발전시킬 수 있는 내용을 교육의 내용으로 해야 한다고 강조하고 있다.

Dewey와 Kilpatrick 등의 진보주의 교육사상을 중심으로 전개된 진보주의 교육운동하에선, 지적, 신체적, 정신적, 성격적으로 모든 면에서 골고루 원만하게 발달된 전인적(a whole person) · 민주적 생활인을 이상적 인간상으로 강조하고 있다.

전통적인 교육사상가들은 교육에서의 성공의 길은 이론적 지식을 되도록 많이 학생들에게 교수함에 있다고 주장하여, 어떻게 하면 교사가 가지고 있는 지식을 학생에게 잘 전달할까 하는 지식 전달의 방법 연구에만 몰두한 결과 교사중심 또는 교과서중심의 교육과정을 강조하였던 것이다. 그러나 이 주지주의교육, 즉 실생활과 유리된 지식중심의 교육은 이것 저것 이론적 지식을 많이 알고 있는 백과사전식 인간은 양성되어도 현실 문제를 자기 손으로 처리할 줄 아는 능동적이며 창조적인 인간 양성을 바랄 수 없다는 입장에서 진보주의 교육사상가들은 전인적 경험중심 교육을 통해 민주적이며 실천적인 생활인의 교육을 역설하였던 것이다. 이 입장을 대표하는 교육과정 형태는 경험중심 교육과정이다.

이 입장의 특징을 살펴보면 다음과 같다.

첫째, 정신이란 경험의 소산이며 그 경험은 새로운 경험에 의해서 재생되며 또 비판적으로 재구성되지 않으면 안 된다는 것이고,

둘째, 교육과정의 계획은 교육행정가, 교사, 학습자 그리고 약간의 일반인을

포함하는 사회적, 협동적인 과정이라는 입장을 취하며,

셋째, 교육과정의 학급에서의 일상적 운영은 학습자를 위한다는 것보다는 학습자와 같이(with learner rather than for learner) 하게 되며,

넷째, 교육과정의 핵심은 교과보다 학습자에 둔다.

3) 민주주의 교육이념과 교육과정

민주주의에 대한 확고한 철학(이념)이 우리 교육과정의 풍요한 기초 자원이 된다. 그것은 민주주의 이념이 바로 우리 교육의 이념이 되기 때문이다.

민주주의란 오늘날 우리나라 뿐만 아니라 세계적으로 가장 숭고한 사회적 이념이며 문화다. 오랜 인류 역사는 바로 이 민주주의 쟁취를 위한 전략의 기록이라고 해도 과언은 아닐 것이다.

몇 가지 민주주의의 핵심이념들을 바탕으로 그것들이 교육과정에 어떤 시사를 해주느냐 하는 문제를 살펴보기로 하겠다.

첫째, 민주적 교육은 인간의 존엄성을 강조한다.

인간을 존중하고 그의 미래의 가치를 인정해 주며, 그의 능력을 인정해 주는 풍토 속에서만 민주주의는 이루어질 수 있다. 각 개인은 제 나름대로 최대한의 자기실현을 위한 권리와 책임을 갖고 있다. 한 나라의 최대의 자원은 그 국민들 속에 잠재하고 있는 가능성에 있다.

"인간 위에 인간 없고, 인간 아래 인간 없다."는 말처럼 인간의 존엄성을 잘 나타낸 말은 없다. 모든 정치적, 사회적, 그리고 경제적 조직은 이 인간 개인의 가치와 존엄성을 보존하고, 높이기 위해서 있는 것이다. 인간은 그 자체가 목적이지 그것이 사회적 기관이나 혹은 다른 집단에 의해서 사용되는 수단은 아니다.

둘째, 민주적 교육은 기회균등을 보장한다.

모든 사람은 정치적, 사회적, 그리고 경제적인 면에 있어서 동등한 권리를 가지고 있다. 이것은 앞서 말한 인간의 존엄성에 근원한 것이다.

어떤 특권이고 그것은 이 원리와는 상충된다. 따라서 누구나 자기의 삶만을 위해서 타인의 권리를 부정할 수 없을 뿐 아니라 타인의 자유와 권리를 자기의 것과 동일하게 인정해야 한다. 이러한 동등한 권리는 오직 기회의 균등에서만 보장된다.

종래의 성적기준, 진급방법, 교과서중심의 좁은 교육과정 등은 학습자들이 그들의 재능을 충분히 발휘할 수 있도록 충분한 기회를 제공하지 못해 왔다. 확실히 어느 일부의 지적 정예분자만을 위한 교육이 기회균등에 어긋나는 것과 마찬가지로, 보다 능력있는 학습자들에게 지적 매력을 자극해 주지 못한 교육도 기회균등의 원리를 어긴 것이다.

여기에서 교육과정은 모든 학습자들로 하여금 그들의 재능을 충분히 발휘할 수 있는 기회를 균등하게 갖도록 마련되어야 한다.

셋째, 민주적 교육은 협동을 강조한다.

종래의 교육에서는 너무 경쟁만 강요해 왔다. "1등" 찾기 교육이었다해도 과언은 아니다. 이런 교육은 동료를 적으로 만든다.

그렇다고 모든 경쟁을 완전히 학교에서 제거하라는 것은 아니다. 어떤 경쟁은 민주적 사회에 불가피한 것도 있기 때문이다. 그러나 그것은 어디까지나 협동이란 큰 전체적 분위기 속에서의 경쟁이어야 할 것이다. 협동은 말만으로는 되지 않는다. 민주적 신념에 투철하고, 협동의 필요성과 그 기술을 충분히 습득해야 하며 특히 협동적인 인생을 가져야 할 것이다. 이런 것들은 오로지 장기적이며 계속적인 학교생활 체험과 지도에서만이 이룩할 수 있다는 것은 두말할 나위도 없다.

여기에서 교육과정은 학습자들로 하여금 사회공익을 위해서 자기의 힘과 타인의 힘을 집약하여 상호 협동할 수 있는 기능과 태도를 기를 수 있는 것이라야 한다.

넷째, 민주적 교육은 자유와 책임을 강조한다.

민주주의는 누구나 자유롭게 공개적으로 어떤 논쟁문제이든, 정책문제이든, 사회문제이든 간에 논의될 수 있다. 그런 자유를 자기만 누리고, 타인에 있어서는 부정하는 것은 민주주의 본질에 어긋난다. 이 자유를 위한 인간의 노력이 근대사의 핵심체인 동시에 여기에서 인간은 행복을 느낀다. 자유인! 이것은 현대인의 동경이다. 그러나 그 자유는 무한정의 자유를 뜻하지는 않는다. 여기에는 책임과 한계가 따르기 마련이다.

자유란 한낱 "무엇으로부터 자유"만을 뜻하는 것이 아니라, 그것을 보다 목적적, 가치적인 면에서 "무엇을 위한 자유(a freedom for)"에까지 논구됨으로써 그 정당성은 보장될 것이다.

4) 국가의 교육이념과 교육과정

교사들의 교육관을 확립하는데 있어서 그 나라의 교육이념 또한 중요한 자리를 차지하는 것이다. 교육과정의 구성과 전개에 있어서 시사받아야 할 우리나라의 교육이념은 교육기본법 제2조에 명시되어 있는 바, 그 내용은 다음과 같다.

"교육은 홍익인간 이념 아래 모든 국민으로 하여금 인격을 도야하고 자주적 생활능력과 민주시민으로서 필요한 자질을 갖추게 하여 민주국가 발전과 인류공영의 이상실현을 하는 데 이바지하게 함을 목적으로 한다."

이 조문에 담겨진 내용으로 보아 교육이념은 홍익인간을 기반으로 하였다. 그러나 이 경우 홍익인간의 이념 중에는 다음과 같은 세 가지의 이념이 내포된 것으로 볼 수 있다. 즉 제1차 단계는 개인적 이념으로서 인격이 도야되고 자주적 생활능력과 민주시민으로서의 자질을 갖춘 인간, 제2차 단계로는 국가적 이념으로서 민주국가 발전에 봉사하는 인간이며, 제3차 단계로는 세계적 이념으로 인류공영의 이상실현에 기여할 수 있는 인간이라고 분석된다. 이와 같은 분석으로 보면 교육기본법 제2조에 담겨진 교육이념은 개인적 · 사회적 · 국가적 이념의 세 가지가 내포되어 있음을 알 수 있다.

따라서 이러한 국가의 교육이념은 교육과정 개발의 기본적인 준거가 되며 교육과정 개발의 구체적인 지표가 된다고 하겠다.

2. 교육과정의 사회적 기초

교육과정의 철학적 배경에 이어 사회적 배경 또한 중요한 관점이다.

교육과정에 관한 논의는 학교와 사회와의 관계, 그리고 양자간의 관계가 교육과정 결정에 미치는 영향 등 사회적인 환경을 고려해야 한다. 교육과정 결정은 사회의 요구가 여과되어져서 학교 안으로까지 침투되는 복잡한 사회적 환경 속에서 일어나므로, 교육과정 입안자와 교육과정 개발자들에게는 사회에 관한 통찰력이 필요하다.

1) 사회적 요구와 교육과정

사회는 그 자체의 유지와 발전을 위하여 교육에 대하여 여러 가지 요구를 하는 것이다. 사회발전의 원동력이 되는 교육은 어떠한 사회적 요구에 응해야 하며 또 이 요구는 교육과정에 반영되어야 하는 것이다.

(1) 사회적 요구의 유형

사회적 요구는 첫째, 기성사회의 유지존속을 위해서 사회성원을 기성사회에 적응시키려는 요구와 둘째, 사회구성원이 사회 발전을 위해서 사회를 보다 나은 방향으로 개선해 나가기를 바라는 요구로 대별할 수 있다.

그런데 교육과정을 개발함에 있어서 생각해야 할 문제의 하나는 그 개발방식의 기본방향을 어떻게 보느냐 하는 문제다. 대체로 개발방식은 크게 두 가지로 나누어 볼 수 있으니, 하나는 보편주의적 교재 선정방식이고 다른 하나는 현실주의적 교재 선정방식이다.

① 보편주의적 교재 선정방식은 시대의 흐름이나 사회변천에 구애됨이 없이

모든 학습에서 가장 기초적이고 원리적이며 항구적 성격을 갖는 내용을 주로 선정하는 방식이고,

② 현실주의적 교재 선정방식은 시대성이나 사회의 변천에 따라 당대 사회에 적합한 현실적이고 구체적인 교재를 주로 하여 선정하는 방식이다.

(2) 사회적 요구의 수용방식

일반적으로 근대이전의 학교교육에서는 그 목적이 주로 문화유산인 지식만을 학습자에게 전달해 주는 교육으로 끝났으므로 학교교육에서 다루어진 교육내용은 문화유산을 체계화해 놓은 지식 습득에 그쳤으며, 항구적 원리와 그 자체의 습득만으로 교육내용을 이루었으니 보편주의적 교재 선정방식으로 교육내용이 계획되었다.

그러나 오늘날의 학교교육은 교육 그 자체가 개인이 그가 생활해 나가는 사회 속에서 행동양식, 사고의 기준, 사회의 신념 등을 학습해 가는 사회화 과정의 전체를 뜻하기 때문에 지식의 습득만으로 학교교육의 기능을 다할 수는 없다. 오히려 실제적인 일상의 사회생활에서 나타나고 부딪히는 제사상이 모두가 교육내용의 배경이 된다고 보고 있다. 따라서 지금의 학교교육은 구체적으로 직면하는 각종의 실생활 문제를 가장 적절하고 바람직하게 해결해 나갈 줄 아는 교육을 필요로 하고 있다.

이와 같이 사회가 학교교육에 미치는 영향을 전제로 할 때 사회변화에 적응하는 교육과정을 어떻게 구성할 것인가는 현재 당면하고 있는 사회의 제반실정을 다각적으로 고찰하여 사람이 개인생활, 사회생활을 영위해 나가는 데에 필요한 여러 가지 과제나 문제를 밝혀 내어 그것을 교육과정 계획의 자료로 삼아야 하며 따라서 이러한 사회적인 제반 실태를 연구한다는 것은 교육과정 연구에서 없어서는 안될 필수적인 과제다.

2) 현대사회의 특성과 교육과정

현대사회의 특성은 이를 연구하는 사람의 견해에 따라 여러 가지로 나타낼 수 있는데 여기에서는 그 가운데서도 주요한 특성이라고 할 수 있는 몇 가지만을 들어보기로 하겠다.

(1) 현대사회는 과학기술이 고도로 발달한 사회

오늘의 사회는 과학기술이 지배하는 사회라고 말할 수 있을 만큼 이것이 판치는 사회가 되었다. 인류문명의 근대화를 가져온 것도 결국은 과학기술의 소산물이라 생각된다. 오늘에 있어서 과학기술의 발달은 사회전반에 걸쳐 정신·물질생활면에 급격한 변화를 가져다 주고 있다.

이와 같은 현대 과학기술의 발달은 교육과도 많은 관계가 있으니 교육내용에 과학기술 교육의 반영은 물론이고 그로 인하여 교육의 연한까지도 연장케 하였다. 따라서 교육과정의 과제로는 과학기술의 효율화를 기하고 현실사회에 맞는 과학기술을 습득시켜 실생활에 유용하게 활용케 하는 한편 나아가 새로운 기술창조의 능력을 길러줄 수 있는 교육이 되도록 힘써야 한다.

(2) 현대사회는 고도한 산업사회로 탈바꿈을 하는 사회

현대사회의 과학기술의 발달은 점차로 사회구조가 바뀌어짐에 따라 사회 그 자체를 산업기술사회로 전환시켰으며, 특히 전 세계는 지난 반세기 동안에 급속하게 새로운 산업경제 구조의 커다란 변화를 가져오게 하였다.

이러한 산업사회가 안고 있는 특성들은 학교교육 속에 적절하게 선정되어 올바른 이해를 시켜야만 한다. 그러함으로써 앞으로 닥쳐 올 여러 가지 사회문제를 올바르게 처리할 수 있기 때문이다. 그러므로 학교교육에서는 끊임없이 발달해 나가는 현대 과학기술의 수준을 밝히고, 과학적 생산을 할 수 있도록 노력해야 하며, 자본주의 경제사회에서 경제적 능률을 올릴 수 있도록 하기 위한 전문적인 직업교육과 그 준비, 그리고 소비자로서 훌륭한 자질을 갖추게 하는 일과 인간과 인간이 참되게 어울릴 수 있는 교육이 교육과정 계획에서 고려되어야 한다.

(3) 현대사회는 지식의 양이 격증하고 있는 사회

현대사회 문화의 급격한 발달과 변화는 지식의 양의 급격한 증가의 결과라고도 할 수 있다.

과거에는 학교에서 지식의 전부를 가르쳐야 한다고 생각했었으나 지금에 와서는 지식의 전부를 가르친다는 것은 상상조차도 못하게 만들어 놓았다. 따라서 학교에서 학생들이 학습해야 할 내용을 어떻게 현명하게 선택하고 무엇을 중심으로, 무엇을 부수적으로 삼아서 지도할 것인가가 심각한 문제가 아닐 수 없다. 이에 교육과정의 심각한 문제도 증대되어 가는 지식에서 보다 핵심적인 기본지식을 어떻게 정선하는 것인가와 어떻게 지도해야 할 것인가가 연구과제의 중심이 되는 것이다.

이러한 지식량의 증가현상에 대처하여 그 해결책의 하나로 등장한 것이 1960년대 초기부터 거론된 학문중심 교육과정이론이다. 이 학문중심 교육과정론은 다른 기회에 연구할 기회가 있을 것이니 자세한 내용은 미루어 두겠다. 그 개요는 너무나 많은 지식을 모두 학습할 수 없기 때문에 지식이나 학문의 기본 구조만을 학습하게 하고, 탐구능력, 방법 등을 길러 창의적 특성을 갖추게 함으로써 급변하는 사회 속에서 팽창하는 지식을 적절하게 소화시킬 수 있는 교육을 효율적으로 실시하는 의도에서 나온 교육과정의 개혁운동이라고 할 수 있다.

(4) 현대사회는 가정의 교육적 기능이 약화되는 사회

현대 산업화 사회는 가정의 성격도 많은 변화를 가져오게 하였다. 옛날의 가족은 그것이 곧 하나의 생산단위면서 소비단위였으며 따라서 자급자족의 경제생활을 영위하는 과정에서 사람들은 심리적 · 사회적인 삶의 의의를 얻을 수 있었다. 그러나 오늘날 과학기술의 발달과 더불어 고도의 산업화 사회에서는 인구의 도시집중을 불러왔으며 대가족제도는 소가족제도로 다시 부부중심의 가족제도로 변해가고 있다. 또한 여성의 사회진출과 생활 수단의 다양화, 노동의 분업화는 모두가 재래와 같은 가정의 기능을 현저하게 약화시켜 놓았다.

따라서 학교교육에서는 가정과의 협동적인 관계의 중요성을 더욱 깊이 인식하고 자녀들의 전인교육을 위하여 보다 긴밀한 협조가 요청된다. 그리고 가정교육에서 부족한 점을 학교가 대신하여 보충해야 한다. 특히 현대 가정에서 부족하기 쉬운 미풍양속과 습관형성, 부모 대신의 사랑, 그리고 정서적 · 사회적으로 원만한 발달을 위하여 학교의 교육과정이 마련되어야 한다.

(5) 현대사회는 가치관의 정립이 어려운 사회

최근의 급진적인 과학문명의 발달은 인간생활의 거의 모든 분야에서 변화를 일으키고 있으며 '인간의 의식구조'까지도 변화하게 해 놓았다. 현대인의 의식 변화의 생리는 종적 · 횡적으로 이루어져 사회의 구조적 변혁과 우리 인간의 의식 내지는 가치관의 변화와 혼란을 가져다 주고 있다.

이러한 데에서 학교교육은 많은 교육적 문제가 대두되게 된다. 우리는 전통적인 가치만을 무조건 고수할 것이 아니라 바람직한 가치관과 현대적 감각에 맞는 가치관을 가지도록 지도해야 한다. 급변하는 사회에서 뚜렷한 방향감과 목적의식을 가지고 행동하며 인간의 존엄성을 인식시켜 참된 인간교육을 위해서 힘써야 한다. 따라서 가치교육은 과거처럼 맹목적으로 가치의 주입적 교육이 아니라 '가치의 판단교육'으로 나가도록 해야 하며, 따라서 학교 교육과정은 이러한 점에 알맞은 계획이 마련되어야 한다.

3. 교육과정의 심리적 기초

교육과정의 심리적 기초는 학습자의 심리학적 제 요소가 그 바탕을 이룬다. 따라서 우리는 올바른 교육과정 구성과 운영을 기하기 위해서 학습자의 성장·발달의 제 원리와 발달특성, 필요와 요구 및 그 밖의 학습심리적 제 특징을 연구하는 일이 또 하나의 중요한 영역이 되는 것이다. 그러나 이러한 분야에 대한 전문적 연구는 심리학의 영역에서 이루어져야 함으로 여기에서는 교육과정 연구와 가장 밀접한 관계가 있다고 여겨지는 몇 가지 내용만을 살펴보기로 하겠다.

1) 학습자 요인

(1) 학습자의 행동발달 특성과 교육과정

첫째, 인간발달은 그대로 교육과정의 개발방향을 제시해 준다 해도 과언이 아니다. 교육내용은 일정한 순서에 따라 배열하되 가까운 곳에서 먼 곳으로, 쉬운 것에서 어려운 것으로, 구체적인 것에서 추상적인 것으로라는 하나의 원칙을 세울 수 있다. 그리고 이 모든 면에 인간발달의 특징을 반영시켜 개인차를 고려해야 하는 문제가 생긴다. 그 뿐만 아니라 모든 교육내용은 학습자의 발달 특징에 따라 종합적·통합적으로 구성해야 되는 원칙을 생각할 수 있다.

따라서 교육과정은 학습자의 성장·발달의 특징과 수준을 고려하여 개발되어야 한다.

둘째, 학습자는 하나의 유기체라는 점이다. 학습자의 행동의 변화는 외부적 자극으로만 이루어지는 것은 결코 아니다. 학습자 자신의 내부적 요인과 외부적인 환경조건(인적, 물적, 물리적)과의 상호작용으로 이루어지는 하나의 역동적인 과정임을 알아야 한다. 누가 준다고 그대로 받는다는 식이 아니라 주는 것을 받아들이는 가운데 학습이 이루어진다는 것을 알아야 한다.

(2) 학습자의 필요와 교육과정

교육과정의 구성은 학습자의 내부에서 일어나는 욕구상태와 그것을 충족시키기 위한 필요에 착안하는 일이 매우 중요하다. 욕구충족을 위한 필요가 곧 학습동기가 되고 그것이 강하면 강할수록 학습동기는 높아진다.

그런데 이와 같은 필요는 크게 기본적 필요와 교육적 필요로 구분한다. 전자는 인간이 생명을 유지 · 발전시키는 데에 요구되는 필요로서 이것이 충족되지 않으면 유기체는 균형을 잃게 되고, 긴장, 불안, 또는 그것이 심히 부족하면 죽고 만다. 이 기본적인 필요에는 생리적 필요와 심리적 필요가 있다. 후자는 학습자들이 가지고 있는 현재의 제 특성과 우리가 바라는 어떤 이상적인 표준과의 사이에 간격을 메우는 데 요구되는 필요로서 개념, 지식, 사고방식, 기능, 흥미 등의 면에서 요구되는 필요들을 말한다.

1 기본적 필요

인간의 기본적 필요에는 생리적 필요와 심리적 필요가 있다. 식욕, 휴식, 배설 등은 생리적 필요이고, 타인으로부터 인정을 받으려는 욕구, 사랑을 받으려는 욕구, 남에게 뒤지지 않으려는 욕구, 무엇인가 알아보려는 욕구 등은 심리적 필요다.

2 교육적 필요

교육적 필요란 학생의 현재의 여러 특성과 우리가 바라는 어떤 이상적 표준과의 간격이라고 정의할 수 있다. 교육적 필요는 학습자의 행동 현실과 어떤 이상적 표준과의 간격을 단축시키고 충족시켜 나가는 시사점을 제공한다.

이러한 필요나 욕구가 교육과정 계획에서 중요하게 된 것은 근대교육의 특징이다. 그러나 이러한 필요나 욕구를 기반으로 하여 학습동기를 일으키게 하려는 노력은 학교교육에서 당연히 중요시해야 하며 그 해결을 위하여 힘써 왔다. 학습자가 강한 학습동기를 가지고 학습에 임함으로써 학습문제 해결상 곤란한 것이 있다 해도 학습자가 이것을 극복하고 해결할 수 있기 때문이다. 따라서 교사가 학습자에게 학습동기를 유발시킨다는 것은 학습자가 본래 가지고 있는 필요나 욕구에 근거함으로써 보다 강한 학습동기를 갖게 할 수 있다.

2) 학습심리적 요인

학습자가 어떻게 해서 '학습'을 하게 되는가에 관하여 여러 가지의 주장이 있다. 그렇기 때문에 학습을 보는 관점에 따라 교육과정의 개발계획은 달라질 수밖에 없다. 학습심리의 이론에는 크게 두 가지의 주장이 있다. 하나는 Thorndike와 그의 후계자들에 의하여 발전된 연합설 혹은 S–R Bond Theory라는 것이요, 다른 하나는 Gestalt 학파와 Lewin 등이 제창하는 유기체설의 입장이다.

전자는 학습을 기계적 · 누적적인 과정으로 보는데 반하여 후자는 이를 한 유기체의 전체적 성장과정으로 보는 차이점이 있다. 이것을 학습심리학에서 논의되고 있는 용어를 빌려 예를 들면, 반복 · 연습 · 자극 · 반응 등은 전자에 속하는 개념이며, 통찰 · 의미 · 일반화 · 종합화 등은 후자에 속하는 개념이다. 전자의 이론을 지지한다면, 단편적 자극을 주어서 일시에 효과를 얻으려는 부분적인 학습에 주력할 것이요, 후자를 지지한다면 당장 효과를 보지 못하더라도 거시적인 관점에서 종합된 형태의 교육과정을 개발하게 될 것이다.

이와 같이 교육과정 구성에 임하는 자는 의식적이건 무의식적이건 이 같은 학습심리이론 중 어느 하나에 자기의 발을 내디디고 있을 것이며 그것이 교육과정 개발과 계획에 직접 · 간접적인 영향을 주게 될 것이다.

3

교육과정의 유형

1. 교육과정 유형의 분류
2. 교과중심 교육과정
3. 경험중심 교육과정
4. 중핵교육과정
5. 학문중심 교육과정
6. 인간중심 교육과정
7. 통합교육과정
8. 구성주의 교육과정

1. 교육과정 유형의 분류

1) 분류의 기준

일반적으로 교육과정의 유형을 분류하는 기준은 첫째, 교육과정이 내용적으로 어떠한 성격을 가지고 있느냐 하는 점이며, 둘째, 교육과정이 어떤 형식을 갖추고 있느냐 하는 점 등 내용과 형식의 두가지 측면을 들 수 있다.

가령 내용면에서 교육과정의 중점을 문화에 두느냐, 사회에 두느냐, 학습자에 두느냐에 따라 교과중심 또는 교양중심의 교육과정, 사회중심 또는 실용중심의 교육과정, 학습자중심 또는 흥미중심 교육과정 등의 유형으로 나누어 볼 수 있다. 또 이것은 지식을 중심으로 교과별로 구분해서 조직하면 교과중심 교육과정이, 생활경험중심으로 사회생활에 필요한 제반 내용으로 조직하면 생활중심 또는 경험중심 교육과정이, 학습자의 흥미나 요구 등을 중심으로 하여 조직하면 학습자중심 교육과정이 구성되어질 수도 있다.

또 형식면에서, 지식내용을 영역별로 나누어 소폭적인 교과, 즉 분과로 구분하여 조직하면 분과교육과정이 될 수도 있고 유사교과를 관련지어서 조직하면 상관교육과정으로 될 수 있고, 같은 분야의 여러 교과를 종합학습이 가능하도록 조직하면 광역교육과정이 될 수도 있다.

2) 분류의 모형

(1) Caswell의 분류

1 과학적 교과교육과정(scientific subject curriculum)

지난날의 교과교육과정은 완전히 학문적 체계에 따라 구성되어 있었다. 그것은 학생들의 흥미나 필요 내지 요구는 염두에 두지 않고 오직 학문체계에 따라 마련되었다. 그러나 여기서 말하는 과학적 교과교육과정은 단순히 교과의 체계만으로 구성된 것이 아니라, 그 교과의 사회적 유용성과 학생이 효과적으로 학습할 수 있게끔 과학적으로 연구하여 구성한 것이므로 교과교육과정에 과학적이란 말을 붙여 과학적 교과교육과정이라고 한 것이다.

2 광역교육과정(broad field curriculum)

교과교육과정과 거의 같은 처지이지만 일반사회과라든가 일반과학 · 일반예능과 등과 같이 교과교육과정의 극단적인 단편화를 제거하려는 것이다.

광역교육과정은 일반적으로 언어 · 수학 · 사회 · 과학 · 예능 · 체육 · 레크리에이션 등의 일곱 가지 영역으로 이루어지므로 분과교육과정에서 편성하는 12~14개 정도의 교과보다 가짓수가 훨씬 줄어든 것이다.

3 생활영역교육과정(areas of living curriculum)

앞서 말한 과학적 교과교육과정과 광역교육과정은 교과의 조직을 기반으로 한 것이다. 그러나 생활영역의 교육과정은 그와는 전혀 반대로 생활 자체를 구성의 기초로 삼고 있다. 바꾸어 말하면 일상생활에서 사회적 활동이나 개인의 활동을 집중적으로 조사 분석하여, 그것을 기반으로 마련하는 교육과정인 것이다.

4 현성교육과정(emerging curriculum)

교육과정은 수업에 앞서 미리 마련될 것이 아니고, 교사와 학생과의 생활의 장에서 학생의 요구를 중심으로 상호 협력하여 구성되어야 한다는 것이다. 이러한 동적 교육과정은 생활의 현장에서만 이루어질 수 있으므로 현성(現成) 교육과정이라 하였다. 말 그대로 현장에서 만드는 교육과정이다.

(2) Hopkins의 분류

1 교과교육과정(subject-matter curriculum)

교과과정을 교과 · 교재에 의하여 조직하고 교재의 이론적인 순서에 따라 여러 사실과 정의 및 원리 중심으로 구성하는 것이다. 이것은 교과 독자의 본질에 있어서 독립된 교과의 집합체가 되는 경향이 있다.

바꾸어 말하면 분과교육과정 또는 병렬교육과정이 되는 것으로서 개개 교과나 과목에 종적인 체계는 갖추고 있지만, 교과나 과목간의 횡적 연관성은 전혀 고려하지 않은 채 조직된 교육과정이다.

그리고 교과형에 속하는 교육과정의 유형은 ① 관련(상관) 교육과정 ② 광역교육과정 ③ 중핵교육과정 등이 있다고 하였다.

2 경험교육과정(experience curriculum)

학생이 생활의 장에서 그때 그때의 문제를 해결하며 자기 생활경험을 쌓아가도록 조직된 것이다. 따라서 이 교육과정은 학생이 생활의 장에서 자기의 욕구를 충족시켜 가는 경험의 과정이 존중된다. 이 생활의 장에서는 같은 장이 두 가지 이상 있을 수 없으므로 그 문제해결을 위한 경험이나 교재는 사전에 계획할 수 없다. 원칙적으로 그 생활의 현장에서 선정되는 것이다. 경험교육과정에서 교재를 사용한다면 그것은 그때 그때의 생활의 장에서 학생의 욕구를 충족시키고 문제를 해결하기 위하여 사용하는 수단에 불과한 것이지 그 자체가 목적은 아닌 것이다.

(3) Ragan의 분류

1 분과형 교육과정

예를 들면, 역사 · 지리 · 경제 또는 동물 · 식물 · 광물 등과 같이 과목 그 자체의 체계를 가지고 있다. 그러나 역사와 지리 및 교과 사이에는 아무런 관련도 가지고 있지 않은 채 완전히 독립된 과목으로서의 성격을 띠게 되는 것이다.

2 상관형 교육과정

독립된 교과 사이를 연결하며 교과교육과정의 분과주의를 타파하려는 것이다. 모든 교재의 상호관계를 모두 관련지우지는 못하나, 두 개 이상의 과목이 과목 자체의 교과의 선(subject-matter line)을 유지하면서 서로 관련지어져 있는 교육과정이다.

이들 교과목간의 관련은 지리와 역사 등 유사 교과목 간의 관련, 또 국어와 역사와 미술 등 이질 교과 간의 관련을 생각할 수 있다.

3 융합형 교육과정

예를 들어, 식물과 동물학에서 생물학을 구성하고, 지리 · 역사 · 경제과를 합해 사회과를 조직하는 것과 같다.

이와 같은 의미에서 융합교육과정은 상관교육과정에서 광역교육과정으로 이행하는 과정에서 생긴 교육과정 형태의 하나라고 할 수 있다. 그러므로 이것은 "상관교육과정의 한 측면과 광역교육과정의 한 측면을 동시에 가지고 있는 것이라 하겠다. 다시 말하면 교과목의 성질을 유지하면서 그 사이의 내용이나 성질면에서 다소의 공통요인을 추출하여 교과를 재조직"한 것이다.

4 통합형 교육과정

같은 분야의 여러 교과를 하나로 관련시키는 것으로, 예를 들면 역사 · 지리 · 경제를 사회과로, 읽기 · 말하기 · 문법 등을 언어과로 하는 것 또는 하나의 교과를 다른 분야의 교과와 관련시키는 것이다. 예를 들어, 국어와 역사와의 관련, 과학과 국어의 관련 등 같은 분야의 교과 또는 교과 이외의 것을 목표로 삼기 때문에 통합(integration)이라고 한다.

5 중핵형 교육과정

중핵교육과정에서 'core'란 사물의 중심을 뜻한다. 따라서 중핵교육과정이란 중심학습(core course)이 있는 교육과정의 전체계획을 의미한다. 즉, 통합적인 중심과정과 분화된 교과에 의해 형성되는 주변과정이 동심원적으로 결합되어 구성된 교육과정이다.

그리고 교과교육과정에 속하는 중핵교육과정의 중심과정은 필수과목을 뜻한다. 이것은 선택교과에 대한 필수교과로서 이런 의미의 중핵은 역사적으로 일찍이 발달하였다. 그러나 여기에서 뜻하는 'core'란 피교육자의 경험이나 활동이 통합적 중심을 갖기 위해 그들이 직면하는 문제나 흥미 또는 관심이 많은 주제를 중심으로 교육내용이 통합되어야 함을 뜻한다.

6 경험형 교육과정

경험형 교육과정은 교과내용으로 구성된 지식체계보다 생활이나 흥미 · 경험 등을 중시하며, 동일한 경험의 영역에 속하는 제반경험을 광범하게 조직해서 학습하는 교육과정의 형태다.

즉, 학습은 원리 · 원칙, 또는 기타의 지식내용을 학습시키는 일에 목적을 두고 있는 것이 아니라 학생들의 생활주변에서 제기되고, 경험하는 여러 사실에 대해서 그들의 경험내용을 흥미나 욕구 · 관심 등을 중심으로 직접 조사하거나 토의를 통하여 생활경험의 범위를 넓혀 주려는 것으로 조직된 것이다.

(4) Alberty의 분류

Alberty는 교육과정의 형태를 크게 교과중심 교육과정(subject centered curriculum)과 경험중심 교육과정(experience centered curriculum) 및 중핵교육과정(core curriculum)으로 분류하고 있다.

위에서 중요한 교육과정 형태의 유형을 소개해 보았는 데, 나름대로 여러 가지 관점에서 다양하게 분류되고 있음을 알 수 있다. 이들을 종합적으로 정리해 보면 대체로 다음과 같이 분류할 수 있다.

첫째, 교과중심 교육과정 속에는 그 대표적 유형인 교과(분과)교육과정을 중심으로 하여 그 하위형태인 상관교육과정, 융합교육과정, 광역교육과정 등이 포함된다.

둘째, 경험중심 교육과정은 그 하위형태인 생활영역 교육과정 및 현성교육과정 등을 포함시킬 수 있다.

셋째, 중핵교육과정의 하위형태에는 교과중심 중핵형, 개인중심 중핵형 및 사회중심 중핵형을 포함시킬 수 있다.

여기에다 최근에 이르러 새로 제기되고 있는 학문중심 교육과정과 인간중심 교육과정을 추가할 수 있겠다.

2. 교과중심 교육과정

1) 개념과 발전 계보

교과중심 교육과정이란 지식의 체계를 존중하는 것으로서 '학교의 지도하에 학생이 배우는 일체의 교과와 교재'를 말한다. 바꾸어 말하면, 각 교과별로 학생을 가르치는 교과과정이다. 여기서 교과란, 학문 또는 진리의 체계를 학생들의 성장이나 발달단계에 맞추어 그 범위가 쉽고 어려운 점을 취사선택한 것인데 그 골자는 학문, 또는 진리의 체계를 부여하는 데 있다. 즉, 학습자보다도 '학문 또는 진리 그 자체의 관점에 서서 학생을 학문의 세계에 이끌어 가려는 것'을 주된 교육내용으로 삼고 있다.

이것은 가장 전통적이며, 또 가장 흔한 형태의 교육과정으로서 희랍시대의 소위 7자유과(seven liberal arts : 3학, 즉 문법 · 수사 · 변증법과 4과, 즉 산술 · 기하 · 천문 · 음악)가 그 효시를 이루고 있는 것이라 하겠고, 이 유형의 교육과정은 학문의 성질에 따라서 분류되고 있으므로 대체적으로 교과와 교과 사이에 거의 연결이 없는 고립적인 통막으로 이루어져 있다. 이것이 근래에 와서는 학문의 발달과 더불어 학파, 혹은 교과의 수와 종류가 더 많아졌음은 재언할 필요가 없다.

2) 기본철학

교과중심 교육과정의 기본적인 생각은 첫째로, 각 교과는 그 자체의 논리와 체계가 있고, 둘째로, 학습이란 체계적으로 전개시키는 것이 좋은 방법이라는 것이다.

교과란 문화유산을 계통적으로 조직 · 분류한 이른바 과의 체계다. 이렇게 체계적이며 조직적인 교과를 통해 학습자로 하여금 문화유산을 유용하게 활용할 수 있도록 학습시키려는 것이다.

근래에 와서 교과와 교과를 되도록 관련지우려는 노력이 보이고 있으나 전통적인 교육은 교과의 구분을 없애면 교육의 기초가 파괴된다고 생각한다. 특히 교육이란 생활의 문제를 올바르게 처리하는 능력의 배양이며, 교육과정은 생활능력을 기르는 것이 특징이므로, 여러 가지 교과를 체계적으로 학습시키는 것이 가장 효과적인 방법이라고 주장한다.

3) 일반적 특징

첫째, 학생들에게 일률적인 교재가 부여되고 학습활동은 한정된 교과영역에서만 행해진다. 이것은 교육의 획일화 · 기계화 · 전체화를 초래하므로 교과과정의 큰 결함이기도 하다. 이런 교과의 영역을 규정하는 것을 교과선(subject-matter line)이라 한다. 교과가 규정하는 이런 영역 안에서만 그 내용을 다루고 그에 의거하여 학습활동이 전개된다. 바꾸어 말하면, 학습은 일정한 교과영역에서 벗어나지 못하고 항상 그에 구속을 받으므로 교과영역 밖의 활동을 기대할 수 없다.

둘째, 모든 수업의 통제는 교사의 손에 달려 있고 지식과 기능 신장에 중점을 둔다. 교과중심 교육과정은 개인의 의견이나 문제, 또는 욕구 등으로 변경시킬 수 없다. 교육과정은 중앙관청에서 통제되고 최저요구기준(minimum-essentials)과 학년기준이 정해진다. 그리고 학습은 교과서를 중심으로 교사가 주동적인 입장에서 수업을 통제한다. 학습내용은 인류문화의 유산을 체계화한 것으로서 많은 지식과 기능을 습득시키는 것을 주된 내용으로 삼는다.

셋째, 수업에 앞서서 미리 정해진 계획과 조직으로 출발한다. 즉, 수업을 하기 전에 어떤 내용을 누가 언제 누구에게 어떤 방법으로 가르치느냐를 면밀하게 계획한다. 또 학생들의 입장에서는 자기는 장차 누구에게서 무엇을 배울 것인가 하는 것을 알 수 있게 된다. 이와 같은 면에서 대단히 조직적이고 계통적인 질서 정연한 학습생활을 영위할 수 있다.

역사적으로 볼 때 교과중심 교육과정이 오랫동안 행해지고 있는 이유로서는,

- 경험을 해석하고 문제를 해결할 때, 어느 정도까지는 체계적인 지식이 필요하다는 것
- 교과중심 교육과정은 간단하고 명료하게 되어 있어서 알기 쉽다는 것
- 교과의 가감, 교과서의 변경 등으로 교육과정의 개편이 용이하다는 것
- 학습효과의 판정이 용이하고 객관적으로 측정하기 쉽다는 것
- 상급학교의 입학요건이 일반적으로 교과본위로 이루어져 있다는 것
- 일반적으로 교사에게나 양친에게, 또는 피교육자들에게도 오랫동안 널리 익숙하게 되었다는 것
- 교육과정의 중앙집권적 통제가 용이하다는 점 등을 들 수 있다.

4) 문제점

첫째, 단편적이며 분과적인 교과조직에 빠지고 교과의 전체를 통합하는 전체

구조가 부족하다. 즉, 교과교육과정에서는 전체로서의 통일이나 연관성이 없는 단편적 분할이 심하여 통합성 부족이 큰 문제점이라 하겠다.

둘째, 학습에 활기가 없고 가르치는 교재에 치중하여 학생의 적극적인 반응활동의 유발에 실패하기 쉽다. 교과중심 교육과정은 학습활동이 한정된 학과영역 안에서만 행해지므로 일정한 교재를 가르치기에만 정신을 빼앗긴다. 그러므로 학생의 흥미나 필요가 무시당하기 쉽다는 점이 하나의 문제점이라고 하겠다.

셋째, 비실용적인 지식의 획득이나 단순한 언어주의에 빠지기 쉽다. 바꾸어 말하면, 학습지도에서 주된 방법이 설명식 강의 방법이라는 것이다. 즉, 문제해결이라던가 자료해석, 원리의 실제 응용같은 노작적이며 활동적인 학습활동도 요구되고 있는데 이와 같은 것은 별로 고려하지 않는다.

5) 교과중심 교육과정의 보완형

교과중심 교육과정의 수정형으로 상관교육과정과 광역교육과정을 들 수 있는데, 이들은 특히 분과교육과정이 지니고 있는 여러 가지 문제점을 보완하는 방향에서 이루어지고 있다.

(1) 상관교육과정

상관교육과정은, 교과는 세분화되어 있으나 교육내용에 있어서 교과 상호간에 밀접히 관련을 지으며 교사는 인접교과에 대하여도 상당한 정도의 지식이 있을 것으로 요구한다.

1 상관의 형태

첫째, 사실의 상관인데, 가령 역사적 사실을 배경으로 하는 문학작품의 학습을 통한 역사와 문학의 상관이나, 국어의 독립선언문과 국사의 삼일운동이라는 두 가지 사실의 상관이라든지, 지리의 지중해와 서양사의 지중해 문화와의 상관 등은 이에 속한다.

둘째, 원리의 상관으로서 이것은 두 가지 또는 그 이상의 교과 내의 공통적인 원칙이나 원리를 활용하는 것인데, 가령 심리학에서 욕구저지와 공격성의 원리를 사회학의 역사적 혁명 사건과 관련지운다든지 또한 지리에서 침식작용의 원리와 화학에서 산성이나 알칼리작용의 원리와의 상관이나 이 밖에도 물리와 화학, 수학과 과학, 생물과 심리학 등에서도 이와 같은 상관이 많이 이루어질 수 있다.

셋째, 규범의 상관이다. 규범의 상관은 원리의 상관과 비슷하나 보다 사회적, 도덕적인 점이 강조된다. 예컨대, 자유와 평등을 주축으로 하는 한 나라의 역사와 그 나라의 문학과는 서로 민주주의 이념이라는 사회적 · 규범적 원칙에서 상관되며, 국어에서 유관순의 애국심과 서양사에서 쟌다르크의 애국심과는 서로 규범적인 면에서 상관될 수 있다.

[2] 장 · 단점

① 장점

첫째, 각 교과간의 중복, 상반, 누락을 방지할 수 있고,
둘째, 학습자에게 통합적 학습의 가능성을 증진시킬 수 있다는 점이다.

② 단점

첫째, 아직도 분과교육과정이 지닌 결점을 제거하지 못하고 있다는 점과
둘째, 인공적, 작위적으로 상관을 무리하게 시키기 쉽다는 점을 지적하고 있다.

(2) 광역교육과정

광역교육과정은 세분화된 교과목을 통합하여 소수의 교과목으로 하며 교사에게는 해당 영역의 넓은 지식이 있을 것을 요구한다.

광역형은 앞의 상관형보다 진일보한 것으로 전통적인 교과목의 엄격한 한계를 해소하고 학습의 보다 넓은 영역에서 사실, 원리들을 조직하려는 것이다.

이 광역형의 최초의 시작은 1869년 영국의 Thomas Huxley에 의한 일련의 강의의 과정에서부터라 하며, 미국 교육계에서는 대략 1920년대에서 이 과정이 활용되기 시작했다. 특히 1923년부터 "인간과 우주의 본질" 또는 "예술의 뜻과 가치" 등의 과정명으로 Chicago 대학에서 발단한 광역형은 그 대표적인 것의 하나다. 이 과정에 대한 명칭도 여러 가지여서, 융합과정(fusion course), 일반과정(general course), 종합과정(comprehensive course), 조사과정(survey course) 또는 통합과정(integration course) 등으로 불리워지고 있다.

1 광역의 형태

광역교육과정의 전형적인 예로는 사회과, 일반과학, 사회과학, 인문과학 등을 들 수 있다. 즉 사회과란 역사, 지리, 정치, 사회학, 문화인류학 등에서 어떤 주제나 원리 아래 그것들을 통합하여 이루어진 것이며, 일반과학이란 물리, 화학, 생물, 지질학, 천문학 등의 여러 과목에서 중요한 교재들을 선정하여 조직한 것이다.

광역교육과정은 근래에 와서 비교적 많이 적용하는 형식으로 역사, 지리, 공민을 묶어 사회과, 물리, 화학, 생물, 지학, 천문 등을 통합하여 과학(science), 음악, 미술, 공작 등을 묶어 일반예능 등은 모두가 광역형의 예들이다.

그리고 일반과학(general science)이니 일반수학(general mathematics), 일반언어과(general language course)라는 것이 모두 그 예다. 또 교과간의 통합을 기하기 위해 물리, 화학, 생물 등의 분과적 교과명을 피하고 과학 I, 과학 II, 과학 III 등으로 하는 것이라든지 또는 역사, 지리, 공민 등의 교과명을 피하고 사회 I, 사회 II, 사회 III 등이라 하는 것 등은 모두가 광역교육과정의 활용을 뜻하는 것들이다.

2 장 · 단점

① 장점

첫째, 교과목의 통합을 가능케 하며,

둘째, 지식의 보다 기능적인 조직을 촉진시킬 수 있고,

셋째, 기초적인 원리 개괄 등을 더 강조하는 데 있다.

② 단점

첫째, 교과목 고유의 논리성을 유지하기가 어렵다는 것이고,

둘째, 추상적이어서 이해가 곤란해지기 쉬우며 학습내용의 깊이가 부족하다고 지적되고 있다.

3. 경험중심 교육과정

1) 개념과 발전 계보

경험중심 교육과정이란 경험의 체계를 존중하는 것으로서 '학교의 지도하에 학습자에 의하여 행해지는 일체의 경험과 활동'을 말한다. 바꾸어 말하면, 교육의 관점을 학생의 생활 및 경험에 두고 성장 · 발달을 학습과 경험의 종합적 · 연합적 발전으로 보아 학생들로 하여금 민주주의 사회에 알맞은 경험을 체득시키려는 것이다. 따라서, 교육의 내용을 사회에 있어서의 생활과 경험에서 찾고 그것을 조직화 · 계통화하여 학습자에게 활동시키려는 것이다. 이것은 교육에 있어서의 학습자중심 사상에 기인하는 것으로서 Rousseau 이후 수세기를 두고 제창되어 왔으나 그 실시는 이십세기에 들어와서야 가능해졌고 Dewey의 힘을

입은 바 크다.

2) 기본철학

교육과정 구성의 기초가 교과에서 경험으로 발전한 것은 교육과정의 초점을, 가르치는 교과 · 교재로부터 배우는 학생에게 옮기고, 지식에서 활동으로, 학문에서 생활로 옮김을 뜻한다. 즉, 청소년들에게 교과서를 주는 대신 실제적인 생활의 장을 부여하고, 거기서 청소년의 문제를 중심으로 구안적인 단원을 구성하는 것이다. 그리고 생활이나 행동을 통해 경험시키고 문제해결에 필요한 지식이나 기능을 학생 스스로 수집하고 구성하도록 지도하는 것이다.

경험중심 교육과정은 학습자의 직접적인 흥미 · 필요 · 목적 등에 기반을 둔 자발적인 활동과 경험 또는 생활적응이라는 말이 강조되고 있다. 다시 말하면 학습자의 구체적인 필요에서 출발하고 사회생활의 의의있는 활동을 경험케 함으로써 그들로 하여금 보다 나은 성장과 전인적인 발달을 조성한다는 경험주의 교육이론에 기반을 둔 교육과정이다.

따라서 여기에서는 교육과정을 비교적 단절된 교수요목으로 보기보다는 '학교의 지도하에 학생들이 가지게 되는 모든 경험'으로 정의하였다. 교육과정을 '교수요목'으로 보는 견해와 '학생들의 경험'으로 보는 관점간에는 큰 차이가 있다. 즉 전자가 '모든 학생들에게 공통된 문서'를 의미한다면 후자는 '학생 개개인에 따라서 다르게 나타나는 경험자체'를 의미한다고 볼 수 있다.

3) 일반적 특징

Olesen은 학교교육의 철학적 경향이라 하여 이와 같은 20세기 전반의 미국교육의 추세를, 1910년경까지는 연구적 학교(academic school), 1920년부터 1930년까지는 진보적 학교(progressive school), 1940년경부터는 지역사회 학교가 성했고 20세기 접어들면서 첫째, 서적중심의 또는 교과중심의 전통학교는 물러가고 둘째, 학습자의 흥미를 기반으로 하는 학습자중심의 활동학교가 태동하였다가 그 뒤에 생활중심의 지역사회 학교는 발전되었다고 하는 데 Hopkins는 경험중심 교육과정의 기본성격에 대하여 다음과 같이 요약해 주고 있다.

① 학생들의 흥미나 필요, 욕구 등 그들의 특수 능력에 의한 개인차가 존중된다. 특히 학생의 흥미와 필요를 토대로 한 수업이 이루어지고, 그 자발적인 활동을 촉진한다는 점이 큰 특징을 이루고 있다.

② 교육과정의 중점을 교과에 두지 않고 학습자에 둔다.

③ 교과를 가르치는 데에 치중하지 않고 청소년의 바람직한 성장을 조성하는 데에 둔다.

④ 교재는 사전에 선정 · 조직한다는 것보다 오히려 학습의 장에서 결정된다.

⑤ 교육과정을 교사가 일방적으로 부여하지 않고 모든 학습자의 협력 참가로 진행된다.

⑥ 분산된 사실을 가르치는 것보다 유력한 의미를 발견시키는 데에 치중한다.

⑦ 기능이나 습관을 다른 학습에서 분리시켜 가르치지 않고 한층 큰 경험의 종합적인 일부로서 가르친다.

⑧ 교수방법보다는 학생들의 학습방법을 중요시한다.

⑨ 교육을 교수라고 생각하지 않고 부단한 성장의 과정이라고 생각한다.

⑩ 민주사회에 있어서의 시민적 가치를 체득시킴에 유리하다.

⑪ '행함으로써 배운다'는 학습심리의 근본적인 진리에 합치되며, 생생하고 활기있는 학습을 할 수 있다.

⑫ 비실용적인 학문을 떠나서 실제적인 생활의 장을 부여하고 생활문제와 결부되어 생활문제를 올바르고 종합적으로 처리할 수 있는 능력을 기른다.

4) 문제점

① 학생들의 기초학력의 저하를 가져올 수 있다.

② 교육과정 분류의 준거가 분명치 못하다.

③ 교직적 소양과 지도방법이 미숙한 교사는 이 교육과정 운영에서 실패를 하는 수가 있다.

④ 행정적인 통제가 어렵다.

표 3-1 교과중심 교육과정과 경험중심 교육과정의 비교

교과중심 교육과정	경험중심 교육과정
1. 교과목을 중심으로 한다.	1. 학습자를 중심으로 한다.
2. 교재의 교수를 중시한다.	2. 학습자의 전인적 발달을 중시한다.
3. 자기 자신을 위하여 또는 장래생활에 대비하기 위하여 지식기능의 전달을 강조한다.	3. 자기 생활의 개선을 목표로 하고 그에 활용될 수 있는 경험을 강조한다.
4. 생활의 경험을 간접적으로 받아들인다.	4. 생활의 경험을 직접적으로 받아들인다.
5. 실제지도에 직접 관계없는 제삼자에 의하여 구성되고 통제된다.	5. 학생과 교사, 부모, 교육행정가 기타의 많은 사람에 의하여 구성되고 통제된다.
6. 모든 학습자가 학습장면에서 동일한 반응을 보이고 동일한 학습효과를 기대한다.	6. 개개의 학습자가 학습장면에서 다양성 있는 반응을 보이고 획득한 학습결과가 다양성 있기를 기대한다.
7. 특수한 교과의 특수한 교수방법의 개선을 강조한다.	7. 학습과정의 끊임없는 변화 갱신을 도모하고 진보를 촉진하는 것을 강조한다.
8. 교육과정 구성의 원리적인 모형에 기인하는 교육을 강조한다.	8. 사회성 있는 동적 · 창조적 개성을 구현함에 중점을 든다.
9. 학교에서 가르치는 것을 내용으로 한다.	9. 경험의 연속적 · 총체적 발전으로서의 내용을 생각한다.
10. 사장된 지식의 획득이나 언어주의에 빠지기 쉽다.	10. 사람은 행함으로써 배운다는 학습심리의 근본적 진리에 합치한다.

5) 경험중심 교육과정의 보완형

(1) 활동교육과정

활동교육과정은 학습자의 흥미나 요구에 따르는 활동을 중심으로 짜여지는 교육과정인 데, 1870년대에 미국의 Parker가 자기발전의 원리에 입각해서 학

습자의 통합적인 경험활동을 중심으로 한 교육과정의 발전을 시도하여 활동교육과정의 선험자가 되었으나, 활동교육과정의 이론과 실제를 완성하고 그 후의 교육과정 운동을 활발하게 전개한 것은 1896년 시카고대학에서 16명의 학습자를 가지고 실험학교를 시작한 Dewey에 의해서였다.

Dewey의 실험학교의 교육과정이란 바로 이 기본적 충동들을 '말하기', '만들기', '찾아내기', 그리고 '창작하기' 활동을 통하여 개발해 나가도록 계획된 것이다. 여기에서 그는 전통적인 학교 과목에 따르는 수동적이며 획일적인 서적중심 학습을 배격하고 학교를 학습자가 그 무엇을 구성하고 창조하며 능동적으로 탐구하는 활동의 터전으로 만들어 "생활하는 것을 통해서 또는 생활하는 것과 관련되어서 학습할" 수 있도록 하는 것을 강조했다. 그는 학교 교과목이 아니라 어떤 일(occupation) 또는 작업활동에 중심적 위치를 주는 교육과정을 발전시켰다.

이와 같은 Dewey의 교육과정 운동은 Kilpatrick이 1918년에 발표한 구안법(The Project Method)에 의해서 활동주의 운동(activity movement)의 일대 황금기를 이루게 되었다.

1 기본성격

활동교육과정의 기본성격은 대체로 다음과 같이 정리할 수 있다.

① 학습은 여러 활동이 학습자에게 유목적적이고 흥미가 있을 때 가장 효과적이다.

② 학습자·학생은 능동적이고 창조적인 존재이므로 그들이 중요하다고 생각되는 활동을 선택시키고, 그 학습활동을 스스로 지성적으로 비판할 수 있는 자유를 주어야 한다.

③ 학습자의 성장은 전일적이고 학습은 언제나 다방면적인 노력이며 전인격에 관련되므로 단순히 지적인 것으로만 생각해서는 아니된다.

④ 학습자의 상이한 지적 능력, 정서적 경향, 사회성 등의 개인차를 고려한 교육과정에 입각한 학습이 진행되어야 한다.

2 장·단점

활동교육과정의 장·단점에 대하여 Saylor 등의 견해를 중심으로 정리해 보면 다음과 같다.

① 장점

- 활동교육과정은 학습자의 심리(필요·문제·흥미)에 적합하다.
- 개인의 생활경험에 직접 관련되는 기능적인 학습을 마련했다.
- 학교교육의 바라는 성과를 많이 달성하게 한다.
- 학교 학습활동의 통합을 마련해 준다.
- 학습자의 교육지도에 있어 정신위생 개념을 강조한다.
- 활동교육과정은 근본적으로 학습자의 성장과 발달의 강조에 중점을 둔다.

② 단점

- 활동교육과정에서는 진정한 흥미, 필요, 문제를 결정하는 것은 매우 어렵다.
- 학교의 사회적 책임을 경시하기 쉽다.
- 기본적 교재의 충분한 습득을 제공하지 못한다.
- 과거와 미래에 관한 학습내용을 무시하기 쉽다.
- 조직적인 교육계획을 전개하는 데 심각한 난점을 제기한다.

(2) 생활영역 교육과정

생활영역 교육과정이란 Caswell이 말한 것과 같이 교육과정의 구조 기초를 논리적인 교과에 두지 않고 그와는 반대로 생활자체에 두고, 생활에 있어서의 사회의 기능이나, 개인의 활동이 집중되어 가는 것을 포착하여 그것을 기본영역으로 하고, 개인으로 하여금 생활의 모든 중요 영역에서 효과적으로 참여할 수 있는 경험의 넓이를 확정하여 교육과정을 마련하는 것을 뜻한다.

이는 영국의 Spencer가 인간생활의 중요한 활동으로 다섯 가지 영역을 확립하는 데서 출발했고, 미국에서는 1920년대에서 1930년대에 걸쳐 이 유형의 교육과정이 성행하였는 데, 특히 Bobbitt와 Charters의 활동분석법 및 Caswell과 Campbell의 사회기능법을 통하여 교육과정의 현실 생활화를 시도하였다.

1 기본성격

생활영역 교육과정에서는 교육과정이란 마땅히 어떤 문화 속의 인간의 중요활동(major activities of mankind)에 기초해서 학습경험이 구성되어야 한다고 주장한다. 그것은 바로 교육의 제일 기능인 개인으로 하여금 사회집단 속에서 좋은 생활(good life of his social group)을 할 수 있도록 조성하는 것이기 때문이란 것이다. 그들은 생활활동의 분석(analysis of life activities)에 근거한 교육과정만이 학생들로 하여금 미래의 성인생활에 가장 효과적으로 참여할 수 있도록 할 뿐 아니라, 매일매일의 생활활동에 최대의 가치와 중요성을 갖는 학습경험을 마련할 수 있다는 것이다.

요컨대 이 생활영역형은 학교에 있어서의 학습활동이 사회집단의 활동들과 직접적 그리고 기능적으로 관련되는 것을 강조하는 것이 특색이다.

2 장·단점

생활영역 교육과정의 장·단점에 대하여 Saylor 등의 견해를 중심으로 정리해 보면 다음과 같다.

① 장점

- 학습자의 생활활동에 밀접하게 관련된 학습경험을 마련한다.
- 생활영역 교육과정에서의 학습경험은 학습자에게 보다 중요하고 뜻이 있다.
- 학교의 사회적 책임완수에 직접적으로 공헌한다.
- 학습경험의 통합을 보다 잘 마련한다.

② 단점

- 생활영역 교육과정은 학습활동을 인위적으로 조직하는 결과가 된다.
- 생활영역 교육과정은 성인이 합리화한 것이므로 순수한 생활활동이 아니다.
- 생활영역 교육과정은 교육계획의 보다 바람직한 성과를 경시하기 쉽다.
- 생활영역 교육과정은 학교에서 적용하기에는 실험적인 어려움이 있다.

4. 중핵교육과정

1) 개념과 발전 계보

중핵이라는 용어는 여러 가지로 다양하게 사용된다. 이러한 이름에 의해서 제시되는 교육과정 유형의 대부분은 모든 학생에게 필수적인 교육과정 부분과 세분화된 기능과 선택적인 교육과정의 부분을 구별하는 방법을 나타내고 있다.

여기서 중핵(core)이란 사물의 중심 부분, 즉 핵심을 의미한다. 중핵교육과정이란 중심학습이 있는 교육과정의 전체계획을 의미한다. 즉 통합적인 중심학습과정과 분화된 교과에 의하여 형성되는 주변 학습과정이 동심원적으로 결합되어 구성된 전체계획을 말한다. 대체로 미국에서 1930~1940년대에 한창 무르익었던 중핵교육과정은 삶의 사회적 기능을 중심으로 교육과정을 계획하는 데 그 특징이 있다. 한 마디로 학생들에게 '경험의 중핵', 또는 '중핵적 경험'을 가질 수 있도록 하자는 데 그 목적이 있다.

중핵교육과정은 그 역사적 배경을 보면 Herbart의 제자인 Ziller가 제안한 중심통합법(konzentratikon)에서 그 유래를 찾아볼 수 있다. 그는 교육의 목적을 도덕적 품성 도야에 두고 그 실현방법으로는 정서과를 중심으로 하여 교과를 통일하려고 했다. 그리하여 통합에 있어 정서과 또는 역사와 문학, 즉 사회문화과를 중핵에 두고 각 학년에 배열하는 데는 문화사적 단계설을 취하여 생활발달단계에 따라 배열하였으며, 기타 자연과학, 수학, 언어, 예술 등은 주변과정에 두었다. 그러나 미국의 Parker는 자연과학을 중핵으로 하고 기타 교과를 주변과정에다 배열했다.

2) 기본철학

중핵교육과정은 교과나 과목 등 지식 습득에만 지나치게 집착하고 조직한 교과중심 교육과정과 학습자의 흥미나 필요 또는 학습자의 활동 등에만 집착한 경험중심 교육과정 등 두 유형이 각각 가지고 있는 결함, 즉 전자는 단편적인 지식화이고, 후자는 지나치게 현실 만족이라는 단점을 시정 또는 보완하기 위하여 연구된 형식이다.

이 중핵교육과정에서 특히 강조하는 점은 첫째, 종래의 교과중심 교육과정의 결함인 지나치게 분과적이고 단편적인 지식의 학습을 지양하고 각 교과를 서로 밀접하게 관련시킴으로써 궁극에 가서는 종합적 중핵으로 결합하여 종합적인 학습으로 이끌어 가자는 것, 둘째, 사회적 필요가 중핵을 이루어서 교육과정 구성의 중심이 되므로 궁극적으로는 사회방향감을 고취시켜 나간다는 점이다.

중핵교육과정의 기본 목표는 첫째, 일정한 중심에 의해서 교육내용의 통합을 기하고(교육내용의 중심통합), 둘째, 통합된 교육내용에 의해서 개인의 인격적 통합을 이룩하자는 것이며(인격통합), 셋째로 인격체로서의 개인에 의하여 구성되는 통합된 사회(사회의 통합)를 실현하려는 데에 있다.

3) 일반적 특징

중핵교육과정은 교과중심 교육과정, 경험중심 교육과정, 사회문제중심 중핵교육과정으로 나누어 볼 수 있는 데, 이 가운데서 전형적인 유형은 사회중심 중핵교육과정이다.

이중 사회중심 중핵교육과정의 특징을 들면 다음과 같다.

첫째, 교과간의 선은 없애고 사회기능이나 사회문제를 중핵으로 교육과정이 조직된다.

교과중심 교육과정은 국어, 산수 등과 같이 교과목을 중심으로 교육과정이 조직된다. 그러나 사회중심 중핵교육과정에 있어서는 사회기능과 사회문제가 교육과정 조직의 핵심이 된다. 사회기능의 예를 들면 "생명과 건강의 보전, 가정생활의 개선" 등이다. 사회문제 중핵의 예를 들면 "학생자치, 생활수준, 실업, 소비, 선전, 전쟁, 범죄, 종교, 결혼과 가정, 사회개혁운동" 등이다.

둘째, 사회기능이나 사회문제를 중핵으로 모든 교과학습을 이에 통합한다.

교육기능이나 사회문제의 각 영역은 학습활동이 가능한 구체적인 경험단원으로 조직된다. 그리고 모든 교과학습은 이 경험단원을 중핵으로 이에 통합된다. 예를 들면 사회기능인 '생명과 건강의 보전'의 구체적인 경험단원인 '안전한 놀이'가 1학년 단원으로 설정되었다고 가정하자. 그러면 교과중심 교육과정에서 보는 바와 같은 교과의 구분은 없어지고 '안전한 놀이'를 위하여 모든 교과목인 지식, 태도, 기능이 통합된다.

셋째, 청소년의 필요와 흥미에 알맞은 경험을 선정한다.

사회기능 및 사회문제 중 단원이 될 수 있는 것은 각 발단단계에 따라 청년의 흥미와 필요에 알맞은 것이어야 한다. 즉 사회기능 및 사회문제의 영역들을 학습범위(scope)로 잡는다면 이러한 영역들의 구체적인 문제들을 어떻게 배열(sequence)할 것인지가 문제된다. 그런데 이 배열은 청소년의 필요와 흥미에 알맞아야 한다는 것이다. 청소년의 필요와 흥미는 저학년에서 고학년에 이를수록 신변생활에서 국가생활, 국제생활로 확산되어 나간다.

넷째, 학습활동은 학습자와 교사가 협동하여 계획한다.

교과중심 교육과정에서는 무엇을 가르칠 것인지 또는 어떤 활동을 전개할 것인지는 사전에 교사가 치밀하게 짠다. 그리고 이 계획에 따라 학습자를 이끌어 나간다. 그러나 사회중심 중핵교육과정에서는 교사의 대체적인 계획은 있을 수 있으나, 구체적인 학습활동의 계획은 항시 학습자들과 협동하여 수립하도록 한다. 학습자의 필요와 흥미가 교육과정 결정의 중요한 요인이기 때문에 성인의 일방적인 계획을 피하며 이렇게 함으로써 학습자들의 학습활동 참여가 적극화 된다.

다섯째, 교사는 지식기능의 전달자로부터 벗어나 학습안내자, 학습조련자의 입장을 취한다. 학습은 어디까지나, 학습자 스스로 하는 것임을 명백히 한다. 학습자들이 새로운 경험을 함으로써 기존경험을 재조직하게 함이 경험중심 교육과정의 관점인 바 이러한 관점에 입각하여 교사는 학습자들이 필요한 경험을 할 수 있도록 환경을 조성하고 학습자들을 도와주는 역할을 한다.

4) 문제점

① 인간의 일에 있어서 이론과 실제 사이의 격차를 피할 수 없다.

② 적절한 교육과정 지침서와 교수자료의 부족은 중핵과제의 전개를 어렵게 한다.

③ 중핵형을 가르치는 데 필요한 교사들의 적절한 준비가 부족하다.

④ 학부모나 일반 사회인들의 중핵형에 대한 이해가 부족하다.

⑤ 한 지식분야의 전문화의 요구가 중핵형의 발전을 저해한다.

5. 학문중심 교육과정

1) 개념과 발전 계보

학문중심 교육과정의 발전에 결정적인 영향을 미친 것은 1960년에 J. S.

Bruner에 의하여 출판된 「교육의 과정」(The Process of Education)이라고 하는 세미나 보고서다. 1957년 구 소련에서 인공위성 스푸트니크호가 인류 역사상 최초로 발사되자, 미국의 과학교육은 무엇을 했느냐는 비판이 미국 국내에서 거세게 일어났다. 이에 대한 반응으로 미국의 초 · 중등교육에 있어서의 교육 전반, 특히 과학교육의 새로운 방향을 모색하기 위한 세미나가 개최되었다.

세미나는 스푸트니크 발사 후 2년이 지난 1959년에 미국의 Woods Hole이라는 곳에서 열렸고, 수학, 심리학, 역사학, 교육학, 물리학, 생물학 등 여러 분야의 학자들과 교육자 35명이 참가하였다. 이 모임은 여러 차례의 회의를 거듭하였고, 하버드 대학의 Bruner는 세미나의 종합보고서로서 「교육의 과정」을 출판하였다.

Bruner의 「교육의 과정」이 제시하고 있는 것은 여러 가지 있지만, 크게 보면 교육과정의 내용을 사실, 개념, 법칙 등 이른바 지식의 구조를 따라서 조직해야 한다는 교육과정의 구조화와 교수방법에서 학습자가 학습하는 가운데 스스로 원리를 발견하고 응용하도록 해야 한다고 주장한 발견학습(discovery learning) 또는 탐구학습(inquiry learning)의 주장이다. 즉, 교육내용의 조직과 관련해서는 교육과정의 구조화를 주장했고, 학습방법에서는 발견학습이나 탐구학습이 주장되었다.

2) 기본철학

개념과 법칙 중심으로 구조화된 현대의 교육과정을 학문중심 교육과정이라고 부르고 있는 것은 교육내용의 핵심이 되는 개념과 법칙들이 그 교과의 학문적인 체계를 따라서 형성된 결과이기 때문이다. 학문중심 교육과정에서는 사고의 체계를 중요시하기 때문에 개념이나 법칙을 내용으로서 전달한다기보다 그 교과에서 요청되는 사고의 방식을 그 교과의 개념과 법칙을 중심으로 학습하도록 하는 것이라고 할 수 있다. 학문중심 교육과정에서는 내용의 암기보다는 탐구의 방법과 응용을 중요시하는 것은 바로 이 때문이다.

3) 일반적 특징

학문중심 교육과정의 이론적 배경은 Bruner의 「교육의 과정(The Process of Education)」에 잘 나타나 있는데 이를 토대로 일반적 특성을 살펴보면 다음과 같다.

첫째, 교과내용은 '지식의 구조'를 핵심으로 조직한다.

학문중심 교육과정의 사조에 의하면 '교육과정은 각 학문에 내재해 있는 지식 탐구과정의 조직'으로 정의된다. 이 사조를 공식적으로 천명한 Bruner의 「교육의 과정」에 의하면 "한 교과의 교육과정은 그 교과의 구조를 나타내는 일반적인 원리를 가장 깊이 이해하고 있는 사람들에 의하여 결정되어야 한다. 해당 학문 분야의 폭넓은 기본구조와 관련을 맺지 않은 특수한 사실이나 기술을 가르치는 것은 몇 가지 근본적인 의미에서 비경제적이다"라고 지적하고 있다.

Bruner에 의하면 교육과정은 곧 각 교과의 전문가들이 각 교과가 나타내고 있는 지식의 본질(즉 구조)을 가장 명백히 표현할 수 있도록 그 지식을 체계적으로 조직해 놓은 것을 가리킨다. 여기에서 '지식의 구조'라고 함은 '학문의 이면에 숨어 있는 기본적 아이디어', '지식의 기본개념', '지식의 기본원리', '지식의 핵심개념', '일반적 아이디어', '지식의 탐구과정' 등과 동의어로 쓰이는 개념이다. 그것은 각 학문을 이루고 있는 기본요소들 및 이 요소들이 서로 얽혀 있는 것을 나타낸다.

이와 같은 지식의 구조가 중요시되는 까닭에 대해서 Bruner는 다음과 같이 밝히고 있다.

① 그 교과의 기본구조를 이해하면 그 교과를 쉽게 이해할 수 있다.

② 인간의 기억력에 관한 것으로 구체적인 지식이 구조화된 형태 안에 들어 있지 않으면 곧 잊어버린다.

③ 기본적인 원리나 개념을 이해하는 것은 적절한 '학습의 전이'를 가능하게 하는 가장 중요한 방법이다.

④ 초등과 중등학교에서 가르치는 교재를 그 기본적인 성격에 비추어 부단히 재검토해 나가면 고등지식과 기본지식과의 거리를 좁힐 수가 있다.

둘째, 나선형 교육과정(sprial curriculum)이 되어야 한다.

학문에 내재해 있는 지식의 구조, 즉 기본적 개념, 일반 아이디어, 핵심개념은 각 학문분야에 따라 그렇게 많을 것 같지는 않다. 이와 같은 교과내용은 학년이나 발달의 정도와 관계없이 가르칠 수 있다는 가정이 성립되어야 한다. 즉 초등학교 아동부터 고등학교 학생에 이르기까지 동일내용을 가르치되 다만 그 수준을 달리해야 한다는 입장이다. Bruner는 이 점에 대하여 "어떤 교과든지 지적 성격을 그대로 두고 발달의 어떤 단계에 있는 어떤 학습자에게도 효과적으로 가르칠 수 있다"는 대담한 가설을 내세운 바 있다. 이 가설이 뜻하는 바는 학습자들도 그들의 사고방식에 맞게 그들이 알아듣는 말과 자료를 써서 가르치면 어떤 교과내용도 이해할 수 있다는 것이다. 즉 이 교과내용은 고등학교 학생에 해당되며 초등학교 아동에게는 너무 어려워서 가르칠 수 없다는 말은 성립되지 않는다. 동일교과 내용을 발달단계와 관계없이 가르치되 다만 발달단계가 높아짐에 따라 그 내용의 깊이와 폭이 달라질 뿐이라는 것이다. 마치 달팽이의 껍질의 선이 위로 올라갈수록 점점 크게 되는 것과 같은 비유다. 즉 나선형 교육과정은 교과가 가장 완벽한 상태를 가상하고 일찍부터 그 교과에 담겨진 기본개념을 그들의 사고방식에 알맞게 가르치며 학년의 진전에 따라 점차로 심화 확대해 나가는 교육과정을 말한다.

이와 같은 나선형 교육과정의 생각이 나타남에 따라 교육과정에 변혁이 나타났다. 예를 들면 수학에서 집합이라는 수학의 기본개념을 종전에는 고등학교부터 취급하였으나 학문중심 교육과정이 나타남에 따라 초등학교 1학년부터 고등학교 3학년까지 통일하되 학년의 진전에 따라 그 수준이 달라지도록 되어 있다.

셋째, 탐구과정을 중시한다.

앞에서 학문중심 교육과정을 '각 학문에 내재해 있는 지식탐구 과정의 조직'

이라고 정의한 바 있다. 그리고 그 특징으로 '지식의 구조'와 '나선형 교육과정'에 대하여 언급하였다. 이렇게 볼 때 학문중심 교육과정의 또 하나의 특징으로 탐구과정을 들지 않을 수 없다.

학문중심 교육과정에서는 교과를 가르칠 때 그 교과에 내재해 있는 '기본원리', '핵심개념'을 교사가 찾아 내어 이것을 학생들에게 제시하고 주입하는 것이 아니라 해당분야의 학자가 한 것과 같은 '눈'과 '방식'으로 이를 찾아 내도록 한다. 즉 물리학을 공부할 때는 물리학자가 한 것과 동일한 일을 학생들에게 하도록 한다. 물리학자는 해당분야의 학문을 탐구하고 있기 때문에 비록 그 수준은 다를지언정 학생들도 물리학의 구조를 탐구하는 활동을 하도록 한다. 즉 물리학을 올바르게 공부하려면 물리학자가 되어야 한다는 뜻이다. 이와 같은 학습방법은 또한 전이효과가 높다. 학문중심 교육과정을 일명 탐구교육과정이라고 부르는 까닭을 보아도 탐구과정이 얼마나 중시되고 있는지를 짐작할 수 있다.

4) 문제점

① 능력이 중상 이상되는 학생들에게만 적당하다.

② 이수과계통을 중심으로 한 일부 교과에 한정되고 있다.

③ 지적 교육을 지나치게 강조하게 되어 통합적 교육과정 구성이 소홀하게 되고 있다.

④ 탐구과정에 학습자가 능동적으로 참여할 수 있는 인적, 물적, 시간적 및 교육제도나 조건의 정비가 어렵다.

⑤ 평가방법에 관한 개발이 되어 있지 않다.

⑥ 청소년의 욕구와 그들의 광범한 생활문제를 등한시하고 있다.

⑦ 사회적 제조건의 성질, 사회적 현실, 민주적 이념 등이 잘 반영되어 있지 않다.

6. 인간중심 교육과정

1) 개념과 발전 계보

20세기에 들어서면서 과학기술이 급속도로 발달하고 고도산업화가 이루어짐에 따라 교육의 수단관이 팽배하였으며 그 결과 국가적인 부를 초래하였다. 그러나 20세기 후반에 이르러 교육의 수단관에 회의를 느끼고 교육의 본질관에 보다 적극적인 관심을 두게 되었다. 고도산업화에 따라서 나타나는 인간성의 매몰과 비인간화 경향이 심각한 문제로 제기되고 있다는 점이다.

이와 같은 시대적 배경에 의해 인간중심 교육과정 운동에로의 구체적인 시사점을 준 움직임을 살펴보면, 우선 미국의 전미교육협회(N.E.A)에서는 1970년대에 있어서 교육의 중심과제는 인간교육에 두어져야 함을 강조하였고, Silbeerman은 「교실 속의 위기」(Crisis in the Classroom, 1970)를 써서 인간교육의 방향을 제시했고, Bruner도 「교육의 과정을 재고한다」(The Process of Education Reconsidered, 1971)를 써서 인간교육의 중요성을 강조하게 된 것 등을 들 수 있다.

이 가운데서 특히 Bruner는 자신이 60년대에 강조했던 학문중심 교육과정의 이론을 반성하면서, “만약 내가 1970년대의 교육과정 개발사업을 선택할 수 있다면 나는 그 주제로서 사회를 올바른 가치관과 인생철학으로 되돌리는 방법이 무엇인가 하는 것을 택하고 싶다.”라고 말하고 있다. 이 말은 학문중심 교육과정이 학문의 구조만을 강조하였고, 사회문제나 인간교육, 가치교육은 소홀하게 다룬 결함을 면치 못함으로써 인간중심 교육과정 운동이 나올 수밖에 없는 사정을 잘 나타내 주고 있는 것이라 하겠다.

2) 기본철학

인간중심 교육과정의 개념을 보다 분명하게 파악하기 위해 그 기본적 입장을 정리해 보면 다음과 같다.

첫째, 인간중심 교육과정에서는 잠재적 교육과정(latent curriculum)을 표면적 교육과정과 똑같이, 경우에 따라서는 더 중시한다.

잠재적 교육과정은 공식적인 교육과정인 표면적 교육과정에 비하여 비공식적인 교육과정이다.

잠재적 교육과정은 눈으로도 볼 수 없고 드러나지도 않고, 학교에서 의도했던 목표는 아니지만, 그리고 문서화되거나 공식화되는 일은 없으나 학교 속의 상호작용을 통해서 은연중에 잠재적으로 학습하게 되는 교육과정이다. 이것은 내재적 교육과정(implict curriculum) 또는 숨은 교육과정(hidden curriculum) 등으로도 불리운다.

잠재적 교육과정은 각 학생에 따라 달리 학습된다. 표면적 교육과정에 비해 서서히 배우기는 하나 그렇게 쉽게 잊어버리지는 못한다. 또 잠재적 교육과정은 비가시적이고, 서서히 배우기는 하지만 표면적 교육과정보다 그 영향력이 크다는 사실에 주목할 필요가 있다.

교사의 정의적 특성, 학급 내의 인간관계, 교사와 학생의 관계 등 학교나 학급의 환경적 · 구조적 특징이 주로 학생에게 미치는 영향으로 지적되고 있다.

잠재적 교육과정의 특징을 표면적 교육과정과 비교하여 설명하면 다음과 같다.

① 표면적 교육과정이 교과에 관련이 있다면, 잠재적 교육과정은 주로 비교과적인 활동에 관련이 있다. 즉, 비교과적인 놀이 · 행사 · 운동회 등의 각종 행사 및 단체활동 · 개인활동 등을 통하여 배우는 것을 의미한다. 그러나 잠재적 교육과정도 교과를 통하여 배우는 경우가 전혀 없는 것은 아니다. 수학이라는 과목을 배움으로써 수학이란 정말 어렵고 재미없는 과목이라는 것을 배웠다면, 이는 교과가 매개가 되어 배운 잠재적 교육과정의 좋은 예가 된다.

② 표면적 교육과정이 주로 지적인 것이라면, 잠재적 교육과정은 주로 비지적인 것과 관련된다는 점이다. 잠재적 교육과정의 대부분의 연구는 잠재적 교육과정을 비지적인 것의 경험과 관련시키고 있다.

③ 표면적 교육과정은 주로 학문과 지식에 관련되는 반면에, 잠재적 교육과정은 주로 생활기능에 관련된다는 것이다. 학생들이 학교에 나오는 목적은 공부하는 것이지만, 학교도 분명히 하나의 사회이기 때문에 학생이 공부하려는 목적을 달성하기 위해서는 이 사회에 잘 적응하지 않으면 안 된다. 잠재적 교육과정은 하나의 사회로서 학교라는 곳에 적응할 수 있는 여러 가지 생활기능을 배우게 한다.

④ 표면적 교육과정은 일시적 · 단기적으로 배우는 데 반하여, 잠재적 교육과정은 장기적 · 반복적으로 배운다는 점이다. 교과에서 배운 것은 한번 학년이 지나가면 다시 배울 기회는 거의 주어지지 않는다. 정해진 시간계획에 따라 정해진 구성을 한번 배우면 그만이다. 이것이 표면적 교육과정의 일반적인 특징이다.

⑤ 표면적 교육과정이 주로 바람직한 내용인 데 반하여, 잠재적 교육과정은 바람직한 것뿐만 아니라, 바람직하지 못한 것도 포함한다는 것이다. 학교가 사회적으로나 도덕적으로 용인될 수 없는 것을 가르치려고 하지 않는 것은 그 제도의 설립목적상 당연하다. 그러나 잠재적 교육과정은 학교의 의도와 관련없이 배워지는 것이기 때문에 도덕적으로, 그리고 사회적으로 나쁜 것도 좋은 것도 섞여 있기 때문이다.

잠재적 교육과정을 통하여 학생들이 얼마나 바람직한 것을 배우느냐 못배우느냐 하는 것은 전적으로 그 학교의 잠재적 교육과정의 장에 의하여 결정되는 문제다. 학교에서 학생들은 흔히 욕설을 배우는가 하면 친구들에게 봉사하는 것도 배운다. 학생들은 바람직한 것도 바람직하지 못한 것도 동시에 배우게 마련이다.

둘째, 학교환경의 인간화를 위하여 노력한다.

인간중심 교육과정은 그 정의 자체가 '학교생활을 하는 동안에 학생들이 가지는 모든 경험'이기 때문에 학교환경 전체를 인간중심적으로 조성을 해야만 비로소 학생들이 인간적인 경험을 할 수 있다. 금지, 체벌, 강요와 같은 학교의 풍토는 자아실현에 결정적인 악영향을 미친다.

3) 일반적 특징

인간중심 교육과정은 그 범위가 넓고, 가치관의 차에 따라서 그 해석도 다양하며 또한 그 발달이 극히 최근에 이루어졌기 때문에 아직도 개념탐색의 단계라고 볼 수 있다. 그러기 때문에 학교사태에서 인간중심 교육과정이 어떻게 나타나야 할 것인지에 대하여서는 구체성을 띠지 못하고 있다. 일반적인 특성은 다음과 같다.

① 인간중심 교육과정에서는 '가르친다는 것은 하나의 체제나 방법들을 이용하는 것이 아니고 바로 하나의 인간적인 관계'로 보기 때문에 교사의 인간적인 영향이 얼마나 중요한지를 알 수 있다.

② 학교 내 구성원들로 하여금 서로서로를 감동시키고 너그러운 공동체 의식을 지니고 생활하도록 돕는 환경이 강조된다.

③ 전인교육을 통하여 인간이 타고난 지적 · 신체적 · 사회적 · 정서적인 성장

가능성을 조화롭게 발전시킬 수 있다.

④ 학습자의 개별적인 자기성장을 조장할 수 있다.

⑤ 학습자의 자아개념을 긍정적으로 형성하는 데 도움된다.

⑥ 교수 · 학습과정에서 개방적 · 자율적 · 자유분위기를 조성함으로써 학습과정을 통한 터득된 의미가 내면화될 수 있다.

4) 문제점

① 교수 · 학습과정에서 자유로운 환경조성과 역동적인 인간관계가 유지되지 않으면 교육성과의 보장이 어렵다.

② 학교교육에서 인본주의 교육을 창달하기 위한 교사들의 투철한 교육관이 확립되지 않으면 그 실현이 어렵다.

7. 통합교육과정

1) 개념과 발전 계보

교육과정 통합은 학생들이 학교의 지도하에 시간적으로, 공간적으로, 그리고 내용영역에 있어서 각각 다른 학습경험들이 상호 관련되어지고, 의미있게 모아져서, 전체로서의 학습이 이루어지고, 나아가서 학습자의 성장 · 발달이 가치롭게 이루어지게 하는 과정이다. 따라서 통합교육과정은 교육의 과정과 결과를 두루 포괄하는 개념으로 볼 수 있다. 즉 통합교육과정은 효율내용인 교과의 통합은 물론, 학습의 과정인 수업의 통합과 학습의 결과인 학습자의 인성의 통합까지를 망라하는 개념이라 하겠다.

지식과 인성의 통합으로 요약할 수 있는 이러한 통합교육과정의 의미는 교과중심 교육과정에 대한 반발로서 등장한 생활중심 교육과정 혹은 경험중심 교육과정 모형과 인간중심 교육과정 모형에서 각별히 강조된다. 생활중심 교육과정에서 강조하는 것은 학생들이 현재 겪고 있는 실생활상의 문제와 장차 하게 될 사회 · 직업생활에서의 문제들을 해결하는 능력이다. 그런데 이러한 생활의 문제들은 교과별로 분리되어 적용될 수 있는 성질의 것이 아니라, 모든 교과들이 통합적으로 관련되어 적용될 수밖에 없는 문제들이다. 이 때문에 생활중심 교육과정에서는 통합적 조직의 방식을 취하고 있다. 또한 학습내용이 학생의 생활 속에서의 흥미와 밀접하게 관련될 때 학습자의 인성 발달에도 긍정적이고 적극적인 효과를 기할 수 있다는 점에서 인간중심 교육과정에서도 통합적 교육과정 조직의 방식을 선호한다. 특히나 미국이나 유럽에서 1970~80년대에 등장한 인간중심 교육과정은 기존의 교과중심 교육과정과 학문중심 교육과정이 지니는 분과성과 지식 중심성을 극복하고, 지식과 인간과의 유기적 관련 내지 학습자의 지식에 대한 주관적 이해의 측면을 강조한다는 점에서 통합교육과정 체제의 중요성을 한층 더 부각시키고 있다.

2) 기본철학

우리의 일상생활의 내용과 문제들은 어느 한 분과나 영역으로 뚜렷하게 구분될 수 있는 것이 아니다. 생활의 내용과 문제들은 오히려 서로 밀접하게 관련되고 복합되어 있다는 점에서 고도의 통합성을 나타낸다. 따라서 학습과제와 생활문제를 밀접히 관련시키기 위해서 교육내용을 분과적으로 구성 · 조직하지 않고 광역화하거나 중핵화한 통합적 형태를 취하는 것이 유리하다. 통합교육과정은 이처럼 우선적으로는 학습내용과 실생활과의 관련성을 높이기 위한 방안으로 모색되어, 교육내용의 실생활에의 적용 내지 활용을 높이기 위한 교육과정 체제로서 등장한 것이다.

또한, 통합교육과정은 전인교육을 실현하려는 목적으로 교육과정 개발에서 적극적으로 모색된 교육과정 체제이기도 하다. 교육과정 개발에서 교과내용

간의 통합을 강조하는 것은 아동 및 학습자를 자아실현의 욕구를 지닌 통합적 · 전인적 인격체로 보는 진보주의 교육철학 혹은 인본주의 교육심리학을 수용한 것이다. 기존의 교과중심 교육과정 체제에서는 정의적 · 운동기능적 영역의 학습에 비하여 상대적으로 인지적 영역의 지식교육을 과도하게 강조해 왔다. 그리고 이 때문에 자연히 인성교육 혹은 전인교육도 부실하게 이루어져 왔다. 이에 인지적 · 정의적 · 운동기능적 영역이 조화된 학습을 통하여 전인적으로 통합된 인성교육을 도모해야 할 필요가 제기되었다. 통합교육과정의 개발은 바로 이러한 전인교육의 방법론적 모색 과정에서 이루어진 것이기도 하다.

3) 일반적 특징

(1) 교육적 기능

첫째, 통합교육과정의 가장 명백한 기능은 지식의 분절화를 막을 수 있다는 데서 찾을 수 있다. 다시 말하면 지식의 전문화, 세분화 경향이다. 때문에 고도로 분업화되고 있는 현대사회의 다변화 현상에 대처하기 위한 사회적 통합에 크게 공헌할 수 있다.

둘째, 교육과정의 통합적 접근은 지식의 기본원리 이해에 공헌할 수 있다. 즉, 폭발적인 지식의 상황 속에서 교육과정 구성의 어려운 문제를 해결해 줄 수 있다는 점에서 기본개념이나 원칙을 중심으로 교육과정을 조직하면 그 내용을 모두 포괄할 수도 있다는 것이다. 즉, 이는 통합적 접근을 통해서만이 가능하게 된다는 것이다.

셋째, 통합교육과정은 학생들의 심리적 특성을 더 많이 고려하여 짜여진다. 통합 교육과정은 이론적인 근거 위에서 고려되는 것이 아니라, 학생의 심리적 발달에 입각하여 통합하는 것이며, 이는 학생의 흥미와 필요에 맞는 것이 된다.

넷째, 학생들의 학습동기를 더 효과적으로 유발하여 준다.

교과중심 교육과정에서처럼 교사의 일방적 설명이나 시험 및 경쟁과 같은 외적 동기에 의존하는 것이 아니라, 앞에서 강조한 바와 같이 교육과정의 통합은 흥미와 필요에 더욱 적합한 것이기 때문에 추상적인 것 보다는 구체적인 것을 강조하고 학생의 자발적 참여를 촉진시킴으로써 협동적 학습의 기회를 제공하게 해 준다. 따라서 학생의 흥미가 자극됨으로써 학습동기는 쉽게 유발될 수 있다

다섯째, 학습된 지식을 적용할 기회를 많이 가지므로 학습의 효과를 높여준다. 학생들은 학문적인 추상성을 학습하도록 요구받는 것이 아니라, 적절한 교육적 환경의 경험과 탐색을 통해서 그들 자신의 사고의 형태를 계발하도록 요구받는다. 특히 다학문적 접근에 의한 학습은 전이도가 높은 지식을 보다 더 광범위하게 적용할 수 있는 기회를 학생들에게 제공할 수 있다는 것이다.

여섯째, 통합 교육과정은 지적 발달 뿐만 아니라 정의적 측면을 포함하는 전인격적 성장에 관심을 가지게 되며, 특히 자율적 학습과 책임 분담 등을 통해서 학생들의 긍정적 자아개념 형성에 공헌한다는 것이다. 통합이라고 할 때이는 학교 프로그램 속에서 학생들이 가지는 모든 경험들이 서로 관련되고 하나로 정리되어 인격적 통합에 기여한다는 것을 의미한다.

(2) 유형

1 개인중심 통합교육과정

통합의 요소를 학생 개인의 필요와 흥미에 두는 교육과정이다. 이런 교육과정은 활동중심 교육과정이 되기 쉽다. 이러한 활동중심 교육과정에 의해 교육이 이루어진 대표적인 것으로는 J. Dewey의 실험학교, A. S. Neill의 Summer Hill 등을 들 수 있다. 대체로 이러한 학교들은 중등교육보다는 초등교육의 프로그램에 의해 많이 적용되었다.

2 사회중심 통합교육과정

이 교육과정은 급변하는 사회에 있어서 사회문화의 공통요인의 가치를 재구

성함으로 인하여 사회질서, 사회통치, 사회개조에 필요한 특성, 능력 태도를 길러 주고자 하는 데 있다. 유형으로는 사회기능 중심과 사회문제 중심의 두 가지가 있다. 사회기능 통합과정은 사회의 기능, 즉 어느 사회에서나 공통되는 기본적 일반 사회활동을 통합의 요소로 삼는다. 반면 사회문제 통합과정은 사회생활의 여러 가지 문제를 중심으로 하는 것이다.

3 교과중심 통합교육과정

이것은 가장 흔한 형태로 교과와 교과를 통합한 것이다.

예를 들어, '민주주의'란 제목으로 영어와 사회과를 통합시키고, 시간도 그에 따라 길게 할당하여 학습하는 형식이다. 교과의 통합에서 가장 명확한 것이 영어와 사회과의 통합이다.

(3) 통합의 방법

1 교과중심 통합방법

① 독립된 교과목간의 통합방법

독립된 교과목간의 통합은 문자 그대로 별개의 독립된 교과목을 양적으로 통합하는 것을 말한다. 여기서 양적으로 통합한다는 것은 별개의 교과목을 단순히 연결시켜 합쳐 놓는 것을 의미한다.

별개의 독립된 교과목을 연결시켜 묶는 방법에는 다음의 두 가지가 있다. 하나는 몇 개 교과목을 묶어서 긴 단위의 시간수를 배정하는 방법이다. 예를 들어, 물리, 화학, 생물을 '과학'이라는 단일 명칭으로 시간을 배정하여 시간표상으로는 한 교과목으로 통합된 형태를 갖추고 있으나 실제 수업에 있어선 이들 세 과목을 각각의 담당교사가 개별적으로 지도하는 경우가 이에 해당한다. 다른 하나는 서로 관련이 있는 몇 개의 교과목을 한 교사가 담당하는 방법이다. 예를 들어, 앞서의 물리, 화학, 생물을 동일한 교사가 가르치도록 하는 경우가 이에 해당한다. 이 경우에 교사는 어느 한 과목을 가르칠 때 특정 내용에 한해서 나머지 다른 과목에서 가르치는 내용을 관련지어 지도할 수 있다.

② 관련 교과목간의 통합방법

이 통합방법 역시 교과가 묶여지는 형태에 의한 통합 가운데 양적통합에 해당한다. 관련 교과목간의 연결적 통합방법은 둘 이상의 교과목이 좀더 밀접한 관계망 속에서 하나로 연결되는 통합방법이다. 이 경우에는 각 교과목은 상관교육과정의 형태를 유지한다.

둘 이상의 교과목이 상호 보충적 관점에서 통합된다는 것은 어느 한 교과목을 가르침에 있어서 그에 관련되는 다른 교과목이 현재 가르치고자 하는 교과목의 학습지도에 내용적으로나 방법적으로 상호보완이 되고 도움을 주는 형태로 통합된다는 것을 의미한다.

③ 융합적 통합방법

융합적 통합방법은 교과가 묶여지는 형태에 의한 통합 가운데 질적 통합에 해당한다. 융합적 통합은 교과내용의 묶음에 있어서 공통의 연결원칙이나 상호관심영역 등에 기초를 두고 둘 이상의 교과목을 포괄적으로 혼합시키는 것을 말한다. 교과목간의 포괄적 혼합을 특징으로 하기 때문에, 융합적 통합은 위의 상관교육과정에서 광역적 교육과정으로 이행하는 형태의 과정에서 생긴 통합방법이라고도 한다.

예를 들어, 식물과 동물에서 생물학을 구성하고 지리, 역사, 정치 · 경제과를 합쳐 사회과를 조직하는 것과 같다. 즉 각 교과목의 성질을 유지하면서 그 사이의 내용과 성질면에서 다소의 공통요인을 추출하여 교과를 재조직할 것이다.

④ 경험적 통합방법

경험적 통합은 교과내용보다는 학습활동상의 제 기능을 서로 관련시키고 통합하고자 한다는 점에서 양적 접근보다는 질적 접근에 가까운 통합방법이다. 경험적 통합방법에서는 교육내용을 학습자의 통합적인 학습경험의 형성과 촉진을 위한 자료로 사용한다. 즉 경험적 통합은 교육내용인 교과 지식이 그 자체의 바탕이 되는 실생활의 경험으로부터 이탈되는 것을 막고 직접적인 생활경험과 더불어 학습이 이루어지도록 하려는 방식이다.

일반적으로 경험적 통합에는 개인의 흥미와 필요를 중심으로 하는 개인중심 통합과 사회기능과 사회문제를 중심으로 하는 '사회중심 통합' 두 가지가 있다. 경험적 통합방법의 특색은 교과목들을 묶어서 하나의 학습영역을 만드는 것이 아니라 개인의 흥미와 필요, 사회의 기능과 문제에 관련된 모든 교과 지식을 활용하여 하나의 학습활동으로 구안한다는 데 있다.

2 학문중심 통합방법

① 간학문적 통합방법

간학문적 통합방법은 학문중심 통합 가운데 질적 통합에 해당한다. 간학문적 통합은 '간학문적'(inter-disciplinary)이라는 용어에서 알 수 있듯이 두 개의 학문이 동일한 논리구조 속에서, 즉 동일한 탐구방식이나 탐구수준에서 새롭고 의미있는 종합이 이루어지도록 통합되는 것을 말한다. 즉, 간학문적 통합은 두 가지 학문이 서로 공존하면서 밀접하게 연결된다는 점에서 지식의 구조적 통합이라 하겠다.

이 점에서 간학문적 통합은 동일한 지식의 구조를 갖는 학문 내에서의 교육내용의 통합을 의미한다.

② 다학문적 통합방법

이는 어떤 문제를 여러 학문적 입장에서 접근방법을 분석해 보고 그에 대한 종합적인 조치를 취함으로써 문제를 해결해 나가는 방식이다.

다학문적 통합방법은 질적·양적 접근방식과 구조적 접근방식을 포괄하는 종합적인 통합방법이다. 다학문적 통합은 다양한 학문 내지는 교과 지식이 포괄적이고 종합적인 형태로 활용된다는 점에서 융합적·기능적 통합과 다소

유사하다. 다학문적 통합은 복잡한 사회현상이나 자연현상을 총체적으로 이해하거나 복합적인 사회문제를 종합적으로 해결하려는 목적을 가지며, 관련 학문들을 총동원하여 현상이나 문제를 단편적으로 고찰하는 것이 아니라 다각적이며 종합적이고 총체적인 탐구와 문제해결에 임하도록 하는 방식이다.

다학문적 통합은 흔히 인구, 공해, 범죄, 환경 등과 사회 · 자연현상과 문제에 관련하여 여러 가지 학문을 탐구주제와 내용, 탐구방법으로 동원하여 융합시킴으로써 이루어진다.

③ 탈교과적 · 탈학문적 통합방법

탈교과적 · 탈학문적 통합방법은 교과의 구조를 무시하는 구조없는 접근방법으로 학생에게 경험의 선택이 주어지는 학습자중심의 통합방식이다. 즉 학습자 중심의 입장에서 자유로운 표현활동이나 문제해결을 학습과정의 중심요소로 삼아 교육과정을 통합하는 방법이다. 탈효과적 · 탈학문적 통합방법은 일반적으로 여러 가지 흥미중심의 통합, 표현중심의 통합, 경험중심의 통합, 활동중심의 통합 등 여러 가지 방식으로 나누어 볼 수 있다.

4) 문제점

교육과정의 통합은 단순히 지식, 경험을 포함한 교육내용을 구성하는 방식에서 뿐만 아니라, 통합프로그램 운영을 위한 학교운영의 방식에서도 통합적인 노력이 요구된다. 즉, 통합은 학교상황에서 사람들의 상호작용에도 영향을 미치며 교육목적을 위한 시간운영, 공간활용, 자료활용 등에도 영향을 미친다. 따라서 통합 교육과정의 운영을 위해서 융통성 있는 시간표, 협동교수제 및 공간의 활용과 자료의 운용 등이 충분히 고려되어지지 않으면 실패하기 쉽다.

8. 구성주의 교육과정

1) 개념과 발전 계보

인식의 대상과 성립과정을 설명하려는 존재론과 인식론적 철학에 근거를 둔 구성주의는 보편타당한 절대적 진리 추구로 산업사회를 대변했던 객관주의 인식론의 한계점에 대응한 대안적 인식론으로 주목받고 있다. 이는 교육의 현장에서 어떻게 배워 가는가에 대한 인지과정에 관하여 이전의 자연주의(nativism)와 행동주의(behaviorism)를 거치면서 등장하였다. 교수와 학습의 개념 및 그 과정에 있어 상대주의 인식론에 근거한 구성주의는 단순한 지식의 획득과 재생산 과정에서 탈피하여 학습자에게 의미 있는, 다양한 관점의 지식 구성을 중요시한다.

구성주의에서 지식은 개인의 경험과 이해의 수준에 따라 구성된다는 관점으로서 학습자는 의미를 추구하는 능동적 유기체로 본다.

구성주의에서 지식을 개인의 독특하고 개별적인 인지적 활동인 동시에 특정 사회 구성원 간에 공유되어지는 사회적 요소도 포함되는 개인적 · 집단적 · 상황적 의미형성으로 파악한다. 즉, 지식이란 개인의 인지적 작용과 사회적 상호작용이라는 두 축에 의해 습득, 형성되는 것이라고 본다.

구성주의는 크게 인지적 구성주의와 사회문화적 구성주의로 구분할 수 있는데, 이는 지식을 구성하는 주요 요인으로 개인의 인지적 활동을 더욱 강조하는가, 혹은 개인이 속한 사회와 문화적 상황을 더욱 강조하는가로 구분되어진다. 즉 Piaget의 발달심리학에 이론적 기초를 두고 교수-학습 원리와 전략에 주로 관심을 두는 인지적 구성주의와 Vygotsky의 사회발달심리이론에 근거하여 인간의 인지발달과 기능은 사회적 상호작용의 내면화를 통해 이루어진다고 주장하는 사회문화적 구성주의로 구분된다.

2) 기본철학

구성주의 관점에서 소재 또는 자료로서 교육내용은 반드시 체계적인 지식체제일 필요는 없다. 학습자가 관심을 가지고 능동적으로 동화 또는 조절하고자 하는 것이면 무엇이든 학습 소재나 자료가 될 수 있다고 하겠다. 그 형태는 직접적인 감각 활동일 수도 있고 실생활경험일 수도 있으며 누군가에 의해 이미 추상화된 텍스트일 수도 있을 것이다. 학습자가 의미를 부여할 수 있고, 다양한 관점에서의 해석을 자극할 수 있는 자료이면 훌륭한 학습 자료로서의 가치를 지닌다. 아무리 훌륭한 가치, 지식체라도 학습자의 경험 세계와 관련 지워지지 못한다면, 기억에 의존하는 기계적 학습은 이루어질 수 있을지 모르지만, 이해에 바탕을 둔 유의미한 학습은 이루어지지 못할 것이다.

구성주의 관점에서의 교육내용으로서 '무엇'은 더 이상 학습자의 의지와 관계없이 외부에서 결정되어 그대로 수용해야 할 대상이 아니라 학습자의 인식 구성을 자극하고 도와줄 수 있는 다양한 학습 자료, 학습 소재 제공의 의미로 재정립될 필요가 있다.

3) 일반적 특징

(1) 이론적 배경

1 Piaget의 인지적 구성주의

Piaget는 주로 생물학과 인식론적 철학에 대한 관심사로부터 그의 연구는 출발하였다. 그는 주로 '어떻게 지식이 구성되어지는가'와 '어떻게 아동들이 그들 자신의 세계를 알게 되는가'에 관심을 두었다. 수년간의 연구를 통하여 Piaget는 아동들이 성장하면서 끊임없이 자신의 환경과 상호작용하는 과정 속에서 지식이 창조, 재창조된다고 주장했다. 그는 인지구조에 관한 심층 연구를 하게 되는데, 여기서 인지구조란 아동발달의 단계에 부응하는 구체적인 지적 활동과 행동의 기초가 되는 신체적 또는 정신적 활동의 형태라고 할 수 있다.

Piaget는 인지구조의 발달단계를 감각운동기, 전조작기, 구체적 조작기, 형식적 조작기로 구분되는 네 개의 기본적인 인지구조를 설명했다. 아동들은 이러한 인지발달 단계에 따라 실재(reality)에 관한 해석을 달리하므로 학습 활동은 그들의 발달단계에 적절하여야 하며 인지구조들은 동화와 조절이라는 적응과정을 통해 변화하며 새로운 환경에 적응하려는 노력을 해야 한다고 주장하였다.

[2] Vygotsky의 사회적 구성주의

Vygotsky는 인간과 환경의 상호작용에 있어서 도구와 기호의 사용에 접목, 조정이라는 개념을 사용하였다. 그리하여 그는 문화적으로 발생한 언어나 수체계와 같은 기호 체계는 인류 역사의 과정뿐 아니라 사회의 문화적 발달 수준의 변화 과정 속에서 성립, 발달한다고 하며 아동들의 인지발달에 있어서 사회문화적 교류가 기초적인 역할을 한다는 것이다.

또한 Vygotsky는 인지발달의 가능성에 관하여 개인이 혼자서 학습함으로써 얻을 수 있는 지식의 범위보다 교사나 동료의 도움이나 협조에 의해 발달할 수 있는 기능의 범위가 훨씬 앞선다는 근접발달영역(Zone of Proximal Development; ZDP)을 들었다.

(2) 교육과정 구성상의 특징

구성주의 관점에 따르면, 교육과정은 학생과 교사의 상호작용을 통해 구성되어 가는, 살아있는 경험으로서의 교육과정이다. 이러한 교육과정은 매우 광범하고 일반적인 관점을 제외하고는 미리 정해질 수 없는, 따라서 불확정적인 '열린' 교육과정의 특성을 지닌다. 즉, 구성주의적 교육과정에서 교사와 학생은 이미 알려진 지식을 전달 · 수용하기보다는, 앎 자체를 창조하는 활동에 함께 참여하게 된다. 따라서 교육과정은 미리 결정되기보다는, 교사와 학생의 상호작용과 의사결정 과정을 통해 결정되어져 가는 특징을 갖게 된다.

구성주의 교육과정은 실제 생활에서 당면한 문제를 대상으로 삼는다. 주입식으로 배운 지식은 기억에 머무를 뿐 실제적인 문제 사태에 직면했을 때, 필요한 적절한 지식이 활성화되지 않는다는 것이다. 학습은 학습자의 경험 세계 및 실제 세계와 유리되지 않은 상황에서 이루어져야, 지식의 활용이 원활히 이루어질 수 있음을 강조한다.

지식은 단순히 존재하고 있는 대상의 표현이 아니라 활용할 수 있는 개념도로 생각되어야 한다. 실질적인 학습은 일상생활과 관련된 학습 상황에서 일어난다. 즉, 개개인이 현장에서 직접 이미 알고 있는 지식을 사용하고 새로운 지식을 창출하는 연구를 통해 자신들의 아이디어를 이와 비슷한 방법으로 적용하고 또 의미를 새겨 봄으로써 그와 관련된 내용을 이해하게 된다.

구성주의에 입각한 교육과정은 창의적 교육과정이자 현장 교사가 주도하는 실천적 교육과정이다. 교육과정 자료가 학습자들의 실생활에서 얻어지고, 학습자의 특성, 적성, 관심, 성취 수준뿐만 아니라, 학부모의 요구 및 지역사회의 제 특성이 고루 반영된다. 따라서 교육이 일어나는 현장에서 교육과정이 개발되어지므로 당연히 수준별 · 능력별 교육과정이 운영되게 된다. 그렇기 때문에 한 번 편성한 교육과정도 필요에 따라 언제든지 학습 현장에서 변조 또는 개정할 수 있다. 우리나라와 같이 중앙에서 공급하는 교육과정도 구성주의자 교사들은 현장에서 학습자들에게 맞게 교육과정을 재구성한다.

(3) 학습자와 교사의 역할이 갖는 특징

또한 구성주의 교수–학습에서 요구되어지는 교수자와 학습자의 역할은 이전의 것과는 너무나도 다른 모습으로 학습자는 적극적이며 자율적인, 완전한 참여를 통해 학습에 대한 주인의식을 갖고 지식을 자기주도적으로 구성해 나가게 된다. 새로운 개념이나 경험, 혹은 일상적인 현상에 대해 학습자 스스로 질문을 던지고 분석하는 과정, 즉 반사적 사고과정이 요구된다. 이러한 학습자를 창출해 내는 학습환경에 있어 교사의 역할이란 학습의 성공여부를 좌우하는 주요요인으로 주목되어진다. 절대적인 힘과 권위를 지닌 지식의 전달자, 전수자로서의 교사 역할로부터 역할의 의미를 보다 달리하는 구성주의적 교사 역할로의 변화가 요구되어진다. 교사는 인도자(scaffolder), 코치의 역할과 더불어 함께 탐구하고 함께 배우는 동료학습자(co-learner)로서의 역할이 강조된다.

즉, 학습자가 그들 자신의 지식을 끊임없이 구성하며 교사, 또래집단, 학습환경과의 교류를 통하여 지식을 만들어 나가는 데 자발적이고도 능동적으로 참여함으로써 교수-학습의 유의미한 교육환경을 만들어 나가게 된다.

4) 문제점

구성주의 교육과정이 갖는 문제점은 다음과 같다.

① 경험적 연구결과가 부족하다.

② 구성주의 교육에 대한 교사들의 새로운 역할을 이해하지 않으면 그 실현을 기대하기 어렵다.

③ 지식구성의 사회성에 대한 인식이 결여될 가능성이 높다.

④ 학습자의 인지적 능력에 대한 가치부여를 소홀히 할 수 있다.

4

교육과정의 변천

1. 교육과정기의 변천
2. 교과목의 변천

1. 교육과정기의 변천

건국 이래 우리나라 교육과정의 역사적 발전계보를 살펴보면 다음과 같다.

1) 교수요목기(1946~1954)

교수요목기는 일본 식민지에서 해방 후부터 1954년 4월 20일 교육부령 제35호로 공포된 '교육과정시간배당기준령'이 공포되기 전까지의 시기를 말한다.

그 동안의 우리나라 교육과정은 오랫동안 중국문화의 영향을 받아 천자문에서 시작하여 사서오경과 같은 경전이 그 주된 내용을 이루어 왔었다. 그 후 일제식민지 시대에는 일본의 교육정책에 따라 한국사람들을 일본의 황국식민화시키기 위한 내용이 그 중심을 이루었다.

그러다가 1945년 해방을 맞은 우리나라는 우리의 손으로 만든 우리의 교육과정에 따라 우리의 민족교육을 펴 나가야 할 절박한 시대적 상황에 처하게 되었다. 하지만 이에 대한 아무런 대비책이 없었던 우리로서는 미군정치하에서 과도기적 방편으로 만들어진 각과 교수요목을 중심으로 하여 각급학교의 교육이 이루어질 수밖에 없었다.

당시 미국 군정청 학무국에서는 1946년 2월 21일 '교수요목제정위원회'를 조직하고 초등학교와 중등학교 교과목 편제와 시간배당표를 제정 · 발표하고 교과서를 편찬했다.

초등학교에서는 1945년 공민, 국어, 역사, 지리, 산수, 이과, 체조, 음악, 습자, 도화 · 공작, 요리 · 재봉, 실과를 가르치고, 1946년에는 국어, 사회생활, 이과, 산수, 보건, 음악, 가사 등을 가르쳤다.

1948년 8월 15일 대한민국정부가 수립되고 1949년 12월 31일 교육법이 제정,

공포됨에 따라 교육부는 교수요목 제정을 서두르게 되었다.

이 때에 제정된 교수요목의 특징은 다음과 같다.

① 교수의 지도내용을 상세히 표시하고 기초능력을 배양하는 데 주력하였다.

② 교과는 분과주의를 택하였으며 체계적인 지도, 지력의 배양 등에 중점을 두었다.

③ 애국애족의 교육을 강화하며 일제의 잔재를 정신면에서와 생활면에서 시급히 제거하는 데 노력하였다.

2) 제1차 교육과정기(1954~1963)

(1) 개정과정 및 이념상의 특징

당시 교육부는 1950년 6월 2일 '교수요목제정 심의회규정'(교육부 제9호)을 공포하여 각급학교의 교육과정 구성에 대한 심의에 착수하였다. 그러나 이 사업은 6 · 25 사변으로 말미암아 불행하게도 중단상태에 빠졌다.

교육부는 1951년 3월 30일 '교육과정연구심의회규정'(교육부령 제16호)을 공포해서 교육법에 의거하여 교육의 근본이념과 교육방침을 구현하기 위한 교과목의 편제에 착수하게 되었다.

이 '교육과정제정합동위원회'의 구성원은 교육전문가를 비롯하여 학자 · 문필가 · 법률가 · 행정가 · 경제인 · 예술인 · 종교인 · 군인 등 사회 각 분야에서 115명의 위원과 또 각 교과별 분과위원 505명으로 구성되어 있었다.

이 합동위원회를 거쳐 제정되어 나온 것이 1954년 4월 20일 교육부령 제35호로 공표된 '교육과정시간배당기준령'과 1955년 8월 1일에 공표된 '초등학교 교과과정'(교육부령 제44호)과 '중학교 교과과정'(교육부령 제45호), 그리고 고등학교 및 사범학교 교과과정'(교육부령 제46호)이다.

1947년 교수요목은 임시방편으로의 성격을 지녔기 때문에 대한민국정부수립과 교육법이 제정됨에 따라 기존의 교과를 기본으로 하여 최초로 우리 손으로 만든 국가수준에서의 교육과정 체제를 확립하였다. 이런 교과과정은 국정, 검정, 인정교과서의 종별을 명확히 하는 교과서가 새로이 마련되면서 1958년 봄까지 교과중심 교육과정으로서의 체제를 마무리하게 되었다.

또한 이 교육과정에서는 학생들의 경험과 생활을 존중하는 생활중심 교육과정의 개념이 반영되어 있는 것이 또 다른 특색이라 할 수 있다. 이런 특색은 미국의 진보주의, 새 교육운동의 영향을 받은 것이며 생활학습 단원기로 칭하기도 한다.

(2) 구성방침 및 목표상의 특징

① 현실생활을 개선 · 향상시킬 사회 개선의 의지 강조로 전쟁으로 파괴된 국가 부흥

② 정부 수립 후 제정, 공포한 교육법에 제시된 교육의 목적 달성을 위한 방도로서의 교육과정 강조

③ 내용은 필수의 최소량은 지적 체계와 국가기준으로서의 교육과정 체계의 한계 밝힘

④ 반공교육, 도의교육, 실업(실과)교육 강조

⑤ 특별활동 시간을 처음으로 배정

(3) 체제 및 편제상의 특징

① 교과활동과 특별활동의 2개 영역 편성

② 교과 구성과 시간 배당 기준 설정

③ 도덕과목 새로 신설, 주 1시간씩 필수로 반공교육 강조

④ 필수과목과 선택과목으로 교과목을 설정하여 공동 목표 달성과 학생 개성 신장

⑤ 인문계 고등학교, 실업계 고등학교의 교과 구성에서 필수교과는 동일, 선택과목은 달리함

3) 제2차 교육과정기(1963~1974)

(1) 개정과정 및 이념상의 특징

제1차 교육과정은 그 당시의 연구조건의 불비와 기초자료의 미비 등으로 우리나라의 교육특성을 충분히 반영하지 못하였을 뿐 아니라, 그 뒤 사회적 변화가 국내외적으로 심하게 나타났다. 즉 국제적으로는 1957년 소련이 발사한 인공위성 Sputnik 충격에 의한 미 · 소간의 우주경쟁이 가열됨에 따라 과학적 지식 기술과 이에 관련된 교육이 새로운 국면을 생각하지 않을 수 없게 되었고, 국내적으로는 4 · 19의거와 5 · 16혁명 등으로 인하여 지금까지의 교육에 대한 재검토가 불가피하게 되었다.

1955년의 '교육과정'은 우선 시대적 상황과 국내 정세의 변천에 비추어 볼 때 실정에 맞지 않으며, 기초학력의 부족을 초래하였고 구체적 목표의 제시가 없었다는 점에서 교육부는 교육과정의 개정을 위한 기초연구와 개정시안을 중심으로 1963년 2월에 교육부령 121호가 공포되면서 생활중심 교육과정이 진행되었다.

종전엔 '시간배당기준표'와 '교과과정'을 별도로 제정하던 것을 묶어 '교육과정'이라고 호칭한 것이 큰 특징이다.

1963년의 교육과정은, 내용면에 있어서 '자주성, 생산성, 유용성'을 강조하고, 조직면에 있어서 합리성을 그리고 운영면에서는 지역성을 강조하여 각 지역사회의 모든 자원을 학습 경험에 효과적으로 이용하게 하고, 그 구체적 적용을 지역사회의 실정에 맞도록 창의적으로 재구성하여 충분한 융통성과 신축성을 부여하도록 하였다.

1963년의 '교육과정'에서는 교육과정을 정의하여, '학생들이 학교의 지도하에 경험하는 모든 학습활동의 총화를 의미하며, 학생들의 학습경험 여하에 따라서 그들이 어떤 인간으로 성장하느냐가 결정된다'고 말하고 있다. 그리고 고등학교에 단위제가 채택되었다.

(2) 구성방침 및 목표상의 특징

연계성과 통합성 강조, 교육과정의 계열화와 학교급별 계열화를 통해 일관성 있는 교육이다.

① 민주적 신념, 반공정신, 민주적 생활을 발전시킬 수 있는 인간 양성에 효과적인 학습경험 강조

② 독립자존의 민족적 기풍, 국제 협조의 정신을 함양할 구체적인 학습 경험 강조

③ 일상생활에서 당면하는 문제해결, 과학적 생활태도를 기르는 학습경험 강조

④ 가난을 극복하고, 경제적 효율성을 증진시킬 학습활동 강조

⑤ 건전한 정신과 건강한 신체를 가진 국민을 양성하는데 직접 기여할 수 있는 학습활동 강조

⑥ 건강하고 심미적인 정서생활을 위한 풍부한 개성 개발 강조

⑦ 형식적 · 추상적 지식에 치우친 반공 · 도덕교육을 쇄신, 학생들의 능동적으로 참여할 수 있는 실천교육 강조

(3) 체제 및 편제상의 특징

① 일련의 체계를 갖춘 교육과정 공포, 즉 명칭변경(교과과정 → 교육과정 : 학교교육의 전 활동)

② 교육과정 전개 체제의 체계화는 총론(초 · 중 · 고의 공통 취지, 일반목표, 개정요점 등)과 각론(각 교과별 개정 요점, 목표, 지도내용, 지도상 유의점 등)으로 나눔

③ 고등학교에 단위제와 과정별 선택과정 제도의 채택은 인문과정, 자연과정, 직업과정으로 나누어 과정별 선택과목 마련

4) 제3차 교육과정기(1974~1981)

(1) 개정과정 및 이념상의 특징

교육부는 1969년 교육부령(제251호)에 의해서 교육과정의 내용을 보완하기 위하여 국어, 사회, 실과, 미술, 외국어, 반공 · 도덕, 특별활동에 수정을 가하였다. 그리고 종래의 초 · 중학교의 국어교육과 병행했던 한자교육을 폐지하고 고등학교와 대학에서만 이를 보다 적극적으로 추진하기로 하였다. 사회과에서는 국사교육을 강화하고 중 · 고등학교의 실과교육을 필수화하였으며, 인문계 고등학교의 제2외국어를 필수적인 교과로 정하였다.

그리고 교육부는 1971년부터 연차적으로 각급학교의 교육과정을 개정하여 1973년 2월에 초등학교, 8월에 중학교의 교육과정을 공포하였고, 1974년에 고등학교의 교육과정을 공포하였다. 이 개정된 교육과정은 1968년에 선포된 국민교육헌장의 이념을 기본방향으로 삼고, 국민적 자질의 함양, 인간교육의 강화, 지식과 기술교육의 쇄신을 기본방침으로 하였다.

제3차 교육과정에서는 Bruner의 '지식의 구조'가 주목받게 되고 경험중심 교육과정의 반성이 시작되면서 이 아이디어에 기초한 학문중심 교육과정이 강조되었다. 따라서 기본개념을 파악하고 그것을 관련시킬 수 있는 탐구방법을 익힐 수 있는 지도내용이 정선되어야 했다. 또한 3차 교육과정의 기본이념이 된 것은 앞서 언급한 국민교육헌장의 이념이다.

(2) 구성방침 및 목표상의 특징

① 기본방침은 국민교육헌장이념 구현(국민적 자질함양, 인간교육의 강화, 지식 · 기술 교육의 쇄신)

② 교육과정의 일반목표는 자아실현(개인면)과 국가 발전 및 민주적 가치(사회면) 구현

③ 구성방침은 각 단계별 학교와의 보다 밀접한 연계성 고려, 발달단계에 맞는 가치관 확립, 자아실현과 진로선택을 위한 탐색활동, 교과 및 특별활동에서의 기본적 내용 정선

(3) 체제 및 편제상의 특징

① 총론의 구성이 단순화 · 체계화, 각론도 위계와 체계가 분명해짐

② 교육과정 편제면에서 반공교육의 방법 전환, 민족 주체성에 입각한 자주 · 발전 사관 확립 : 도덕과의 독립교과, 국사과의 독립교과화

③ 전교과의 시간 배당을 연간 총 이수 시간으로 바꾸고 학교장에게 교육과정 운영 재량권 부여

5) 제4차 교육과정기(1981~1987)

(1) 개정과정 및 이념상의 특징

1980년대 새 공화국의 출범을 전후하여 당시의 정치 사회적 특수상황과 미래에 대한 전망을 고려하여, 새로운 교육적 전환을 모색할 필요와 함께 이에 대처할 적절한 새 교육과정의 개발이 필요하게 되었다. 한국교육개발원에 새 교육과정을 위탁하고 한국교육개발원은 지금까지의 연구결과를 토대로 1981년 12월 31일 문교부 고시 제 442호로 확정 · 고시하였다.

제4차 교육과정은 학습내용의 과다와 어려운 교육내용을 가르친 3차 교육과정에 대한 문제점들을 보완하기 위해 교육내용을 지식의 학문성에서 뿐 아니라 유용성면에서 적합하도록 정선하였다. 그 이론상의 특징으로는 어느 한 사조나 이념만을 반영한 교육과정이 아닌 종합적이고 복합적인 성격을 지닌 것이다. 또한 지금까지 소홀히 고려되었던 인간중심 교육과정으로서의 성격도 반영되어 개인적, 사회적, 학문적 적합성을 고루 갖춘 교육과정이 되게 하고 있다.

(2) 기본방향 및 목표상의 특징

[1] 기본방향

① 국민정신 교육의 체계화

② 전인교육강화

③ 과학기술 교육의 심화

④ 교육내용의 양과 수준의 적정화

⑤ 건전한 심신의 육성

⑥ 지력과 기술의 배양

⑦ 도덕적인 인격의 형성

⑧ 민족공동체의식 고양

[2] 목표상의 특징

① 교육과정 구성방향의 기본정신 반영

② 초 · 중 · 고등학교 간의 연계성 고려

③ 개인적 적합성, 사회적 적합성 간의 균형을 유지한 목표설정

④ 각급 학교급별 교육목표의 일관성, 계열성 명료화

(3) 편제 및 운영상의 특징

'고등학교 교육과정'으로 단일화는 인문계, 실업계, 기타계 등 고등학교 별도 편제 교육과정을 통합하였다.

6) 제5차 교육과정기(1987~1992)

(1) 개정과정 및 이념상의 특징

5차 개정에서는 특별한 명분이 뚜렷하지 않고 학교에서 사용 중인 교과서가

그 사용기간을 5~7년을 넘을 수 없다는 행정상의 이유 때문에 교육과정 개정을 서두르게 되었다. 따라서 제5차 교육과정은 학문과 사회의 변화에 따른 교육내용의 변화를 반영한다는 필요에 따라 4차 교육과정에서 문제가 되었던 부분을 보완하는 수준으로 개정되었다. 교육과정의 적정화, 내실화, 지역화를 개정의 방침으로 하고, 지속성, 점진성, 효율성을 개정의 전략으로 하여 개정되었으며 4차 교육과정과 차이점은 '지역화'와 '효율성'을 강조하고 있다는 점이다.

(2) 기본방향 및 목표상의 특징

① 바람직한 인간상은 건강인, 자주인, 창조인, 도덕인

② 목표는 기초교육강화는 정보화 사회 대응, 교육과정의 효율성 제고

③ 탄력적이고 융통성 있는 교육과정 운영은 고등학교 교육에 있어 기준단위제 최초 도입, 교과서 편찬시 학습량 기준 제시, 학교장의 운영 재량권 등을 대폭 강화

(3) 체제 및 편제상의 특징

① 기준단위제 실시와 학교장의 교육과정 운영 재량권 강화

② 고등학교 계열을 다양화하여 계열 특성에 적합한 교육과정 기준 제시

③ 교육내용을 통합 조정하여 학습부담 경감

④ 컴퓨터 교육을 위한 '정보산업' 과목 신설

⑤ 경제교육 내용 보완

⑥ 자유선택 과목의 교양선택 필수화 실현

⑦ 특별활동의 교육내용 보완

7) 제6차 교육과정기(1992~1997)

(1) 개정과정 및 이념상의 특징

문민정부가 출범하면서 교육에서 정치의 영향과 교과의 이익추구의 갈등으

로부터 상대적으로 자유로울 수 있다는 기대감은 교육과정 개정연구위원회를 구성하여 연구·개발할 수 있는 분위기를 조성하였다. 또한 21세기를 앞두고 정보화 사회의 요구가 한창이게 되면서 21세기 대비교육이 실시되었다. 교육과정의 개념적 측면에서 교육과정을 분석하고 검토하며, 목표측면, 문제점과 반성측면, 21세기 사회의 전망과 미래상 측면에서의 검토를 바탕으로 제6차 교육과정의 기본설계도가 마련되었다.

(2) 구성방침 및 바람직한 인간상

[1] 구성방침

① 도덕성과 공동체의식이 투철한 민주시민을 육성
② 사회의 변화에 대응할 수 있는 창의적인 능력을 개발
③ 학생의 개성, 능력, 요구를 고려하여 교육내용과 방법을 다양화
④ 교육과정의 편성, 운영체계를 개선하여 교육의 질 관리를 강화

[2] 바람직한 인간상

① 건강한 사람
② 자주적인 사람
③ 창조적인 사람
④ 도덕적인 사람

(3) 체제 및 편제상의 특징

① 중학교는 컴퓨터·환경시설, 편성 및 운영체제 개선

② 고등학교는 편성·운영의 역할체제 분담, 필수과목 축소하고 선택과목 확대하여 교육내용의 획일성 줄임, 다양한 수준별·특성별 과목 설정, 전문교과 편제·운영 개선, 외국어 전문교과 신설

③ 교과활동과 특별활동의 동시화

④ 지역별 수준 교육과정 개념도입으로 단위학교교과목선택권 부여(국가수준, 지역수준, 학교수준의 교육과정 구분)

⑤ 교육과정 운영의 효율화는 학생의 적성, 능력, 진로를 고려하고 학습과 생활의 기초능력을 신장하며 평가방법을 개선하여 효율적인 교육과정의 운영을 도모함

⑥ 교육과정 이론모형의 여러 개념 통합

의의는 우리나라 교육과정 사상 처음으로 '중앙집권형 교육과정'에서 '지방분권형 교육과정'으로 전환하여, 시 · 도교육청과 학교의 자율 재량권한을 확대시켰다.

8) 제7차 교육과정기(1997~2009)

(1) 개정과정 및 이념상의 특징

1995년 대통령 자문 신교육체제 수립을 위한 교육개혁안(1995. 5. 31)의 발표 이후 8월에 교육과정특별위원회가 발족되면서 세계화 · 정보화 시대의 요구에 맞는 자율적, 창의적 인간육성이라는 목적을 가지고 개정이 시작되었다.

제7차 교육과정은 국가수준의 공통성과 지역, 학교, 개인수준의 다양성을 추구하는 교육과정, 학습자의 자율성과 창의성을 신장하기 위한 학생 중심의 교육과정, 교육청과 학교, 교원 · 학생 · 학부모가 함께 실천해 가는 교육과정, 학교교육 체제를 교육과정 중심으로 개선하기 위한 교육과정, 교육의 과정과 결과의 질적 수준을 유지, 관리하기 위한 교육과정을 제시하였다.

(2) 목적 및 구성방침의 특징

[1] 목적

① 목표는 건전한 인성과 창의성을 함양하는 기초 · 기본교육의 충실

② 내용은 세계화 · 정보화에 적응할 수 있는 자기주도적 학습능력의 신장
③ 운영은 학습자의 능력, 적성, 진로에 적합한 학습자 중심의 교육실천
④ 제도는 지역 및 학교 교육과정 편성 · 운영의 자율성 확대

2 추구하는 인간상

① 개성을 추구하는 사람
② 창의적인 능력을 발휘하는 사람
③ 진로를 개척하는 사람
④ 새로운 가치를 창조하는 사람
⑤ 민주시민 의식을 기초로 공동체의 발전에 공헌하는 사람

3 구성방침

① 사회적 변화의 흐름을 주도할 수 있는 기본능력을 길러줄 수 있도록 교육과정을 구성
② 국민공통기본 교육과정(이수과목 : 10개 교과목)과 선택중심 교육과정 체제를 도입
③ 교육내용의 양과 수준의 적정화, 심도 있는 학습을 위한 수준별 교육과정 도입
④ 학생의 능력, 적성, 진로를 고려하여 교육내용과 방법을 다양화
⑤ 교육과정 편성과 운영에 있어서 현장의 자율성을 확대
⑥ 교육과정 평가체제를 확립하여 교육에 대한 질 관리를 강화

(3) 개정의 중점사항

① 국민공통기본 교육과정(교육기간 : 초등 1학년~고교 1학년)을 구성
② 교육과정 편제에 교과군 개념을 도입
③ 수준별 교육과정을 도입

④ 재량활동을 신설, 확대

⑤ 이수과목의 수를 축소하고 교과별로 학습내용의 최적화를 도모

⑥ 일반계 고등학교 2 · 3학년에는 학생 선택중심의 교육과정을 도입

⑦ 질관리 중심의 교육과정 평가체제의 확립

⑧ 정보화 사회에 대비한 창의성 · 정보능력 배양

(4) 특징

① 교과서 중심, 교육 공급자 중심에서 교육과정 중심, 교육 수요자 중심의 교육체제로 전환

② 학교 경영 책임자인 교장과 수업 실천자인 교사가 교육내용과 방법이 주인이 되고 전문가적인 위치를 확보

③ 지역 및 학교의 특성, 자율성, 창의성을 충분히 살려서 다양하고 개성있는 교육을 실현

④ 제3차 교육과정 이후 정형화되어 있던 '교과 · 특별활동' 의 틀을 '교과 · 재량활동 · 특별활동'으로 대체하는 계기 마련

⑤ 제7차 교육과정이 추구하는 인간상을 구현하기 위해 학교 급별 교육목표를 둠

(5) 학교 급별 교육목표

① 초등학교 : 학생의 학습과 일상생활에 필요한 기초능력 배양과 기본생활 습관을 형성하는데 중점

② 중학교 : 초등학교 교육의 성과를 바탕으로 학생의 학습과 일상생활에 필요한 기본능력과 민주시민으로서의 자질을 함양하는데 중점

③ 고등학교 : 중학교 교육의 성과를 바탕으로 학생의 소질에 맞는 진로개척 능력과 세계시민으로서의 자질을 함양하는데 중점

9) 2009 개정교육과정기(2009~)

(1) 개정과정 및 교육과정 구성의 방향

2009 개정교육과정은 2011년에는 초 1 · 2, 중 1 , 고 1, 2012년에는 초 3 · 4, 중 2, 고 2, 2013년에는 초 5 · 6, 중 3, 고 3 등으로 단계적으로 적용될 계획이다.

1 교육과정 개정방식의 변경

제7차 교육과정기 이전에는 5년 내지 10년 간격으로 주기적으로 교육과정을 개정하는 방식을 취해 왔으나 2003년 10월부터는 수시개정체제를 도입하기에 이르렀다.

수시개정과정을 구체적으로 살펴보면 다음과 같다.

- 2003년 10월 수시개정체제 도입
- 2004년 11월 26일 특수목적고등학교 교육과정 편성 · 운영 지침 개정
- 2005년 12월 28일 공고 2-1 체제 및 국사교육과정 개정
- 2006년 8월 주 5일제 대비 수학, 영어교육과정 개정(이하 2006 개정)
- 2007년 2월 초 · 중등교육과정 개정(이하 2007개정)
- 2008년 9월 보건교육과정 신설(이하 2008 개정)
- 2008년 12월 초 · 등영어교육과정 개정(이하 2008 영어)
- 2009년 1월 10학년(고 1) 사회교육과정 개정(이하 2009 사회)
- 2009년 6월 학교자율화 조치(학교교육과정 자율화)
- 2009년 12월 2009 개정 교육과정 확정 발표(이하 2009 개정)
- 2011년 교과교육과정 개편, 2014년 적용 예정(이하 2011 교과)

2 추구하는 인간상과 교육과정 구성의 방향

① 추구하는 인간상

우리나라의 교육은 홍익인간의 이념 아래 모든 국민으로 하여금 인격을 도야하고, 자주적 생활 능력과 민주시민으로서 필요한 자질을 갖추게 하여 인간다운 삶을 영위하게 하고, 민주 국가의 발전과 인류 공영의 이상을 실현하는 데 이바지하게 함을 목적으로 하고 있다.

이러한 교육 이념을 바탕으로, 이 교육과정이 추구하는 인간상은 다음과 같다.

㉮ 전인적 성장의 기반 위에 개성의 발달과 진로를 개척하는 사람
㉯ 기초 능력의 바탕 위에 새로운 발상과 도전으로 창의성을 발휘하는 사람
㉰ 문화적 소양과 다원적 가치에 대한 이해를 바탕으로 품격있는 삶을 영위하는 사람
㉱ 세계를 소통하는 시민으로서 배려와 나눔의 정신으로 공동체 발전에 참여하는 사람

② 교육과정 구성의 방침

추구하는 인간상을 구현하기 위한 이 교육과정 구성의 방침은 다음과 같다.

㉮ 배려와 나눔을 실천하는 창의적인 인재를 기를 수 있도록 교육과정을 구성한다.
㉯ 이 교육과정은 초등학교 1학년부터 중학교 3학년까지의 공통 교육과정과 고등학교 1학년부터 3학년까지의 선택 교육과정으로 편성한다.
㉰ 교육과정 편성 · 운영의 경직성을 탈피하고, 학년 간 상호 연계와 협력을

통한 학교 교육과정 편성 · 운영의 유연성을 부여하기 위하여 학년군을 설정한다.

㉣ 공통 교육과정의 교과는 교육 목적상의 근접성, 학문 탐구 대상 또는 방법상의 인접성, 생활양식에서의 연관성 등을 고려하여 교과군으로 재분류한다.

㉤ 선택 교육과정에서는 학생들의 기초영역 학습 강화와 진로 및 적성 등을 감안한 적정 학습이 가능하도록 4개의 교과 영역으로 구분하고, 필수이수 단위를 제시한다.

㉥ 학기당 이수 교과목수 축소를 통한 학습부담의 적정화와 의미 있는 학습활동이 전개될 수 있도록 집중이수를 확대한다.

㉦ 기존의 재량활동과 특별활동을 통합하여 배려와 나눔의 실천을 위한 '창의적 체험활동'을 신설한다.

㉧ 학교 교육과정 평가, 교과 평가의 개선, 국가수준의 학업성취도 평가 실시 등을 통해 교육과정 질 관리 체제를 강화한다.

(2) 개정의 중점사항

① 초 · 중 · 고등학교의 교육과정은 교과활동과 창의적 체험활동으로 편성

② 교과군, 학년군 도입을 통한 집중이수제로 학기당 이수과목을 10-13을 8과목 이하(초등학교는 7개)로 축소

③ 초 · 중학교의 도덕, 음악, 미술, 실과 등은 특정학기, 학년에 집중 이수하게 함

④ 국민공통기본 교육과정을 '공통교육과정'으로 용어 변경

⑤ 초등학교 통합교과 '우리들은 1학년'을 폐지하고 창의적 체험활동으로 반영

⑥ 창의적 체험활동은 학교가 자율적으로 편성 · 운영

⑦ 교과군 기준시수의 20% 증감운영이 가능하고, 교과군 내 교과별 시수는 단위학교가 결정

⑧ 고등학교 전과정을 선택교육과정으로 개편

⑨ 진로교육 강화

⑩ 논술교육 강화

⑪ 생물을 '생명과학', 역사를 '한국사', 세계역사의 이해를 '세계사', 환경을 '환경과 녹색성장'으로 교과목 이름을 변경

⑫ '창의적 체험활동' 참여기록은 상급학교 입학전형 자료로 활용 가능

⑬ 초등학교 돌봄 활동강화를 위한 교육청의 지원사항 신설

⑭ 모든 학교에서 똑같은 교육과정을 획일적으로 교육하는 방식에서 탈피하여, 모든 학교가 특성화된 교육과정의 운영 강조

⑮ 국가는 교육과정 운영의 기본 틀만을 제시함으로써, 학교 교육과정 운영의 자율성을 대폭 확대

2. 교과목의 변천

1) 국어교과

한글이 언제부터 학교 교육과정에 포함되어 가르쳐졌는지는 분명치 않으나 여러 자료들로 미루어 배제학당 이후의 기독교계 학교에서 처음 시작되었으며 갑오경장 이후의 소학교령에서 '국문'의 독서, 작문으로 명문화 · 일반화되었다고 말할 수 있다. 그러나 일제강점기에는 오랫동안 '국어'라는 이름조차 일본어에 빼앗긴채 '조선어'로 명맥을 이어 오다가 1941년 제4차 조선교육령에서는 그마저 제외되어 한동안 국어없는 교육과정이 적용되기도 했다. 해방 후 미군정기부터 '새 조선의 조선인을 위한 교육'이라는 기치와 함께 부활되어 우리들의 초 · 중등교육의 중심적 교과로서 발전되어 왔다. 말하기, 듣기, 읽기, 쓰기 등 표현 · 이해 능력과 언어, 문학 등을 포함한다. 중등으로 올라갈수록 점차 분화되어 고등학교에 있어서는 국어, 화법, 독서, 작문, 문학 등으로 분화되었

다. 그리고 2009 개정교육과정에선 다매체 디지털시대의 언어사용 환경변화를 반영하여 '매체언어'로 개정되었다.

2) 수학교과

수학은 일찍부터 도입되어 '산수, '산술' '수학' 등의 이름으로 근대학교 초기부터 수량, 도형 등을 중심으로 각종 생활 문제해결 방법도 포함하여 각급학교에서 가르쳐졌다. 원산학사의 산수 또는 산술, 배재학당의 수학 등이 그 주요 사례다. 초등학교의 경우 흔히 산술, 산수 등의 명칭으로 통용되어 오다가 미군정기 이후 '산수'로 정착되어 왔으나 6차 교육과정 이후에는 초 · 중등 교육과정의 연속성이 강조되어 '수학'으로 개칭되었다. 중등학교에서도 초기에는 산술이라는 이름도 쓰였으나 을사조약 이후에는 대체로 '수학'으로 통일되었다. 수학교육 내용에 있어 그 동안 가장 큰 변화는 소위 학문중심 교육과정을 표방한 3차 교육과정에서였다고 할 수 있다. 말하자면 실용적인 계산법 중심 산수에서 집합 개념을 중심으로 한 구조중심 · 사고중심 수학에로의 전환이다.

제7차 교육과정 이후부터 기하와 벡터, 수학Ⅰ · Ⅱ, 미분 · 적분, 확률 · 통계 등이 일반선택 또는 심화선택으로 포함되어 있다.

3) 사회교과

법률, 정치 · 경제 · 사회 · 문화 등 각종 사회과학과 민주시민교육, 그리고 역사, 지리 모두를 포괄하는 '사회' 교과는 처음 이들 각각이 분화된 형태로 교육과정에 도입되었다가 해방 후 미군정기부터 생활중심 교육과정 또는 경험중심 교육과정의 영향으로 통합성이 강조되어 1차 교육과정 이후에는 '사회생활' 또는 '사회'로 통합되어 왔다. 다만 고등학교에 있어서는 통합 뿐만 아니라 분화도 고려되어 '일반사회' '공통사회' 등과 함께 정치, 경제, 사회문화와 역사, 지리 등도 세분화되어 여러 과목으로 제시되고 있다. 7차 교육과정 이후부터는 인간과 사회, 한국지리, 세계지리, 경제지리, 한국 근 · 현대사, 세계사, 법과 사회, 정치, 경제, 사회문화 등이 일반 또는 심화 선택과목으로 제시되어 있다. 2009 개정교육과정 대신 '동아시아' 과목이 신설되었다.

4) 과학교과

과학은 초기에는 대개 '이과'로 통용되어 오다가 해방 후에 와서 초등학교에서는 '자연', 중 · 고등학교에서는 '과학'으로 일반화되어 오다가 수학에서와 같이 과학에 있어서도 3차 교육과정에서 큰 내용상의 변화가 있었다. 미국의 학문중심 교육과정 운동과 PSSC, Chem Study, BSCS, ESS 등의 영향이 컸다. 과학과 기술이 분화되고 과학의 기본개념과 원리, 과학적 탐구방법 등이 크게 강조되었다(교육부). 초등학교에서 중 · 고등학교로 올라갈수록 차츰 분화되어 7차 교육과정 이후부터는 고등학교의 경우 국민공통 기본과목 '과학' 이외에 그리고 2009 개정교육과정에선 생물이 '생명과학'으로 명칭이 변경되었으며, 물리 Ⅰ · Ⅱ, 지구과학Ⅰ · Ⅱ 등이 심화선택으로 제시되고 있다.

5) 기술 · 가정교과

근로정신과 기술, 직업세계로 안내하는 실과도 수학, 과학 등과 함께 초창기부터 가르쳐져 왔다. 갑오개혁 이후 중학교 관제에서의 측량 · 공업 · 농업 · 상업 · 의학 등, 특히 상급학교 진학률이 낮았던 시기에는 학생들의 진로지도와 관련하여 중요한 기능을 수행했다. 그 동안 교육내용도 다양해지고 특히 6차 교육과정 이후에는 남녀의 역할에 관한 인식의 변화로 실과 또는 기술, 가정 모두가 남녀 구별없이 공통과목으로 바뀌었다. 7차 교육과정 이후부터는 '기술 · 가정' 이외에 정보사회와 컴퓨터, 농업과학, 공업기술, 기업경영, 해양과학, 가정과학 등의 일반 · 심화 선택과목들이 제시되어 있다.

6) 체육 · 음악 · 미술교과

학생들의 건강, 신체 및 정서의 발달과 전인적 성장에 중요한 경험을 제공하는 체육 · 음악 · 미술은 다른 교과에 비해 상대적으로 늦게 교육과정에 포함되었다고 말할 수 있다. 근대화에 대한 열망과 함께 우선 급히 필요한 것은 서구의 실용적 지식 · 기술이었으리라 생각된다. 특히 음악은 을사조약후의 학교령에서 비로소 '창가'라는 이름으로 제시되고 있다. 과목의 명칭들도 다양하여 체육의 경우 체조 · 보건, 음악의 경우 창가, 미술에서는 도화 · 습자 · 공작 등 다양한 교과명이 사용되어 오다가 해방 후 미군정기부터 지금의 '음악', '미술', '체육'으로 정착되어 왔다.

7) 외국어교과

그 동안 영어교육의 내용 · 방법도 많이 달라져 왔지만 특히 4차 교육과정부터 본격화된 의사소통 중심의 영어교육이 중요한 변화라 할 수 있다. 최근 고등학교 7차 교육과정 이후부터는 일반선택과목으로 제2외국어Ⅰ, 심화선택과목으로 영어Ⅰ · Ⅱ, 실용영어회화, 영어독해, 영어 작문, 제2외국어Ⅱ 등이 제시되어 있다.

5

교육과정 개발의 원리와 절차

1. 교육과정 개발의 원리와 동향
2. 교육과정 개발의 모형
3. 교육과정 개발의 절차

1. 교육과정 개발의 원리와 동향

1) 현행교육과정 개발의 문제점

(1) 교육과정 개발의 중앙집권적 성격과 획일성 문제

우리나라 교육과정의 가장 두드러진 문제 중의 하나는 교육과정이 중앙집권적으로 개발됨으로써 지역, 학교, 학생의 특수성과 필요 및 관심과는 관계없이 똑같은 교육내용이 전국적으로 가르쳐지고 있다는 것, 교과의 편제가 경직되어 있어 융통성과 탄력성이 결여되어 있다는 것, 교과서를 비롯한 교육과정 자료는 폐쇄되어 있다는 것이다.

(2) 교육과정 개발의 시대적 · 사회적 유용성과 적절성 문제

교육과정을 개정하지 않으면 안 되겠다는 절실한 필요 중의 하나는 우리를 둘러싸고 있는 국내외의 사회변화가 그 속도와 질에 있어서 예측할 수 없을 정도로 유래없는 양상을 드러내고 있다는 사실인식에서 시작된다. 그리고 이러한 변화에 직면하여 우리 교육은 종래의 내용과 방법을 가지고는 적절성과 타당성을 보장하기 어려운 상황에 놓여 있다는 점이다. 이 같은 시대의 국가사회 및 개인의 요구에 대한 교육과정의 유용성의 문제는 크게 교육의 과정(process)과 내용적 차원에서 나타나고 있기 때문이다.

2) 교육과정 개발의 기본원리

(1) 타당성의 원리

교육과정 개발은 현대 교육철학에 비추어 타당하게 이루어져야 한다.

교육과정은 교육목적을 달성하기 위한 수단으로 학교교육의 중심적 위치를 차지한다. 그러므로 교육과정은 교육목표에 직결되고 교육방법을 규정하며 교육평가에 큰 영향을 미치게 된다. 이렇듯 교육과정이 학교교육에서 중심적 위치를 차지한다는 것은 모든 교육이론이 교육과정에 집약되며, 교육과정은 그 근저에 교육철학을 가지고 있음을 말하는 것이다.

(2) 계획성의 원리

교육과정은 교육목표를 달성하기 위한 수단이므로 신중하고 통일적인 계획성을 필요로 한다. 그것이 교육목표에 관여되기 때문이기도 하지만, 원래 학교교육은 각종 시설이나 제도에 의해 무의도적 · 무계획적으로 이루어지는 사회교육에 대하여, 의도적 · 계획적인 교육의 필요에서 생긴 것이므로 더욱 치밀한 계획성이 요구되는 것이다.

(3) 지도성의 원리

학습지도 형태나 교육평가 방법이 교육과정 구성에 고려되어야 한다. 교육과정은 동적 · 역동적으로 전개되는 것인 만큼 학교의 제반 시설이나 관리도 이에 따라야 함은 다시 말할 필요도 없다. 그리하여 효과적으로 교육과정을 전개시켜 나갈 수 있도록 해야 할 것이다. 따라서 학습지도의 형태나 방법도, 교사조직의 문제도, 학교시설도 결국 어떤 유형의 교육과정을 선정하느냐에 따라 결정되어야 할 것이다.

(4) 역동성의 원리

교육과정은 역동적이며 또한 계속적으로 평가되고 개선되는 방향으로 구성되어야 한다.

전통적 교육과정이 고정적이고 정적인 사회에서 문화재를 체계적으로 조직한 것에 대해, 오늘날의 교육과정은 사회가치를 창조해 가는 역동적인 과정으로 파악해야 하기 때문이다. 이러한 견지에서 구성되는 교육과정은 항상 움직이고 있는 사회와 성장하는 학생의 필요 · 변화에 따라 현행교육과정에 어떤 문제점이 있는가를 평가하고 시정해야 한다. 교육과정이 사회나 학생의 필요에 기반을 두어야 하는데, 사회나 학생은 결코 정적 · 고정적인 존재가 아니고 항상 변하고 움직이기 때문이다. 일단 성립된 교육과정은 끊임없이 재조직 · 재구성되어 가는 시안적 존재라 해도 좋을 것이다.

(5) 수용적 적응의 원리

오늘날 사회변화는 가속화되고 있다. 엊그제 배운 지식이 오늘은 폐품화될 만큼 과학기술의 발달이 눈부실 정도로 이루어지고 가치관 · 세계관의 변혁도 나타나고 있다.

이 같은 시대적 변화에 직면해서 교육과정 개발 담당자는 사회변천이 교육에 작용하는 많은 요인들을 끊임없이 구명해 나가야 한다. 교육은 결코 시대와 사회와 유리되어 고립될 수는 없는 것이다. 따라서 교육과정은 이러한 사회변화를 수용하고 사회변화에 적응할 수 있는 방향으로 개발되어 나가야 한다.

(6) 점진적 개혁의 원리

교육과정 개발은 결코 끝이 있을 수 없는 부단히 계속되는 점진적 개혁과정이라 할 수 있다.

교육과정의 완전성이란 기대될 수도 없고 가능하지도 않다. 교육과정 개발이란 교육에 대한 이상과 교육에 대한 현실간의 차이를 조금이라도 줄여 보자는 노력이라 볼 수 있다. 따라서 교육과정은 언제고 개선될 수 있고 발전될 수 있다는 점에서 점진적 개혁작업이 계속적으로 이루어져야 하는 것이다.

(7) 최소필요량의 원리

교육과정의 개발에 있어서 최소필요량(minimum essentials)의 원리란 구성되어지는 교육과정의 내용이 어느 정도의 깊이(sequence)와 넓이(scope)를 가지고 있으며, 최소한 그 내용으로서 어떤 것을 포함해야 하느냐의 문제를 검토해 보아야 한다는 원리다. 이와 같은 원리가 요청되는 근거는 다음과 같은 이유에서다.

첫째, 어떤 지역이나 사회에 통용되는 최소한의 공통성이 교육내용면에 간직되어 있어야 한다는 것이다. 교육과정의 구성원리로서 이 같은 원리가 필요한 것은 어떤 사회나 국가에 살고 있는 사람들의 공동의식, 사회이념, 공동규율, 동일관습 등을 갖게 하기 위한 하나의 교육적 조치로서 교육과정의 개발에 요청되는 원리인 것이다.

둘째, 인간이 바라는 모든 지식, 기능, 태도 등을 교육과정에 총망라할 수 없다는 입장에서 이 원리가 요청되는 것이다. 일정한 교육기간 중에 무엇을 가르치는 것이 가장 효과적일까 하는 문제는 곧 그 내용의 선정 및 조직시에 나타나는 것이다. 이 문제를 합리적으로 해결하기 위해서는 무엇이 더 중요한 내용인가를 결정하는 데 일정한 기준이 있어야 하는 것인데, 이를 위한 핵심적인 기준이 되는 것이 바로 이것이 되는 것이다.

(8) 창조적 개발의 원리

교육과정 개발은 교육을 통해서 새로운 사회를 건설하고 새로운 문화를 형성하기 위한 개척적 개발과정이라 할 수 있다.

따라서 교육과정 개발은 피교육자로 하여금 새로운 문화창조에 참가할 수 있는 터전을 마련해 주는 계기가 되어야 하며 이를 위해서는 창조적 사고력과 문제해결력을 함양하는 수단으로서의 교육과정이 창조되고 개발되어야 하는 것이다.

(9) 협동적 과정의 원리

교육과정의 개발은 하나의 협동적인 과정이어야 한다. 관계하는 구성원의 협조가 없는 곳에서 교육과정의 개발은 거의 이루어지기 어렵다. 교육과정 개발에 있어서 협동해야 할 사람들은 교사, 학생, 교장 및 지역사회인이다.

전체 집단의 관심을 교육과정의 개발이라는 문제에 집중시키기 위해서는, 개발의 필요를 그 전체 집단이 다 같이 느끼도록 해야 한다. 자발적인 협력은 이 방법을 통해서만 얻을 수 있다고 할 수 있다.

3) 현대 교육과정 개발의 동향

(1) 교육과정의 개별화

현대 교육과정 구성에 있어서 첫째로 문제되는 것은 학생의 개인차이며 이것은 학생들의 필요나 능력에 응할 수 있도록 개별적인 요구와 수준에 맞는 것을 구성해야 한다는 점이다.

그럼에도 불구하고 종전의 교육과정은 학생들의 일반적인 요구에 따라 공통된 학습계획으로 일제히 지도하는 것을 전제로 구성하였다. 즉 교재형식에 의한 교재를 중심으로 일률적이며 통제적인 학습지도의 방법을 그대로 적용해 왔던 것이다

그리고 개별적인 요구를 충족시키기 위한 교육과정은 활동 프로그램, 또는 활동화된 교육과정의 성격을 띠게 된다. 전통적 교육과정이 현대화되는 과정에서 교육과정이 개별화되고, 그 개별화는 또다시 활동화의 방향으로 발전되며, 기억하는 지식의 계열에서 행하고 활동하는 계열로 발전하게 된 것이다.

(2) 교육과정의 통합화

현대 교육과정 구성의 또 하나의 특징은 분과적인 경향을 지양하고 통합화된

구성의 방향으로 나아가야 한다는 점이다.

전통적인 교육과정은 인류문화재를 분류해서 많은 종류의 교과로 나누어 인위적으로 세분된 교과형식으로 편성하였다. 따라서 학생들은 생활에 필요한 종합적인 학습경험을 체득할 수 없었다.

교육과정의 통합화는 결국 학문분류의 기준에 따라 분과적 교과를 다시 유사한 교과간의 관련과 통합으로 구성한 일종의 교과군이라 할 수 있다.

그리고 그 계열은 주로 논리적 순서에 따라 이루어졌다. 그것이 점차 학습하는 학생의 능력이나 흥미 · 경험 · 생활 등을 고려하여 심리적인 분야를 존중하게 되었고, 생활경험에 치중하게 되어 생활경험이나 사회기능인 생활활동을 교재통합의 원리로 삼게 됨에 이른 것이다. 그리하여 교육내용의 재조직이 문제되고, 그것이 통합 · 종합의 방향으로 발전하게 된 것이다.

(3) 교육과정의 지역화

현대 교육과정 구성의 세 번째 특징은 중앙통제적이며 일률적인 교육과정의 구성과 운영 및 관리를 지양하고, 지역사회의 특수성에 따라 교육과정을 지역화해야 한다는 점이다.

다시 말하면 오늘날의 지역사회는 근대 이전의 사회와 같이 고정적 · 정적으로 구성된 정체된 사회가 아니요, 동적 · 유동적 성격을 갖추어 가고 있느니만큼 그에 수반하는 것이어야 하고, 또 확대되어 가는 지역의 개념을 생각하여 그에 맞는 교육과정의 지역화 문제를 생각해야 하겠다는 점이다. 그러한 교육의 기반이 지역사회에서 형성되고 진전되며, 지역사회 학교에 새로운 임무를 부여하는 것이다.

그러므로 오늘날의 학교는 학문을 닦고 지식을 쌓는 것으로 그치며 대중생활과 유리된 보수적인 문화의 상아탑이 아니라, 새로운 사회건설의 중심이 되어야 하겠다. 이것을 뒷받침하고 또 그것을 교육에 반영시키려는 것이 교육과정의 지역화이다.

2. 교육과정 개발의 모형

1) 교육과정 개발의 정의

교육과정 분야에서 이와 같은 기관의 목적 달성을 위한 복합적인 활동을 가리키는 용어로는 교육과정 개발 이외에도 교육과정 구성과 교육과정 설계 등의 유사하면서도 관련되는 개념들이 사용된다.

Zais는 교육과정 설계, 교육과정 구성, 교육과정 개발로 구분한다. 교육과정 설계는 교육과정의 구성요소(즉, 이념, 목적, 목표, 교과 또는 내용, 학습활동, 평가)의 본질과 그들의 체계적 배열을 가리키며, 교육과정 구성은 교육과정 설계를 위한 의사결정 과정을 뜻하고 교육과정 개발은 교육과정 구성의 참여자와 절차를 결정하는 과정을 가리킨다는 것이다. 그러나 교육과정 구성요소의 성격을 규명하고 체계적으로 배열하는 교육과정 설계활동과 그와 관련된 의사결정을 하는 교육과정구성 활동을 명확하게 구분하기는 어려워 개발, 설계, 구성 등 용어가 같은 범주의 개념으로 사용되고 있다.

그러나, 교육과정 개발은 교육과정 설계와 관련된 교육과정 계획 활동으로 그 의미를 한정하는 것이 적절하다고 하겠다. 즉, 교육과정 개발은 교육과정 설계와 관련된 계획활동이며 교육과정 개발의 강조점은 새 교육과정의 산출에 있다.

2) 교육과정 개발의 수준

(1) 국가수준 교육과정

국가수준의 교육과정이란 교육에 대한 국가의 의도를 담은 문서 내용을 말한다. 우리나라에서는 교육부장관이 교육관계법령에 의거하여 결정 · 고시하며, 초 · 중등학교에서 편성 · 운영해야 할 교육과정의 목표, 내용, 방법, 평가, 운영 등에 관한 기준 및 기본 지침을 담고 있다.

국가수준의 교육과정은 정치적, 사회적, 문화적 통합과 국가의 시대 · 사회적 요구를 충족시키며, 전문인력, 막대한 비용, 장시간의 투자로 만들어진다. 그리고 교육과정의 표준화로 학교교육의 질 관리가 용이하며, 학생들이 진학하거나 학교를 옮겼을 때도 교육과정의 일관성과 연속성을 보장할 수 있다.

교육의 민주화라는 원칙에서 보면 교육과정에 대한 중앙계획을 마련하는 것은 타당한 일이라고는 볼 수 없다. 그러나 우리나라의 민주화가 아무리 지방분권화를 추진한다 해도 근대국가의 조직에서 중요한 활동영역을 이루고 있는 교육계획에 국가기준을 설정하는 것은 필요하지 않을 수 없다. 이러한 의미에서 교육부에 교육과정심의회가 구성되어 있는데, 이것은 우리나라 교육과정 구성에 대한 기본방침을 세우며 교육내용에 대한 국가적 기준을 제시하고 있다.

이 기준은 형식적인 면에서 각급 학교의 교육내용에 대한 요구를 표현하는 것이며, 실질적으로 우리나라가 당면하고 있는 시대적 · 국제적인 환경과 역사적 · 사회적인 과제에서 세워진 교육내용의 수준이라 볼 수 있다.

이것이 곧 교육부가 제정한 각급 학교의 '교육과정'인 것이다.

(2) 지역수준 교육과정

지역수준 교육과정은 교육에 대한 지역의 의도를 담은 문서 내용을 말하며, 국가수준의 기준과 학교의 교육과정을 연결하는 교량역할을 한다. 다시 말하면 지역수준 교육과정은 각 시 · 도와 지역의 특성, 필요, 요구, 교육기반, 여건 등의 제 요인을 조사 · 분석하여 전국 공통의 일반적 기준인 국가수준 교육과정을 조정하고 보완하여 그 결과를 학교 교육과정에 반영하는 데 목적이 있다.

교육의 지방계획은 교육과정의 중앙계획에 따라 지역적인 생활의 특수성에 기반을 두고 지역사회 청소년의 실태에 응해 형성되어야 한다.

바꾸어 말하면 중앙계획의 일반목표에 의거하여 지방계획의 구체적인 목표를 설정하는 것이다.

지방계획은 그 지역사회의 필요한 과제, 학생의 흥미나 능력, 교육과정 그 자체에 대한 필요가 우선 예비적인 조사에 의해 명확해지며, 그들 자료에 의해 구성될 지방계획은 행정구획을 단위로 하느니보다 유사한 처지에 있는 지역형을 선별적으로 나누어 다루는 것이 좋다.

그리하여 지방계획의 수립에서 얻은 자료와 중앙계획의 일반적 · 기준적인 예시를 참조하여 지방에 적합한 단원의 선택이나 계획을 하는 것이다.

이런 경우 교육행정가나 교사는 물론, 육성회 대표나 일반시민, 기타 많은 사람들이 지방계획 수립에 참여하고 그들의 의견을 반영시키는 것은 중요한 일이다.

(3) 학교수준 교육과정

학교수준 교육과정은 학교의 실태를 반영하며 학부모와 학생들의 특성과 요구를 고려하여 교육에 대한 학교의 의도를 담은 문서 내용을 말한다. 이러한 학교수준 교육과정은 교육목표, 내용, 방법, 평가, 운영방식 등을 핵심으로 구성한다. 우리나라 제6차와 제7차 교육과정기 이후 강조하는 학교수준 교육과정은 국가가 결정한 교육목적을 실현하기 위하여 국가와 지역수준의 교육과정을 지침을 바탕으로 구성한다.

즉, 교육과정의 개발에서 학교가 할 일은 중앙계획이나 교육위원회 계획을 참조해서 학교를 단위로 교육과정 운영의 계획을 세우는 것이다. 학교계획은 지방계획과 같이 지역사회나 학생에 대한 예비적 조사를 필요로 한다.

그러므로 학습자의 능력이나 경험적 배경, 학교시설이나 교사조직 등을 고려하여 설정해야 한다. 이러한 자료를 기초로 한 중앙계획이나 지방계획은 그 학교 학생에게 적합하도록 수정하고 학급의 학습지도를 생생하게 전개시켜

가도록 해야 한다. 이 작업은 주로 학급담임교사가 할 일이겠으나, 경우에 따라 학교계획안을 작성하기 위하여 각 학년별 위원을 선정하여 위원회를 구성해도 좋을 것이다.

그리고 학교는 학교계획을 작성하여 교육과정의 실제 운영만으로 국한시킬 것이 아니라, 실천을 통해 꾸준히 평가하고 그 평가 자료를 새로운 학교계획에 반영하며 지방계획, 나아가 중앙계획까지도 수정할 수 있는 단계로까지 발전시켜야 할 것이다.

따라서 학교는 교육과정의 전개와 더불어 부단히 평가하고 기록함으로써 교육과정 개정에 대한 의견을 통합해 가야 할 것이다. 교육과정이란 실천에 의해 항상 수정을 가하고 개조되어야 할 성질이기 때문이다.

3) 교육과정 개발의 참여 및 관련집단

교육과정 개발에 참여하거나 영향을 미치는 사람들은 교육과정 개발체제(중앙집권적 교육과정체제와 지방분권적인 교육과정체제)와 교육과정 개발 수준(국가, 지역, 학교수준)에 따라 달리 선정되며 그들의 역할도 달라진다.

교육과정체제가 중앙집권인가 지방분권인가 그리고 어느 지역을 배경으로 하는가에 따라 교육과정 개발에 참여하는 인사들과 그들의 활동에 차이가 있다.

(1) 교육과정 전문가

교육전문가는 교육과정전문가, 교육방법전문가, 교육평가전문가 등을 포함한다. 그 중에서 교육과정전문가는 교육과정 개발에서 가장 중요한 역할을 하는데, 교육과정에 관심을 가지고 연구를 하거나 연구 결과를 현장 개선을 위해 활용한다. 그들은 일반적으로 교육과정의 개발, 운영, 평가의 활동에서 지도적인 역할을 하며, 대개 교육부와 교육청에서 위촉한 교육과정 편성·운영 위원회의 위원으로 활동하고 있다.

(2) 교사

교사들이 교육과정에 참여하는 방식은 다양하다. 국가와 지역수준에서는 총론이나 교과 교육과정의 개발에 참여하거나, 교과서나 교사용지도서를 연구 · 집필 · 실험 · 수정하며, 교육청의 장학 지침 및 자료제작에 참여한다. 그러나 교육과정 개발에서 교사들의 중심적인 역할은 학교 교육과정을 개발하는 데 있다.

(3) 교육 관료집단

교육 관료집단은 교육부나 교육청 소속의 교육과정 관련 및 장학업무 부서에 근무하고 있는 장학 및 연구진으로 볼 수 있다. 그들은 국가와 지역수준의 교육과정 지침을 마련하고 학교의 교육과정 운영을 통제하며 산물을 평가하는 활동에 참여한다.

(4) 교장

학교행정가, 특히 교장은 학교의 최고 관리자로서 학교에서 운영되는 교육과정을 감독하고 통제하는 책임을 진다. 교장은 학교의 전반적인 사정을 알고 있으며, 교직인사, 시설, 재정에 대한 권한이 있으므로, 교육과정의 재구성, 운영, 평가활동에 큰 영향력을 행사한다. 학교의 최고 행정가인 교장은 교육과정 개발의 리더가 될 수도 있고 외부 사람에게 맡기는 경우도 있지만 교장의 지원 없이는 교육과정 개발이 이루어질 수 없는 중요한 위치에 있다.

(5) 학생

학생은 교육과정의 수혜자이며 때로는 피해자가 되기도 하는 교육과정의 최종 소비자다. 따라서 교육과정 개발은 학습자에 관한 여러 사실적 정보들을 바탕으로 하고, 그들의 학습권을 존중하는 방향으로 이루어져야 한다. 하지만 학습자가 교육과정 개발에 얼마나 또 어느 정도 참여해야 하는가는 학습자의 연령이나 다니는 학교에 따라 차이가 있다.

(6) 학부모

학부모를 포함한 일반 시민은 지역사회의 여론을 전달하여 교육과정 개발의 방안을 설정하는 데 도움을 준다. 대개 지역사회 주요 집단의 대표자들로 구성되며, 교사나 교장의 추천으로 교장이나 교육장이 임명할 수도 있다. 만일 교육과정이 지역이나 학교수준에서 개발되어 운영된다면 그들의 역할과 책임은 더욱 커지게 된다. 지역과 학부모 대표는 교육과정 개발 과정의 자문위원으로 위촉된다.

4) 교육과정 개발의 모형

(1) Tyler의 모형

Tyler는 「교육과정과 수업의 기본원리」라는 저서에서 교육과정과 수업을 계획할 때 수행해야 할 네 가지 과제를 다음과 같이 표현하였다.

첫째, 학교가 달성해야 할 교육목표가 무엇인가?

둘째, 목표를 달성하기 위하여 어떤 학습경험을 제공해야 하는가?

셋째, 학습경험을 효과적으로 조직하는 방법은 무엇인가?

넷째, 목표가 달성되었는지를 어떻게 알 수 있는가?

이상의 각 물음들은 교육목표의 설정, 학습경험의 선정, 학습경험의 조직, 학습성과의 평가로 요약할 수 있는데, 이는 Tyler가 말하는 교육과정의 네 가지 기본 과제를 가리킨다. Tyler는 교육과정 개발을 교육목표의 규명, 학습경험의 선정과 조직, 교육프로그램의 평가 등으로 구성되는 교육프로그램에 대한 체계적 계획을 개발하는 의미로 보았다.

일반적으로 Tyler의 교육과정 개발모형은 교육목표가 설정되면 이를 토대로 학습경험을 선정 · 조직하고, 마지막으로 학습성과에 대한 평가를 실시하는 것으로 알려져 있다. 따라서 Tyler의 모형은 교육과정 개발자들이 따라야 할 절차를 명백하게 제시한다는 점에서 처방적 모형이고, 교과에서 단원으로 진행한다는 점에서 연역적 모형이며, 목표에서 평가로 진행하는 일정 방향을 가진다는 점에서 직선적 모형으로 여겨지고 있다.

Tyler가 제시한 교육과정의 네 가지 구성요소와 그들 간의 관계를 그림으로 나타내면 [그림 5-1]과 같다.

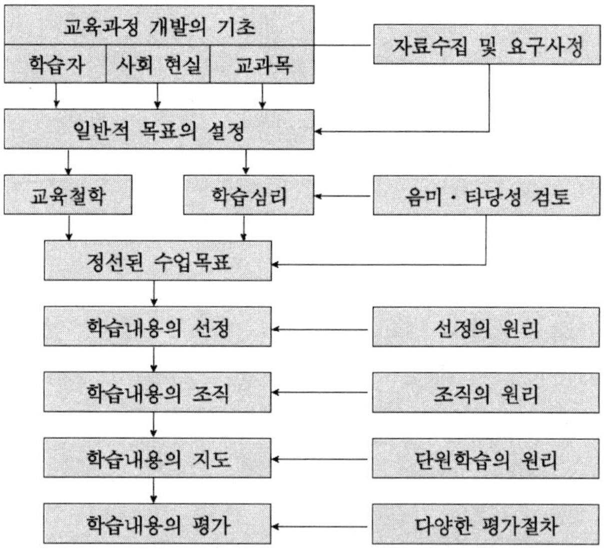

[그림 5-1] Tyler의 교육과정 개발모형

이처럼 Tyler의 모형은 교육과정이 포함해야 하는 요소들과 이들 요소들이 상호 관련되는 방식에 영향을 미쳤으며, 교육과정을 분석하는 하나의 틀을 제시해 주고 있다. Tyler의 모형은 어떤 교과와 어떤 수준의 교수에서도 적용될 수 있으며, 따르기가 쉽고 가장 논리적이고 합리적인 것으로 보여지는 일련의 절차를 제공한다는 점에서 많은 영향을 미쳐 왔다.

(2) Taba의 모형

수업을 실제로 담당하고 있는 교사 수준에서의 교육과정 개발을 강조한 Taba의 모형을 제시하면 아래 [그림 5-2]와 같다.

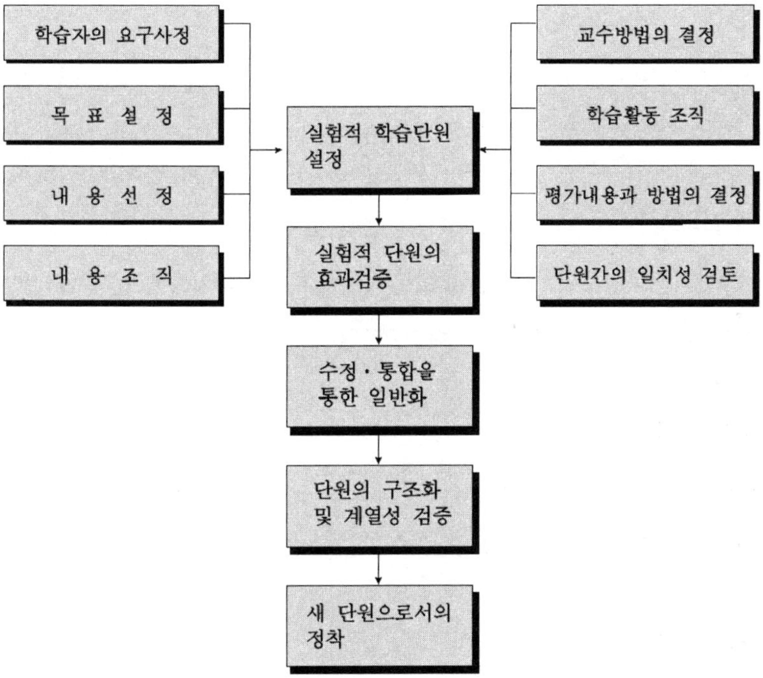

[그림 5-2] Taba의 교육과정 개발모형

Tyler의 모형을 보다 정교화한 Taba(1962) 모형의 7단계는 다음과 같다.

1 요구의 사정

교사(교육과정 설계자)는 계획될 교육과정의 대상인 학생들의 요구를 확인한다.

2 목표의 설정

교사가 주의해야 할 요구들을 확인한 다음에는 성취되어야 할 목표들을 구체화한다.

3 내용의 선정

진술된 목표에 따라 교과 혹은 교육과정의 내용을 선정한다. 목표와 내용은 조화를 이루어야 하며, 선정된 내용의 타당성과 중요성도 고려한다.

4 내용의 조직

교사는 내용을 선정하는 것만이 아니라, 그것을 학습자들의 성숙과 그들의 학문적 성취와 흥미를 고려하면서 계열화해야 한다.

5 교수방법의 결정

내용이 학생들에게 제시되고 학생들은 내용과 상호작용을 한다. 이 시점에서 교사는 학생들과 내용을 함께 고려할 수 있는 수업방법을 선정한다.

6 학습활동의 조직

내용이 계열화되고 조직화되듯이 학습활동도 계열화되고 조직화되어야 한다. 학습활동의 계열은 내용에 의해 종종 결정되어진다. 그러나 교사는 그가 가르칠 특정의 학생들에 유의할 필요가 있다.

7 평가내용과 방법의 결정

교육과정 계획자는 목표가 성취되었는지를 평가해야 한다. 평가절차는 학생들과 교사들에 의해 고려되어야 한다.

Taba의 개발모형은 교사들이 각자 교실에서 최선의 프로그램을 개발하도록 한 다음, 각 프로그램들로부터 일반적인 원리를 발견하여 새로운 교육과정을 계획하는데 이용한다는 점에서 귀납적인 성격을 지닌다. 교육과정은 때로 수업과 분리된 하나의 서류를 의미하는 것으로 해석되어 종종 교육과정 개발은 수업과는 분리된 것으로 생각되어 왔다. 그러나 Taba의 모형은 교육과정과 수업을 함께 고려함으로써 이론과 실제를 결합시키고자 하였다.

(3) Walker의 모형

Walker는 어떻게 교육과정이 계획되어야 하는가를 처방하는 다른 접근들과 다르게 교육과정이 실제에서 계획되는 과정을 기술하고자 하였다. 그 때문에 자신의 모형을 '자연주의적 모형(Naturalistic Model)'이라고도 하였다. 실제에 기초한 교육과정 개발은 참여자들의 생각과 믿음이 숙의(deliberation) 과정에서 어떻게 전개되어 가고, 숙의를 통해 선택이 어떻게 정당화되는가의 과정에 초점을 맞추고 있다.

Walker는 교육과정 개발자들이 처방적인 모형을 따르지 않는다고 하며, 실제로 이루어지는 개발 과정을 3단계로 묘사하였다.

첫째, 출발점(platform) 단계는 개발자들이 교육과정에 관하여 품고 있는 신념과 가치체계에서 시작한다는 것이다. 출발점 단계는 개념, 이론, 목적, 이미지, 절차 등으로 구성된다. 교육과정개발자는 교육과정에 대한 타당한 결정을 내리기 위하여 출발점 단계와 더불어 새로운 정보를 탐색하게 되며, 이러한 바탕위에서 숙의의 단계로 들어선다. 물론 출발점 단계와 숙의의 단계를 구분짓는 명확한 시점은 없다.

둘째, 숙의의 단계는 교육과정에 대한 공통적인 그림을 찾기 위하여 개발자들이 상호작용하는 단계다. 개발자들은 아이디어를 제시하고 협의한다. 그러나 협의의 과정이 합리적으로 전개된다고 볼 수 없다. 그리고 숙의의 과정과 더불어 교육과정개발자들이 이미 알고 있는 기존의 교육과정정책들이 설계과정에 영향을 미친다.

셋째, 설계의 단계는 개발자들이 논의를 통하여 교육프로그램의 상세한 계획을 수립하는 단계다. 설계의 단계는 명시적 설계와 함축적 설계로 구성되며, 구체적인 교과, 수업, 교수자료, 믿을 만한 집단활동 등을 포함하는 교육과정을 창조하게 된다.

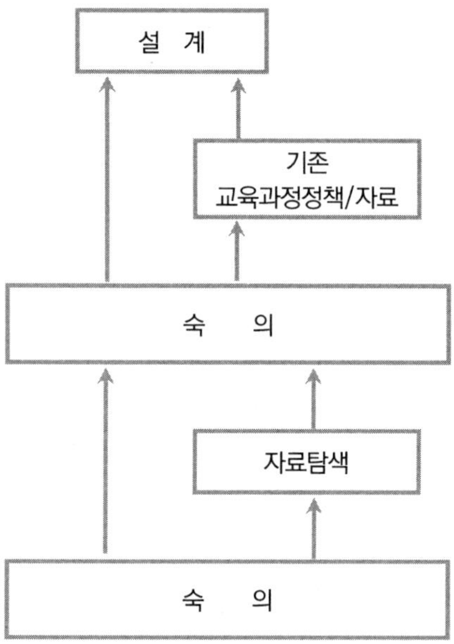

[그림 5-3] Walker의 모형

Walker의 모형은 종종 앞서 제시한 Tyler의 모형과 비교되며, 대립적인 관계에 놓여 있는 것처럼 보기도 한다. Tyler는 교육과정 개발에서 교육과정의 설계활동에 관심을 두고 설계를 위한 네 가지 과제와 과제 수행의 원리를 처방하고 있는 반면에, Walker는 교육과정 개발에서 개발자들이 갖는 신념과 활동 그리고 역동적인 상호작용 행위의 묘사에 관심을 두었기 때문이다.

Walker의 교육과정 개발모형은 교육과정을 계획하는 동안 실지로 일어나는 일들을 아주 정확하게 묘사해 준다. 그리고 계획자가 다른 '계획'에 반응하고 '숙의'하기 위해 대화에 상당한 시간을 보내야 한다는 점을 강조한다. 또한 어떤 교육과정 계획 팀에서도 일어날 수 있는 다양한 공격과 논쟁을 보여준다는 점에서 긍정적이다. 따라서 국가수준의 교육과정 개발에선 유효하지만 소규모의 학교중심 교육과정에서는 적절치 않을 수도 있다.

(4) Saylor & Alexander의 모형

이 모형은 네 단계로 이루어진 교육과정 개발모형으로써 교육과정 개발의 체제적 접근을 보여 준다(그림 5-4).

1 목적, 목표 그리고 영역

교육과정개발자는 목적, 목표를 구체화함으로써 개발을 시작한다. 목적과 목표를 구체화하는 이유는 교육과정 영역을 묘사하기 위함으로, 교육과정의 주요 영역으로는 개인적 발달, 인간관계, 학습기능, 전문화가 있다. 그러나 이들은 학교가 이 영역에만 제한되어서는 안 된다고 보았다. 선택된 목적, 목표, 영역은 외적 변인, 즉 지역사회의 견해와 요구, 법적 요인, 연구결과들, 교육과정전문가의 철학적 시각 등의 영향을 받아 발전되어 간다.

2 교육과정 설계

이 단계에서 교육과정 의사결정자들은 내용을 선정하고 그것을 조직하며, 선정된 내용을 위한 적절한 학습기회를 결정한다. 이 과정에서 그들에게는 학문, 학습자 또는 사회의 요구 가운데 무엇을 강조할 것인가 하는 문제에 답하기 위한 철학적 시각이 요구된다.

3 교육과정 시행

교육과정이 설계된 다음 교사는 수업계획을 세워 교육과정을 시행한다. 교사는 학생이 내용을 배우는 것을 돕기 위해 사용될 방법과 자료를 선택한다.

4 교육과정 평가

모형의 마지막 단계에서 교육과정개발자와 교사는 많은 평가기법을 선택한다. 평가는 교육과정 계획, 수업, 학생의 학습행동을 다 포함하여 실시되어야 하고 교육과정의 가치와 수업의 질 그리고 교육과정의 결과를 정확히 드러내 주어야 한다. 그런 포괄적 평가를 통해 교육과정개발자는 프로그램을 유지할지, 수정할지 아니면 폐기할지의 여부를 결정하게 된다.

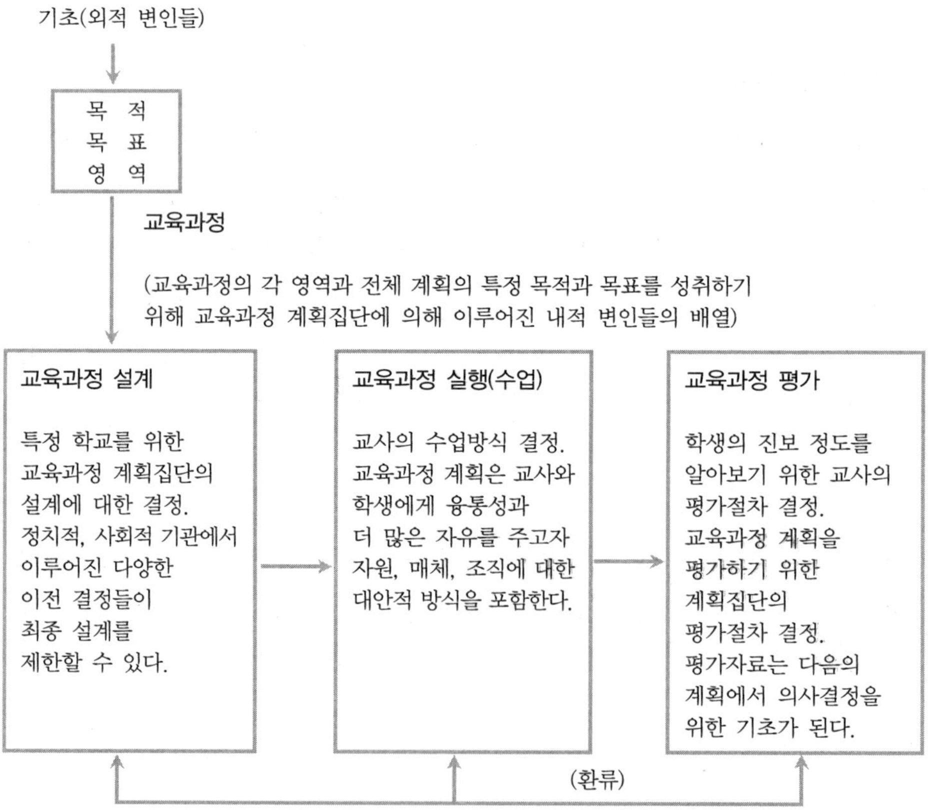

[그림 5-4] Saylor와 Alexander의 교육과정 개발모형

3. 교육과정 개발의 절차

1) 교육과정 개발의 의사결정

(1) 의사결정의 개념

의사결정이란 개념은 Griffiths의 정의에 따르면 "심사숙고 후에 도달한 결론"이라고 말할 수 있으며, Campbell의 정의에 의하면 의사결정이란 "본질적으로 조직구성원이 목표로 한 것을 성취하기 위하여 어떤 방법을 선택하는 것"이라고 설명된다. 또 Hoy & Miskel에 의하면 "의사결정은 조직 내의 모든 기능과 업무의 합리적 행정에서 찾아볼 수 있는 일반적 행동 유형이다" 이라고 정의하고 있다.

이러한 정의를 종합하면 의사결정이란 "조직의 목적달성을 효과적으로 이행하기 위해 마련된 대안들 중 가장 최적의 것을 선택하는 일련의 행위다.

(2) 의사결정의 기본적 모형

1 합리적 모형

합리적 모형(rational-comprehensive model)은 고도의 합리성을 추구하는 의사결정 모형으로 규범적이고도 이상적 모형이라고 하며 고전적 모형(classical model)이라고도 한다. 이 모형은 목표성취를 최대화할 수 있도록 가능한 최상의 대안을 모색함으로써 최적화(optimizing) 전략을 채택하고 있다. 그러나 이 모형은 너무 규범적이고 이상적이기 때문에 대부분의 의사결정은 비현실적인 경향이 있다.

① 의사결정의 과정

의사결정의 과정은 대부분 체제접근 절차에 따른 일련의 순차적 과정이다. 의사결정을 위한 일반적인 과정을 단계별로 소개하면 다음과 같다.

- 1단계-의사결정이 이루어지려면 우선 결정자가 결정대상의 문제에 대한 내용과 성질을 명확히 인식하고 난 후 구체적인 행동목표를 세우는 단계다.
- 2단계-결정자가 결정대상의 문제를 인식한 후 설정한 행동 목표를 달성하기 위해서는 필요한 자원과 정보자료를 수집하여 과학적으로 분석하는 단계다.
- 3단계-수집 · 분석된 정보에 입각하여 목표달성을 위한 각 대안을 작성하고 평가한다. 이 과정에서는 조직이 달성하고자 하는 목표와 함께 결정에 영향을 미치는 여러 변인과 그 관계 및 상호작용의 결과를 예측, 평가하는 단계다.
- 4단계-제시된 각 행동 대안을 비용과 효과 및 편익의 측면에서 체계적으로 분석하는 단계다. 이와 같은 분석을 통하여 각 대안의 차이를 규명하고 그 가능성도 예측할 수 있어 계량화하여 측정한다.
- 5단계-추정된 각 대안을 비교하는 것으로 배분된 문제와 가치를 근거로 하여 선택기준을 만든다.
- 6단계 : 설정된 기준에 따라 여러 대안 중에서 최적 대안을 식별하여 최선의 것을 선정한다.

이와 같은 6단계를 거쳐 이루어진 결정, 즉 산출은 피드백을 통하여 다음 의사결정 전 단계에 작용하고 투입으로 전달된다.

② 합리적 의사결정의 제약요인

의사결정에 있어서 완전한 합리성이 보장될 것을 기대하는 것은 거의 불가능하며 행정가는 결정에 있어서 합리성이 만족할만 하거나 충분한 정도의 행동노선을 모색하게 된다. 합리적인 의사결정을 제약하는 요인들은 다음과 같다.

- 정보의 부족-의사결정자는 누구를 막론하고 그가 필요한 사실적 정보를 얻기 위하여 남에게 의존한다. 때때로 남들이 제공해 주는 정보 가운데는 건전하고 가치 있는 것도 있으나 때로는 건전치 못하거나 가치가 없는 정보도 있다.

다루게 될 문제의 종류에 따라서 정보제공자들은 행정가에게 내용이 상반되는 건의를 하여 이것은 행정가의 결정을 더욱 곤란하게 만든다. 그러므로 적절한 정보를 얻을 수 있는 접근은 의사결정에 대단히 중요하다.

- 예상의 곤란성-미래에 나타날 결과를 정확히 예상한다는 것은 매우 어렵기 때문에 완전한 의사결정이란 불가능하다. 결정에 의하여 실현된 목적이 본래 원하였던 목적과는 다른 것으로 판명되었거나 혹은 실현된 목적이 만족스러운 것이 되지 못한다면 의사결정의 합리성은 부분적인 것에 지나지 않게 된다.
- 대안의 불완전성-의사결정의 합리성은 각 대안의 선택에 따르게 될 결과에 대한 완전한 지식과 예상을 요구하지만 실제로 결과에 대한 지식이란 항상 단편적인 것에 불과하다. 현재 자기가 처한 지식을 가지고 미래의 결과를 유도할 수 있는 원리나 법칙에 관한 인식도 불충분하다.

2 만족화 모형

만족화 모형은 March와 Simmon이 합리적 모형을 수정한 것으로서 기본적인 접근법은 최선의 해결책보다는 오히려 만족스런 해결책을 찾는 것이다. 만족화 전력을 상세히 분석하기 전에 이 모델의 토대가 되는 가정들은 다음과 같다.

첫째, 이 모형의 의사결정은 조직의 여러 문제들을 해결하고 또 다른 문제들을 만들어 내는 역동적인 과정이다.

둘째, 의사결정에 있어서 완전한 합리성은 불가능하다. 그러므로 개발자는 '그 정도면 충분한 것'을 추구한다. 왜냐하면 개발자는 의사결정 과정을 최대화할 수 있는 능력과 인지능력을 가지고 있지 않기 때문이다.

셋째, 의사결정은 조직에 있어 모든 중요한 업무와 기능의 합리적 행정에서 발견되는 일반적인 행동유형이다.

넷째, 평가는 의사결정에서 꼭 필요한 부분이다.

이 모형 의사결정 과정은 다음과 같다.

- 1단계 – 문제 또는 이슈의 인지 규명 : 의사결정의 첫 단계는 체제 내의 어려움이나 부조화에 대한 인식이다. 유능한 행정가는 규정된 기준에 부합되지 않는 조직 활동과 태도에 민감하다. 문제에 대한 인식과 규정은 의사결정에 결정적인 것이나 종종 충분한 주목을 받지 못하고 있다. 행정가에게는 민감성과 지각적 예리함 뿐만 아니라 공식적 · 비공식적 조직에 대한 철저한 이해와 풍부한 개념적 배경이 문제를 규명하는데 바람직하다.

의사결정 과정에서 문제를 균형 있게 보는 것이 중요하다. 문제는 하위 문제로 분류될 필요가 있고 각각의 하위 문제들은 의사결정 과정을 통해 순환되어야 한다. 문제는 몇 가지 해결책을 필요로 할 것이다. 의사결정에 있어서 행정가는 현존하는 문제뿐만 아니라 앞으로 문제가 될지도 모르는 이슈에 대해서도 끊임없이 주목해야 한다.

- 2단계 – 당면 문제 분석(문제분류, 자료수집, 문제 세분화) : 이 단계는 첫 번째 단계와 직접적으로 연관되어 있으며, 분석을 통해 문제를 분류한다. 그 문제는 하나밖에 없는 유일한 것인지 아니면 이미 알려진 행동유형에 대한 전형적인 난제의 새로운 표현인가를 밝히는 문제다.
- 3단계 – 문제해결을 위한 준거 설정 : 문제를 분석하고 상술한 후 의사결정자는 어떤 것이 조건에 맞는 해결책을 구성하게 될지 결정해야 한다. 성취해야 하는 최소한의 목표는 무엇인가? 만족스런 의사결정을 위한 기준은 무엇인가? 이 시점에서 의사결정자는 때때로 최소한의 만족에서부터 최대한의 만족까지 연속 선상에서 가능한 결과의 등급을 매긴다.

일반적으로 의사결정을 판단하기 위해 사용되는 기준은 조직의 임무와 일치하는 것이어야 한다.

- 4단계 – 행동의 계획 또는 전략 개발(가능한 대안, 결과 예측, 실행행동) : 이 단계는 의사결정 과정의 중심단계로써 문제를 인식하고, 자료를 수집하고, 문제의 조건들을 상술한 후에 의사결정자는 체계적이고 사려 깊은 행동 계획을 수립한다. 그 과정에서 최소한 ⓐ 대안의 상세화, ⓑ 각 대안들의 결과

예상, ⓒ 숙고, ⓓ 행동 계획 등의 단계를 따라야 한다.

- 5단계 – 행동계획의 실천 : 의사결정 과정의 마지막 단계로서 일단 결정이 내려지고 행동계획이 공식화되었으면 그것은 실행되어야 한다.

Simon의 모형이 지닌 장점과 단점을 간단히 살펴보면 다음과 같다.

첫째, 가장 중요한 장점은 실제의 의사결정을 설명하고 기술하는 경험적 · 실증적 연구로서는 획기적인 것이라는 점이다.

둘째, 이 이론은 규범적 · 처방적인 측면에서도 커다란 장점이 있는데 바로 의사결정은 비용이 들어가는 작업임을 명백히 한 점이다. 즉 대안 하나를 찾아내고 결과를 예측하기 위해서 정보를 수집하고 모형을 작성하는 데 많은 시간과 경비가 소모되고 또 의사결정자의 지적 능력을 소모시킨다. 이 모두가 대안 하나를 더 탐색하는 데 들어가는 비용이 된다. 논리적으로는 이 비용보다 대안을 더 탐색하여 얻게 되는 추가적 효과(현재 탐색되어 있는 대안의 결과에 비해서 더 좋아진 효과)가 커야만 대안의 추가적 탐색이 바람직하게 된다.

Simon의 만족모형이 지닌 단점은 첫째, 처방적 · 규범적 측면에서 볼 수 있다. 최선의 대안이 아니라 만족할 만한 대안을 찾은 후에 대안탐색을 중단하게 되면 검토되지 않은 대안 중에 훨씬 더 중요한 대안이 있어도 이것이 탐색되지 않고 포기된다. 이러한 위험은 그렇지 않아도 책임회피와 보수적 사고 방식에 젖기 쉬운 정부 공무원의 경우에 더욱 심해질 수가 있으므로 의사결정에서 만족모형을 적용하라고 권할 수는 없다.

둘째, 만족여부는 기대수준에 달려 있는데 이 기대수준 자체가 극히 유동적이므로 어느 것이 만족할 만한 대안이 아주 쉽게 발견되면 심리적으로 기대수준을 높이게 될 것이다. 즉 좀더 욕심을 갖게 될 것이다. 그렇게 되면 이미 탐색되어 처음에 만족스럽다고 생각했던 대안에 이제는 만족을 하지 못하고 다른 대안을 검토한 후 어느 대안이 만족할 만한 것인지를 판단하기 어려워져서 이 측면에서 보면, 규범적 · 처방적 · 실천적으로는 크게 유용한 이론이 되지 못한다.

셋째, 일반적이고 가벼운 의사결정에서는 무작위적으로 대안을 고려하고 만족할 만한 대안이 있으면 대안의 탐색이 중단된다는 Simon의 주장이 옳겠지만, 차별적이고 중대한 의사결정에는 이러한 식의 의사결정이 아니라 보다 분석적 결정이 이루어질 가능성이 크다.

3 점증적 모형

점증적 모형(incremental model)은 혁신적 · 창조적 수준보다는 점증적 과정을 통한 의사결정 강조 대안의 종합적 결정보다 현존 정책에서 약간 향상된 내용과 조직 결합의 경감에 초점을 두는 모형으로써 보수주의에 빠지기 쉬우나 기존 방침을 감안하여 개선책을 마련할 수 있는 이점이 있다.

점증적 모형의 구체적 내용은 다음과 같다.

① 의사결정자는 기존의 의사결정보다 좀더 향상된 의사결정에 관심을 가진다.

② 한정된 수의 대안만을 평가하여 중요한 결과만을 평가한다.

③ 당면 문제를 계속적으로 재정의하고 하나의 해결안이 없다면 계속적으로 분석, 평가하여 지속적으로 검토한다.

4 최적 모형

이 모형은 합리적 모형과 점증적 모형을 절충한 것으로, Dror가 정부기관의 주요 행동노선을 결정하는 정책결정 과정을 준거대상으로 제안한 것이다. Dror는 합리적 모형이 주장하는 인간의 완전한 합리성을 비판하고, 점증적 모형에서 제시하는 인간의 비합리성을 전제로 미래에 대한 예측이 합리적 증거에 의해 이루어질 수 없다는 것 또한 비판했다. 즉 인간의 비합리성과 미래 예측 능력을 인정하면서 절충 모형을 제시한 것이다. Dror의 규범적 최적 모형은 계량적 측면과 질적인 측면을 구분하여 검토한 다음 이를 결합시키는 질적 모형이며, 합리적 요인과 초합리적 요인을 함께 고려한 모형이라고 할 수 있다.

구체적인 내용은 다음과 같다.

① 조직의 목표, 가치기준, 결정기준 등을 어느 정도 분명하게 규정하여 새로운 대안을 고려할 수 있도록 의식적으로 노력하고 개발을 촉진해야 한다.

② 여러 대안이 가져올 결과를 자세히 분석하여 전략을 결정해야 한다.

③ 최적 정책의 결정기준은 의사결정에 참석하는 사람들의 충분한 토론을 거친 후 합의하여 결정해야 한다.

④ 이론과 경험, 합리적 방법과 초합리적 방법을 병행하여 사용해야 한다.

⑤ 정책결정의 질을 높일 수 있는 장치를 만들어 주어야 한다. 즉 의사결정에 구성원이 모두 참석할 수 있다든지, 자원의 확충으로 정보를 충분하게 제공해 줄 수 있는 방법을 제시해야 한다.

5 쓰레기통 모형

쓰레기통 모형(garbage can model)은 정책결정이 일정한 규칙에 따라 이루어지는 것이 아니라 문제, 해결책, 의사결정의 참여자, 의사결정의 기회 네 요소가 쓰레기통 같이 뒤죽박죽 움직이다가 우연히 점화되는 계기를 맞이할 때, 이 네 가지 요소가 합쳐져 비로소 의사결정이 이루어진다고 보는 정책결정 모형을 말한다.

이 모형은 합리성을 극도로 제약하는 세 가지 전제조건하에서 의사결정의 네 가지 요소가 우연히 결합되어서 의사결정이 이루어지는 경우가 많다. 세 가지 전제는 다음과 같다.

첫째, 의사결정에 참여하는 사람들의 선호가 문제가 있다는 전제조건이다. 즉, 의사결정에 참여하는 자들은 무엇을 선택하는 것이 바람직한가에 대해서 합의가 없다는 점이다.

둘째, 불명확한 기술이어야 한다는 전제조건이다. 즉, 어떤 목표를 달성하기 위해서 무엇을 최선의 수단으로 선택해야 하는지 잘 모른다는 것이다.

셋째, 일시적 참여자이어야 한다는 전제조건이다. 즉, 특정인이 어떤 동일한 문제해결을 위한 의사결정을 할 때 이익과 관련 있으면 참여하고 다른 때는 불참할 수 있다는 것이다.

쓰레기통 모형의 가장 큰 공헌의 하나는 의사결정의 네 가지 요소가 서로 아무런 관계없이 독자적으로 움직일 수 있음을 분명히 밝힌 것이다. 마치 네 가지의 독자적인 흐름이 있다는 것이다. 이런 네 가지의 요소는 각자 움직이고 있다가 문제를 크게 부각시키는 극적인 사건이 발생하거나 정치적 큰 변혁의 사건이 발생하게 되면 바로 점화되어 정책결정이 이루어지게 된다.

(3) 의사결정의 체제적 모형

1 중앙집권적 체제와 분산적 체제

교육과정 개발의 의사결정을 누가 하느냐의 문제에서 그 결정권한이 다양하게 분산되어 있는 경우를 분산적 체제, 반대로 중앙에 몰려 있는 경우를 중앙집중적 체제 또는 절충식인 경우를 혼합체제라 부를 수 있겠다.

교육과정 개발의 의사결정 과정에서 교사 · 학생 · 학교 · 지역수준에서 다양한 참여를 허용한다. 교육과정의 기본구조와 내용선정을 단위학교 수준 또는 지역수준에서 자율적으로 결정하도록 허용하기도 하며, 학교수업의 중요한 도구인 교과서나 학습교재의 개발을 민간인에게 완전히 개방하고 교사재량으로 선택하게 하는 등 방법은 여러 가지다. 이러한 국가에서는 교사의 교육과정에 대한 전문적 식견이 중요하게 되고 그 결정에 중요한 역할을 담당하게 된다. 반면에 이와 반대로 교육과정의 결정을 중앙정부가 완전히 독점하고 있는 국가도 있다. 학교 교육과정의 기본구조에서부터 각 교과의 구체적인 수업내용까지 결정해 줄 수 있다. 이러한 나라들의 경우 교사들이 교육과정 문제를 깊이 고민해 볼 만한 기회는 제한되어 있다. 이러한 교육과정의 결정구조를 가진 나라들은 대체로 정치권력이 중앙집권화되어 있는 나라들이다.

한편으로는, 엄격하게 중앙집중 또는 분산의 두 가지 체제로 구분하기 어려운 체제를 가지고 있는 나라도 있다. 즉, 교육과정의 기본계획은 중앙정부가 잡아 주고 구체적인 세부내용은 지역이나 학교에게 마련하도록 해 주어, 교육과정 의사결정 권한이 다소 혼합되어 있는 경우다. 이와 같은 체제를 혼합체제라 할 수 있다. 교육부에서 교육과정 지침이 마련되어 학교교육의 기본방향을 전체적인 면에서 제시하고, 교과서 편찬에서 제한된 개방과 교사의 재량권을 넓혀 교육과정 의사결정 권한을 중앙에서부터 학교수준에 이르기까지 나누어 가지고 있다.

우리나라의 경우 그 동안은 교육부가 「교육과정」이라는 문서화된 계획을 준비할 뿐만 아니라 초 · 중학교의 경우 교과서와 지도서까지도 교육부 발행 또는 검인정으로 발간 배포하는 등, 중앙집중체제를 취해 왔으나, 제6차 교육과정에서부터는 교육과정의 획일성, 경직성, 폐쇄성을 탈피하기 위해 교육과정의 편성 · 운영권을 시 · 도 교육청과 일선학교에 많이 위임하고 있다.

표 5-1 교육과정 구성체제에 따른 장 · 단점 대비

구분	중앙집중체제	분산체제
장점	① 새로운 교육혁신의 아이디어나 국가 교육목표의 실현을 쉽사리 전국화할 수 있다. ② 체계적이고 국가적인 노력에 의해 질 높은 교육과정을 설계할 수 있다. ③ 교육과정과 학교교육의 질 관리를 국가수준에서 용이하게 할 수 있다. ④ 통일된 학교교육 평가기준으로 전국의 학교수준을 균등하게 높일 수 있다. ⑤ 지방교육청 · 학교 · 교사의 교육과정 개발 노력을 절감할 수 있다. ⑥ 새 교육과정 적용단계에 효과적인 교사교육을 시행할 수 있다.	① 지역 · 학교 · 학생의 특수성을 고려한 다양하고 탄력적인 교육과정이 개발될 수 있다. ② 지역단위의 교육청 · 학교 · 교사들에게 교육 문제해결의 자율능력을 키울 수 있다. ③ 지역단위 교육청 · 학교 · 교사들이 교육과정 개발참여로 교육의 전문성을 높일 수 있다. ④ 교육과정 개발의 다양한 접근방법들이 수용될 수 있다. ⑤ 학생에게 그들의 필요에 따라 선택적인 교육과정을 제공할 수 있다.
단점	① 학교와 교사는 수업에 있어서 수동적이 되기 쉽고, 지식 정보의 전달 매개체로 전락할 위험이 있다. ② 정부 · 지방단위의 교육청 · 학교 · 교사 관계에서 권위주의적인 맥락이 형성될 가능성이 있다.	① 전국적으로 합의할 수 있는 교육의 목표와 내용을 가지기 어렵다. ② 개발의 용이성 때문에 질적으로 수준이 낮은 교육과정이 되기 쉽다. ③ 지역중심 · 학교중심 · 교사중심이 지나쳐 새로운 교육혁신이 전파되지 못할 염려가 있다.

구분	중앙집중체제	분산체제
	③ 한번 제정된 교육과정은 법규적인 권위와 개정에 대한 신중성 때문에 교육과정 시행이 획일화·경직화되기 쉽다. ④ 교사가 교육과정 문제로부터 소외된다.	④ 지역·학교 간의 차이가 심화될 가능성이 있다. ⑤ 국가수준에서 학교교육을 주도한다.

2 Egglestone의 모형

이 모형은 체제적 모형과 유사한 개념으로 [그림 5-5]에 제시한 바와 같이 자발적 이념의 입장과 수동적 이념의 입장의 두 가지를 이야기했는데, 자발적 이념의 입장은 교사·학생·교육에 대한 여러 압력 집단들의 요구가 밑에서 위로 반영되는 상향식 접근과 유사하며, 수동적 이념의 입장은 지도적 위치에 있는 소수 지배구조의 결정이 위에서 아래로 내려가는 하향식 접근의 개념과 유사하다.

이는 교육과정 의사결정 권한의 배분에 있어서 분산적 접근과 중앙집중적 접근과의 관계를 암시적으로 시사한다.

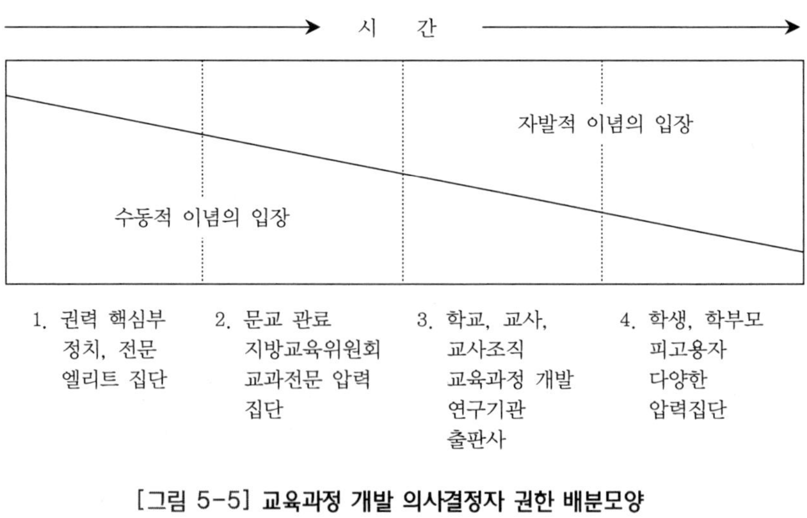

[그림 5-5] **교육과정 개발 의사결정자 권한 배분모양**

3 Orstein과 Huntins의 모형

이 모형은 의사결정 과정에서 여러 집단들 간의 상호작용을 묘사해 주고 있다.

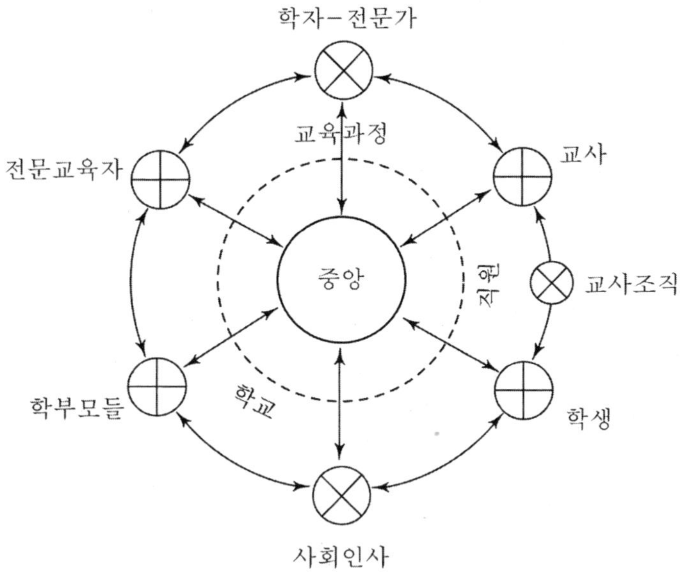

[그림 5-6] Orstein과 Huntins의 상호작용모형

이상과 같이 일반적으로 교육과정 개발의 의사결정은 이익집단들(교육공무원, 학생, 부모, 지역사회 구성원)간의 협동으로 이루어져야 한다. 교육과정 개발에 과한 의사결정 과정의 참여자로는 정치관련 인사, 학교관련 인사(교사, 학생, 교장), 교육과정전문가, 일반시민, 학교외부 참가자, 전문기관의 전문가 등을 들 수 있다.

예컨대, 학교의 경우라면 교장의 책임 아래 학교교육과정위원회를 구성하여 운영한다. 학교교육과정위원회는 대개 교사들로 구성되지만 학부모와 지역사회 인사의 자문을 필요로 할 때도 있다. 학교교육과정위원회에서 교육과정 분야에 대한 지식과 체계적인 훈련을 받은 교사들이 주축이 되어 교육과정 개발을 주도하며, 영역별 · 교과별 · 학년별 팀이 그 주요한 역할을 수행한다.

2) 교육과정 개발을 위한 조직활동

교육과정은 많은 사람들이 민주적으로 협력해서 구성해야 한다. 왜냐하면 많은 사람들이 이해와 협력 없이는 보다 나은 교육과정 구성을 기대할 수 없기 때문이다. 교육과정 개발에서 어떤 조직을 갖추어야 하느냐의 문제는 누가 교육과정을 개발하느냐의 문제를 떠나 생각할 수 없다.

교육과정은 많은 사람들의 협동 작업을 통해 개발되는데, 그들 활동을 효과적으로 운영하기 위해서는 '각종 위원회'를 조직할 필요가 있다.

위원회는 그 필요에 의해 여러 가지를 생각할 수 있는데, 교육과정의 개발단계에 따라 요구사정 또는 목표를 설정하기 위한 것이나, 교육과정의 전체적 조직의 형태결정 또는 교육과정의 범위나 계열의 형성, 단원의 선택 · 계획을 하는 각종 임무에 대응하는 기능을 가진 조직이어야 한다.

(1) 요구사정 및 목적설정 위원회의 활동

1 요구사정의 개념

가장 포괄적인 요구사정의 정의는 Kaufman에 의해서 이루어졌다. 즉 "요구사정은 현재의 상태와 바라는 결과 사이의 차이를 나타내고, 우선 순위에 따라 그 차이를 나열하며, 해결할 요구를 선정하는 과정이다." 여기서 Kaufman은 확인된 요구에 우선 순위를 설정하는 영역까지를 요구사정에 포함시키고 있다. 다른 여러 학자들도 요구에 우선 순위를 설정함으로써, 확인된 요구를 서비스 프로그램으로 연결시키는 활동을 요구사정의 정의에서 포괄하고 있다(Cook, Herbart, Yuskiewicz).

또 다른 하나의 요구사정의 정의는 원함, 바램은 지각과 관련된 것이다. 실지로 많은 요구사정은 "선호(preferences), 지각(perceptions), 그리고 원함(wants)조사"이다. 요구사정에서 전문가의 개입은 필수적이다(Kimpston & Stockton). 특히 교육적 요구영역에서 두드러지게 강조되는데, 예를 들면 James(1956)는 교육요구의 규명은 교육자가 주도해야 한다고 주장하였다.

그러나 Hamilton은 이와 반대로 "교육의 목적은 전체로서의 사회, 즉 대중이 결정하고, 교육자는 이를 달성하는 방법에 책임을 지어야 한다"고 얘기하였다. 그런데 위 주장들을 모두 수용하고 있는 Ellet & Shumener에 따르면, 학생들의 요구는 교육 목적을 결정하는 토대를 형성하지만, 여기에 우선 순위를 설정하는 것은 전문가의 할 일이라 할 수 있다. 이처럼 요구사정(need assessment) 과정에서는 전문가가 개입하여 확인된 요구에 우선 순위를 설정함으로써 프로그램과 관련된 의사결정을 내리게 된다.

이상에서 살펴본 요구사정의 정의를 종합해 보면, "요구사정은 어떤 목적을 달성하기 위해 요구사정 대상자가 필요로 하거나 바라는 것을 지각하는 정도를 규명하여, 해결을 위한 우선 순위를 설정함으로써, 계획 수립 및 프로그램 개발의 토대로 삼는 체계적 활동이다."

2 요구사정의 기능

첫째, 요구사정은 무엇이 중요한 요구인지 밝혀 준다. 둘째, 교육과정 계획 시행 및 평가 노력의 방향을 제시해 준다. 셋째, 요구사정은 교육계획의 초석이다. 넷째, 해결책을 선정하는 기준을 마련해 준다. 다섯째, 요구사정은 교육의 생산자에게는 교육의 제도적 계획은 물론, 학습자에게는 진단과 처방에 있어 도움을 준다.

3 요구사정의 대상

요구사정의 중점적 대상은 일반적으로 사람, 프로그램 및 조직의 세 가지를 들 수 있다. 사람에 있어선, 첫째, 모든 학습자, 둘째, 교사 또는 교육행정가, 셋째, 학부모를 비롯한 지역사회인을 들 수 있고, 프로그램으로서는 첫째, 학습자를 위한 교육과정과 수업전략, 둘째, 교사를 대상으로 한 현직 교육프로그램, 셋째, 성인교육 프로그램을 들 수 있으며, 마지막으로 조직의 경우엔 행정조직,

학급 편성조직 또는 의사소통체제 등이 포함된다.

4 요구사정의 일반적 단계

Hunkins는 상황분석, 자료수집으로 시작되는 요구사정은 다음의 여섯 단계로 진행된다고 보았다.

첫째, 현재의 학생의 학습과 행동들을 인지한다.

둘째, 중요한 목적을 설정한다. 이 단계에서는 일반적인 목적의 목록이 주어진 후 중요성에 따라 순서를 정한다.

셋째, 학생의 학습과 행동을 설정된 목적과 비교한다. 학생의 학습과 행동이 목적과 일치하는지를 분석한다. 그러한 비교로부터 차이의 목록이 만들어진다.

넷째, 요구의 우선 순위를 정한다. 어떠한 한정된 시간에 모든 요구를 충족시키는 것은 불가능하기 때문에 즉각적인 관심이 요구되는 그리고 학교 밖에서는 쉽게 충족될 수 없는 것에 따라 요구의 우선 순위를 정한다.

다섯째, 요구의 우선 순위 결과로 처음 목적이 재고되고 재배열된다.

5 요구사정의 모형

요구사정의 모형 중 가장 대표적인 모형은 체제접근법에 의한 Kaufman의 체제적 계획순환과정의 6단계 모형이다.

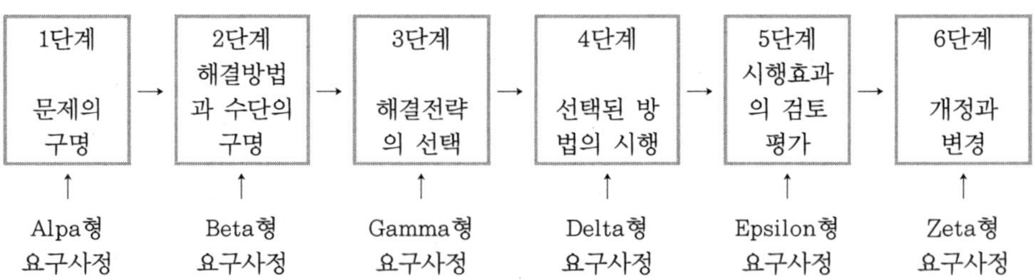

[그림 5-7] Kaufman의 체제적 계획순환과정의 6단계 모형

6 요구사정의 구체적인 절차

① 사전준비

· 요구사정을 실제로 실시하고 수행하며 관리할 요구사정위원회나 교육과정목적설정위원회 등 기구를 조직한다.
· 요구사정 수행에 필요한 전문적 · 기술적 지식과 기능을 갖춘 사람을 선정한다.
· 요구사정의 범위와 대상수준을 설정한다.

② 교육과정 목적의 설정

· 목적의 구명–목적 자체를 연구하는 방법에는 총체적으로 교육에 관한 일반적인 접근을 통한 목적을 구명하는 방법과, 특정 요구영역 또는 특정 문제를 중심으로 한 표적으로 하여 목적을 구명하는 방법이 있다.
· 목적의 우선순위결정–목적의 우선순위결정의 기준은 가장 많은 관심이 집중되어 있는 목적이 어느 것인지 판별하고, 가장 중요하고 강조해야 할 목적이 어느 것인지 분석한다.
· 우선순위분석–우선 순위가 결정되면 각각의 목적들을 정리하고 분석 · 종합한다.

③ 현재실태에 관한 자료수집

· 자료수집계획–일반적으로 요구사정에 있어서 자료를 수집하는 절차에는 첫째, 직접 관찰에 의한 방법, 둘째, 면접이나 질문지를 통해서 자료를 수집하는 방법, 셋째, 각종 문서나 보고서 등을 분석해서 그 속에서 자료를 추출하는 방법 등이 있다. 타당도나 신뢰도가 가장 높은 요구사정 기법으로서는 Delphai 방법과 Q분류기법 등이 있다.
· 절차의 타당성 검토–자료원은 표적 대상이 되는 사람, 프로그램, 그리고 조직의 세 가지에서 비롯되며 각각 자료를 수집할 시에 타당한 절차가

필요하다. 자료를 얻을 때는 문서를 통해서 간접적으로 얻거나, 사람을 직접 조사하여 얻는 방법이 있다. 사람을 대상으로 하는 경우엔 면접이나 질문지 등의 조사방법이 많이 활용된다.

- 자료의 수집과 분석–수집된 자료는 요구사정에 제시되는 교육과정 목적과 관련되어야 하며, 분석은 분명하고 객관적이며 구체적이어야 한다. 또한, 자료 분석에서는 주관과 편견이 가능한 한 철저하게 배제되어야 한다.
- 교육적 요구의 우선순위결정–목적에 대한 이상적인 소망상태가 구명되고 현재 실태에 관한 자료(목적과의 비교준거)가 수집되면 그 차이를 발견할 수 있다. 바로, 여기서 목적과 현재 실태 간의 차이가 요구다. 따라서 차이가 심한 내용 순위로 우선 순위가 결정된다.

교육적 요구의 제시방법으로서 현재 가장 널리 사용되고 있는 방법은 구체적인 변인들을 통해서 작성된 동일한 도구에서 현실에 대한 지각과 소망을 동시에 확인해 주는 방법이다. 즉, 진술된 목적에 비추어 어느 한쪽으로 기대수준 척도를 응답하게 하고, 다른 한편으로는 현실적인 수준을 파악하는 척도를 마련해 놓고 응답하게 하는 방식이다.

7 요구사정의 기법

요구사정의 타당성과 신뢰도를 높이는 최선의 방책은 요구사정에 적합한 기술적 방법을 선택 사용할 수 있는 능력에서 비롯된다.

요구사정의 기법으로는 Delphi방법, Q분류기법(Q-sort technique), 추세분석법(trend extrapolation) 등 여러 가지가 있으나 여기서는 가장 많이 사용되고 있는 두 가지 방법, 특히 Q분류기법을 보다 자세히 설명하기로 한다.

① Delphi방법

의견조사 방법으로 가장 전통적인 방법은 사람들이 모여서 의논을 하거나 질문지 조사를 통해 의견을 수렴하는 방식이라 할 수 있다. Delphi방법은 이러한 전통적인 방식에 비해 새로운 방식으로서 사람들이 모여서 의논하지 않고도 또 질문지 조사가 갖고 있는 단점을 배제하면서 효과적으로 의견을 수렴하는 방식이다.

그 절차로는 우선 해당 교육 분야의 전문가 집단을 선정하여 조사대상을 구성한 다음 주요 교육과정 문제에 대한 질문지를 송부하여 회수된 그 결과를 정리 재작성하여 다시 2차로 송부하고 문제의 중요도에 따라 등위를 매겨 평가하도록 부탁한다. 이어서 2차 조사 결과를 분석 요약된 결과를 3차 질문지로 작성 다시 송부하고 그 결과를 다시 분석하고 다수의 평가결과와 더불어 소수의견을 정리한 것을 제4차 질문지로 송부하여 평가의견 수정의 최후기회를 준다.

이와 같이 지역적으로 산재해 있는 다양한 집단의 많은 사람들의 의견을 수렴한다는 이점을 지니고 있다.

특히 시간적으로나 경비면에서도 비교적 경제적이며, 전문가들은 각자 자신들의 편리한 시간에 심사숙고하여 그들의 판단을 자유롭게 할 수 있다는 점에서 좋은 의견수렴법이라 할 수 있다.

반면, 요구사정 진술문이 모호하게 작성되어 그 뜻이 명확하지 않아 곡해될 수 있으며, 한번에 너무 많은 항목에 걸친 요구 조사를 시도할 때 비협조적 태도가 나타난다. 또한, 대상자를 잘못 선정했을 때 비전문가의 왜곡된 참여 가능성도 있다. 그리고, 조사 대상자 선정의 대표성을 확보하지 못할 때 생기는 편파된 의견수렴의 가능성이 있으며, 반복되는 통계적 처리, 우편 송부와 회송 등에 소요되는 번거로운 절차와 시간의 소요가 필요하다는 단점이 있다.

② Q분류기법

이 방법은 Thurstone의 11단계 태도측정법을 수정해서 Stephenson이 고안한 방법으로서 통계적 분석을 통해 목적의 등위를 정하려 할 때 사용된다. 즉 목적의 우선 순위를 결정하는 데 있어서 통계적 분석을 통한 객관성을 확보할 수 있다는 이점이 큰 방법이다. 절차로서는 각 목적에 대한 찬 · 반의 정도에 따라 10단계의 척도별 반응을 통계적(중앙치 Mdn과 사분편차 Q)으로 처리할 것이 요구된다.

(i) **척도구성의 절차**

· 의견의 수립의 단계–어떤 특정의 문제에 대한 의견을 될 수 있는대로 많이 수집한다. 보통 그 수는 100~150개이다. 수집된 의견 중 사실(fact)을 서술한 것(즉 의견이 아닌 것), 내용이 맞지 않는 것, 표현이 복잡해서 이해하기 곤란한 것, 어구나 말투가 지나치게 학술적 · 전문적인 것 등 의견의 찬부를 물어 보는 데에 부적절한 것들은 제외시킨다. 될 수 있는 대로 세세한 의견이 반영되게끔 노력한다.

· 판정자 그룹의 구성–여기에서 판정자라는 것은 태도 측정을 해 본 적이 있는 전문가를 말한다. 그러나 이와 같은 사람은 그리 많지 않기 때문에 그 문제에 관하여 바람직한 의견인지 아니면 바람직한 의견이 아닌지를 단계적으로 식별하여 평정을 할 수 있는 사람이면 좋다. 단 그 경우에 자기가 갖고 있는 의견과 혼돈됨이 없이 객관적으로 판단할 수 있는 사람에 한해야 된다. 보통 대학교육 이상을 받았거나 심리학 · 교육학 · 사회학 전공자가 바람직하며 인원수는 30~50명이 되어야 한다.

· 판정자의 의견분류–판정자 한 사람 한 사람은 의견수립의 단계에서 수집된 하나하나의 의견에 대해서 그 의견이 주제에 관하여 바람직한 의견인지 아닌지를 몇 단계로 나누어 평정하게 된다. 이 때에 의견 하나하나는 각각 1장의 카드에 미리 인쇄해 두는 것이 좋다. 한편 11장의 카드를 준비하여 거기에 각각 A, B, C,……K라고 기입한 카드를 첨부하여 배부한다. A의 카드에는 "A에 가까울수록 ~의 가치를 가장 높이 평가하고 있음을 나타낸다", F의 카드에는 "F에 가까울수록 중립적 의견을 나타낸다", K의 카드에는 "K에 가까울수록 ~의 가치를 가장 낮게 평가하고 있음을 나타낸다"라고 쓰여져 있고, 다른 카드에는 B, C, D, E, G……의 문자가 쓰여져 있을 뿐이다. 그런 후에 분류자에는 다음의 지시가 주어진다. 다음의 예에 있어서는 분류해야 할 의견이 130개인 경우다.

〈분류자에 대한 지시〉

① 여기에 130장의 카드가 있습니다. 각각 그 속에는 ~의 가치에 관한 의견이 1개씩 진술되어 있습니다. 이들 의견은 여러 사람으로부터 모은 것입니다.
② 이들 카드를 11단계로 분류하여 주십시오.
③ 별도로 A, B, C, D, E, F, G, H, I, J가 기록된 10장의 카드를 배부하겠으니, 우선 이 10장을 알파벳 순으로 나란히 펴 주십시오. A라고 쓰여진 카드 위에 130개의 의견 중, ~의 가치를 높이 평가하고 있는 의견이라고 생각되는 것을 골라서 두고, J의 카드 위에는, ~을 가장 경시하고 있는 의견이라고 생각되는 것을, 또 F의 카드 위에는 중립적인 의견을 두어 주십시오. 그 밖의 문자의 카드 위에는, 각 카드에 쓰여진 의견의 평가 정도에 따라 같은 방법으로 나란히 펼쳐 주십시오.
④ 결국 귀하는, 최고 A에서 최저 J를 포함한 10단계에 130개의 의견을 순서대로 나란히 펼쳐 놓은 셈이 됩니다.
⑤ 각 카드에 분류하는 의견 카드를 같은 수만큼씩 두어 통일하려고 해서는 안됩니다. 의견 카드는 각 단계에 평균적으로 분산되는 것은 아닙니다.
⑥ 제일 처음에, 의견카드를 한 번 읽어 보시고, 그 후에 닥치는대로 한 개씩 뽑아서 분류하는 쪽이 쉬울 것입니다.
⑦ 45분쯤이면 전부 분류됩니다.

(ii) 척도구성법

척도와 다의성(개인차 : 의견차)의 계산－앞서 판정자의 의견분류에 의해 각각의 의견에 30~50개(판정자 수만큼)의 태도치가 주어지고 있지만 여기에서 척도치와 의견차의 비율(Thurstone은 이것을 다의성〈objective criterion of ambiguity〉이라고 부르고 있다)을 계산하게 된다. 척도치는 평균치도 좋지만 일반적으로는 중앙치(median)로 나타낸다. 의견차의 비율은 표준편차가 좋지만 보통 사분편차(quartile deviation)로 나타내고 있다.

지금 척도치의 계산과 의견차의 비율의 계산방법을 구체적으로 예시하면 다음과 같다.

의견 : 현 교육과정은 국가나 사회적 요구를 잘 반영하고 있다.

이 의견에 대한 판정자 그룹의 판단 결과는 다음과 같이 나타났다고 하자(판정자는 50명).

표 5-2 위 의견에 대한 판정자의 판정빈도의 분포

단계 / 빈도수	← 긍정적이며 바람직한 의견					바람직하지 못한 부정적 의견 →				
	1	2	3	4	5	6	7	8	9	10
	A	B	C	D	E	F	G	H	I	J
판정빈도	8	20	14	5	2	0	1	0	0	0
누적빈도	8	28	42	47	49	49	50	50	50	50(명)

중앙치 Mdn=2.35(Mdn이 작을수록 긍정적)
4분편차 Q=0.726(Q가 클수록 의견차가 많다)

중앙치에 의해서 의견의 우선 순위가 정해지며 4분편차가 클수록 의견의 개인차가 크다는 사실을 시사해 준다.

결국 "현 교육과정은 국가나 사회적 요구를 잘 반영하고 있다"는 의견은 교육과정에 대한 태도를 구성하는 척도의 한 항목으로서 척도치 2.35, 다의성(의견차)의 지표로서 0.726을 가지는 셈이다.

- 척도의 구성-척도를 구성하는 항목은 20~30개 정도가 좋다. 그 때문에 우선, 다의성의 수치가 큰 것(의견차의 비율이 큰 것, 즉 사분편차의 값이 큰 것)을 우선 버린다. 버리는 규준은 없지만 40~50개 항목이 남을 정도의 규준을 정하는 것이 실제적이다. 다음에는 끝으로 남을 20~30개 항목이 되도록하면 등간격의 척도치를 갖게끔 한다.

Thurstone은, 인간의 태도는 본래 복합적인 것이어서 일반적인 태도형으로서는 측정될 수 없으나 특정의 차원에 입각할 때는 그 차원에 관한 한 극단적인 의견으로부터 반대되는 극단의 의견에 이르기까지 어디엔가 각자의 태도를 못박을 수 있다고 생각한 것이다.

각자의 태도를 태도연속체의 어디엔가에 못박아 그 위치를 파악하게 되면 사람들의 태도를 순위나 거리(또는 간격)로서 비교할 수 있게 된다. 문제는 척도의 단위인 것이다. 다수의 의견을 모으고 이것을 전문가에게 판정시켜 보면 그 평정치는 결코 무질서하게 분포되어 있지 않고 어떤 값의 근처에 높은 확률적 밀도로 분포되기 마련이다. 그 대표치를 척도치로 정하게 되면 타당성 있는 척도치가 될 것이다. 그러나 등간격으로 펼친 의견을 모아서 척도를 만들면 일정한 단위를 가진 동간척도가 된다고 생각한 것이다.

Thurstone법의 출현은 세상에 나온 이래로 의견측정의 역사에 있어서 획기적인 이정표 구실을 했다. 이 법이 나오기까지는, 태도는 각 연구자의 주관에 의해서 작성된 질문지에 의해서 측정하는 것에 불과하였다.

8 교육목적설정위원회의 과제

이 위원회는 교육과정의 전문가나 교육위원회의 장학관 · 장학사 · 학교장 같은 교육행정 관계자, 또는 각 학교의 교사대표, 필요에 따라 육성회 대표 등에 의해 구성되는 것이 보통이다. 목적위원회의 임무는 요구사정의 자료를 준거로 해서 교육과정 구성상의 기본적 문제나 방향을 결정한다. 그러므로 목적위원회의 기능을 충분히 발휘하기 위해 '특별위원회'라든가 각종의 '조사위원회' 등을 두는 것이 좋다.

교육목적 설정에 관한 구체적 방법은 제6장에서 자세히 논하고자 한다.

(2) 교육내용 선정과 조직위원회의 활동

이는 위의 목적위원회에서 설정한 방향에 따라 교육과정 개발의 실무적 역할을 담당하는 위원회로서, 교육과정전문가의 협력을 얻어 장학사나 교사 또는 기타 적당한 사람들에 의해 교육내용 선정과 조직위원회가 구성된다.

그러므로 교육과정 개발에 대한 목적위원회의 기초적 단계의 임무에 비해, 이 위원회는 개발의 실질적인 단계에 해당하는 임무를 수행하게 된다. 곧 목적위원회에서 설정한 교육목표와 조직의 형식 등에 대해 연구하고, 그것을 교육과정에 구체화하기 위해 사회조사나 학생조사를 실시하며 필요한 자료를 수집한다. 그리고 그들 자료에 의해 교육목표를 교육활동에 구체화하기 위해 학습내용을 선정하고 조직한다. 또 단원전개를 위한 학습과제 · 학습활동 · 학습자료 등을 제시하는 것이 이 위원회의 임무다. 이에 관한 자세한 설명은 제7장과 제8장에서 논하기로 한다.

(3) 실험과 개정위원회의 활동

교육내용 선정과 조직위원회에서 설계한 교육과정을 실제로 교실현장에서 수업을 통해 전개 · 실험해 보고 교육효과를 검증한 결과에 따라 시안적 교육과정의 문제점을 보완하고 개정하는 개정위원회 등이 후속활동으로 요구된다.

실험위원회에서 시행되는 단원계획과 전개 내지 수업과정은 제8장에서 자세히 논하고자 한다.

6

교육목표의 설정

1. 교육목표의 기능과 성격
2. 교육목표의 분류
3. 교육목표 설정

1. 교육목표의 기능과 성격

1) 교육목표의 개념

(1) 일반적인 의미

교육과정 개발이나 설계에 있어서 첫 단계는 교육목표를 설정하는 일이다. 교육목표란 '기대하는 교육의 성과'를 말하는 것이다. 따라서 설정된 교육의 목표와 교육행위에서 결과되는 학생들의 학습성과와 일치될 수 있다면 그것은 퍽 바람직한 일이다. 엄격히 따져서 교육목표와 실제로 나타난 교육성과는 차이가 있게 마련이다. 오늘의 학교교육 상황 속에서 실제의 성과가 교육목표를 완전히 달성하는 경우란 거의 없다. 그러므로 실제의 교육성과와 교육목표와의 거리가 짧을수록 교육의 전문성이 높이 평가되게 되는 셈이다. 교육목표와 성과와의 거리를 단축시킬 수 있는 중요한 조건의 하나는 교육목표→교육내용, 교육방법→성과의 평가간에 일관성을 유지하는 일이다. 그러므로 교육행위의 전문적 수준은 이 세 가지 일관성의 정도로 따져 볼 수 있다고 해도 과언은 아니다. 물론 이와 같은 명제는 타당한 교육목표가 설정되었다고 전제할 때 성립될 수 있는 것이다. 따라서 무엇을 교육목표라고 하느냐? 그것이 교육과정 속에서 어떠한 역할을 하는 것이냐에 대한 명확한 개념규정이 필요하게 된다.

(2) 교육목적과 교육목표의 개념적 차이

교육목적은 그 적용대상이 광범위하고 전체적인 경우의 방향제시를 의미하여 보다 포괄적, 추상적, 이념적, 장기적인 성격을 띠는 것으로, 국가나 사회적인 측면에서 타당하고 바람직한 가치 · 규범적인 개념인데 비하여, 교육목표는 보다 부분적, 구체적, 특수적, 단기적인 성격을 띠는 것으로, 주로 교육현장에서 학습자가 성취해야 할 행동특성과 관계되는 개념인 것이다.

그러나 교육의 실제에서는 교육목적이나 목표는, "이제부터의 학습활동을 통하여 성취해야 할 도달점"이라는 점에 있어서는 공통된 개념이므로 같은 의미로 사용하고 있는 경우가 많다.

영어에 있어서도 목적에 해당하는 용어로 purpose, aims 등을 들 수 있고, 목표에 해당하는 용어로 objectives를 들 수 있으나 이들을 명확하게 구별하기는 곤란하다. 따라서 여기서는 이들을 엄격하게 구별하지 않고 사용하기로 하겠다.

(3) 교육목적의 개념

Peters에 의하면 교육의 본질적인 개념과 교육목적의 개념은 동일하다. 즉, "교육이란 무엇인가?"라는 물음과 "교육은 왜 하느냐"라는 물음에 대한 답은 같은 것이라고 말할 수 있다. 따라서 목적의 개념은 교육의 개념에 내포된 개념이라 하겠다.

2) 교육목표의 기능

교육목표는 교육과정을 구성함에 있어서 학습경험이나 교육내용의 조직의 요인이라기보다는 그것들을 선정하고 계획하며 전개 평가하는 방향을 설정하는 데에 하나의 지침(guide line)으로 보아야 할 것이다.

(1) Ragan의 세 가지 기능

① 교육목표는 바람직한 성장이 이루어져 나아갈 방향을 규명해 준다.

학습자들은 일상의 생활활동과 경험을 통해서 여러 가지를 배우지만 그것이 어떤 특정한 가치를 성취하기 위해서 계획되고 지도된 경험이 아니기 때문에 비교육적인 것이 되기 쉽다. 따라서 교사는 사회의 대행자로서 어떤 종류의 경험이 교육적이며 교육적이 아닌지에 관한 결정을 내려야 할 책임이 있는 것이다. 여기에서 교육목표는 사회에서 높이 평가받고 있는 가치를 성취할 수 있는 방향을 잡아 주는 것이다.

② 교육목표는 학습경험을 선정할 근거를 마련해 준다.

학교로서 볼 때 학습시켜 줄 흥미 있는 일들이 너무나 많기 때문에 교사로서는 가장 중요하고 학습자들이 배워야 될 것이라고 생각되는 학습경험들을 선정할 근거가 필요하다. 교육목표는 그 근거가 되는 것이며, 학습내용의 선정 뿐만 아니라 더 나아가서 학습방법에까지 좋은 암시를 준다.

③ 교육목표는 학습의 평가를 위한 근거를 마련해 준다.

교육목표는 학교가 학생들에게 중요하다고 생각되는 지식, 기능, 태도, 기타 행동형 등을 지지해 주고 있다. 따라서 학생들이 학습성취도를 평가한다는 것은 바로 기르고자 하는 행동형들이 어느 정도의 진보를 하였는가를 알고자 하는 것이다.

(2) Saylor의 네 가지 기능

① 교육과정 결정(curriculum decision)을 위한 기초로서 어떤 선택이 바라는 교육성과의 실현에 가장 기여하겠는가에 대한 것

② 학습자 목표설정의 지침으로서 학생들은 그들의 최대한의 성장을 가져올 수 있도록 교육의 근본목적과 합치되는 목표를 설정하고 있는가에 대한 것

③ 교육계획의 적절성과 타당성을 판정하는 기준으로서 학교가 추구해야 될 모든 바람직한 성과들을 학생들의 경험으로서 제공되고 있는가에 대한 것

④ 학습자의 성장 · 발달을 판정하기 위한 기준으로서 학습자들은 바람직한 성과를 얻고 있는가에 대한 것

이상과 같이 교육목표는 교육활동의 성과를 판정해 내는 기준이 되는 것이기

때문에 그것을 분명하게 인식하지 않고서는 제아무리 좋은 교육활동을 전개했다 하더라도 학생의 진보나 성장도를 평가할 수 없는 것이다. 또한 학교의 교육목표는 학교가 학생들에게 이루고자 하는 바를 표시해 놓은 것이기도 하다. 그러기에 교육평가는 이미 설정해 놓은 목표를 얼마나 성공적으로 수행했느냐 하는 것을 결정짓는 데 있는 것이다.

3) 교육목표의 성격

(1) 교육목표의 인본주의적 성격

교육은 참된 인생, 이상적 인격의 도야에 목적을 두어야 한다는 입장이 있다. 즉, 교육은 개인적 발전을 위해서 이루어져야지 다시 어떠한 수단이 되어서도 안 된다는 목적론을 찾아볼 수 있다. 교육목적을 착한 사람, 훌륭한 사람을 기르는 데 강조점을 둔 역사는 매우 깊다고 하겠다. 따라서 우리가 교육목표를 설정하거나 진술하고자 할 때에는 이러한 교육목표의 인본주의적 · 도덕적 성격을 중요시하지 않을 수 없는 것이다.

(2) 교육목표의 문화적 성격

우리는 교육의 본질을 문화의 번식에 있다는 Spranger의 입장을 지지한다면 교육목표의 문화적 성격 역시 중요시하지 않을 수 없다. 즉, 문화의 전달 · 계승 · 창조를 위한 교육활동을 중요하다고 보는 이상 교육목표의 문화적 성격은 소홀히 취급될 수 없다고 하겠다.

(3) 교육목표의 사회적 성격

교육목적이 사회의 이념적 성격을 반영할 때가 많다. 이는 교육의 사회적 기능에 비추어 볼 때 불가피하다고 본다. 교육을 통해서만 진정한 사회발전이 이루어진다고 본다면 교육에서 강조되는 목적은 마땅히 사회적 성격을 나타내지 않을 수 없는 것이다.

(4) 교육목표의 정치적 성격

교육의 헌정질서 · 체제의 현상적 유지 기능에 비추어 볼 때, 민족 · 국가 · 체제가 교육을 통해서 구현하고자 하는 제 이념은 곧 교육목표로 반영되기 마련이다.

이러한 교육목표의 정치적 성격은 최근 수십 년 동안에 있었던 냉전과 열전, 그리고 이데올로기 투쟁이 빚어낸 새로운 국면이라 볼 수 있다.

(5) 교육목표의 실용주의적 성격

오늘날 교육에서 강조되는 점은 아는 것보다도 행하는 일이다. 따라서 교육의 목표도, 단순한 지식의 습득에 한하지 않고 현재의 생활에 보탬이 되고 응용 실천될 수 있는 실용성이 강조되고 있다. 이러한 교육목표의 실용주의적 성격은 근세 이후, 특히 미국의 진보주의 교육운동 하에서 크게 강조되었다.

2. 교육목표의 분류

교육목표는 그것이 적용되는 범위 또는 성질에 따라 여러 가지로 분류할 수 있다. 여기에서는 그 분류의 기준으로 서열적 기준에서의 분류와 적용범위와 대상에 따른 분류 및 몇몇 학자들에 의한 분류로 나누어 살펴보기로 하겠다.

1) 서열적 기준에 따른 분류

교육목표를 서열적 견지에서 분류해 보면 일반목표와 특수목표로 나눌 수 있다. 일반목표는 추상적, 집단적, 전체적, 계속적인 특징을 지니고 있으며, 특수목표는 구체적, 개별적, 부분적, 일시적인 특징을 지니고 있다.

학교의 교육 전체를 통한 공통적인 목표, 즉 어느 학년이나 어느 교과에 구애됨이 없이 길러야 할 공통특성인 일반목표가 있고 그 일반목표를 달성하기 위한 분절목표로서 학년별 목표, 교과별 목표, 특수아 교육의 목표, 학급별 목표 등의 특수목표로 나누어진다.

또한 교과별로 보아도 이와 같은 계열성은 마찬가지다. 가령 국어과의 예를 들어 보면 국어과의 일반목표는 "일상생활에 필요한 국어를 정확하게 이해하여 사용할 수 있는 능력을 기른다"라 할 때 이 일반목표를 달성하기 위한 분절목표로 국어과의 사대 기능인 말하기, 듣기, 읽기, 쓰기 등의 특수목표가 성립되는 것이다.

그리고 단원 단위에서도 일반목표와 특수목표의 분할은 마찬가지다. 즉, 그 단원 전체를 통해서 길러야 할 성취목표가 일반목표인가 하면 차시별로 전개되는 분절목표가 특수목표인 것이다.

2) 적용범위와 대상에 따른 분류

교육목표는 그 적용의 범위와 대상 또는 성질에 따라 국가 교육목표, 지방 교육목표, 학교, 학년, 교과, 단원, 시간 등의 목표로 나누어 볼 수 있는데, 이를 단계적 현지에서의 교육목표라 하며, 이러한 여러 단계의 교육목표는 상호관련과 일관성이 있어야 한다. 각 단계별 목표의 특성은 다음과 같다.

(1) 국가 교육목표

이것은 국가사회적 차원에서 설정한 목표로서 모든 국가 사회 내에서 교육을 통하여 달성하고자 하는 방향의 제시다. 우리나라 교육기본법 제12조를 비롯하여 해마다 정해지는 교육부의 장학목표 그리고 각급학교 교육과정령의 총론에 명시한 교육과정의 일반목표 등은 모두 여기에 속하는 목표들이다.

(2) 지방 교육목표

각 시 · 도교육위원회를 단위로 각 지방교육행정단위로 그 지역사회의 특성에 따라 설정되는 교육목표다. 가령 서울시교육위원회라든가, 각 교육위원회 단위로 정하는 장학목표 등이 여기에 속한다.

(3) 학교 교육목표

학교가 지니고 있는 특수성에 따라 그 학교의 교육수준, 교육의 성격, 수용된 학생의 특성, 학교지역의 사회적 특수성에 따라 학교단위로 설정하는 교육목표다. 학교 교육목표는 학교 전교생을 대상으로 하는 목표이므로 포괄적인 일반목표를 설정하고 이것을 달성하기 위한 구체적인 특수목표가 정해지는 것이 일반적 경향이다.

(4) 학년 교육목표

학년 고저에 따라 학습자들의 심리적인 특성과 사회적인 요구, 그리고 그 학교 전체 교육계획에 비추어 각 학년별로 알맞게 교육목표를 설정하는 것이다.

(5) 학과 교육목표

각 교과별로 특수성에 따라 교육목표가 설정된다. 교과별 목표에는 학년별 목표와 학교 전체의 교육목표를 배려해야 함은 물론이고 국가가 정한 교육과정령에 명시된 각 교과별 목표가 그 기초가 된다.

(6) 단원 교육목표

단원의 목표는 그 단원이 속해 있는 교과의 목표를 감안하고 학습자의 심리적 · 사회적 요구와 필요 및 단원내용에 따라 교육목표, 즉 단원학습의 목표가 설정된다. 대단원 속에 소단원이 속해 있다면 대단원의 교육목표는 보다 광범위하게 정해지고 소단원의 목표는 대단원의 목표 속에서 도출되는 것이니 대단원의 목표를 그 단원의 일반목표로 보면 소단원의 목표는 상대적으로 특수목표에 해당되는 것이다.

(7) 시간 교육목표

각 수업시간을 단위로 하는 목표인 바, 통상 그 시간의 학습목표가 여기에 속한다. 시간의 목표는 그 시간에 학습될 내용이 속해 있는 전체 단원의 목표의 일부가 적용되는 것이 보통이며 따라서 한 단원의 목표는 몇 개의 시간목표 달성의 종합으로 달성하게 된다.

3) Bloom의 분류

(1) 분류의 원칙

Bloom과 그 동료들은 다음과 같은 원칙하에서 교육목표의 분류를 시도하였다.

① 행동의 분류는 주로 현존하는 교육기관 및 교육 프로그램에서 사용될 것이기 때문에 종목간의 구분은 대체로 교사들이 학생의 행동을 구분할 때 쓰는 것이 좋다.

② 분류의 논리적 서순을 가져오지 않아야 하며 내적 일관성이 있어야 한다. 따라서 분류에 사용되는 용어는 처음에서 끝까지 일관성있게 정의되고 사용되

어야 한다.

③ 분류는 심리학적 타당성을 가지고 있어야 한다. 그러므로, 아무리 교사들이 구분해서 말하는 행동류목이라 하더라도 심리학의 지지를 받을 수 없는 것이라면 소용이 없다.

④ 교육목표 분류는 모든 교육목표가 고루 포함될 수 있는 분류체계를 가져야 한다.

이와 같은 분류원칙에 따라 Bloom과 그의 동료들은 행동의 영역을 세 가지로 나누어 지적 영역(cognitive domain), 정의적 영역(affective domain), 심신기능적 영역(혹은 운동기능적 영역, psycho-motor domain)으로 분류하였으며, 그 골자를 소개하면 다음과 같다.

(2) 지적 영역

지적 영역은 복합성의 원칙(principle of complexity)에 따라 분류하였다.

1 지식(knowledge)

인지나 재생에 의하여 아이디어나 자료 또는 현상을 기억해 내는 행동을 말한다.

① 특수사상에 관한 지식(knowledge of specifics)은 구체적이며 단편적인 정보를 재생하는 행동을 말한다.

② 용어에 관한 지식(knowledge of terminology)은 언어 또는 비언어적 기호로 표시되는 특수사상에 관한 지식이다.

(목표 예 : 평면도에 관한 용어를 이해한다.)

③ 특수사실에 관한 지식(knowledge of specific facts)은 일자, 사건, 인물, 장소, 정보원에 관한 지식이다.

(목표 예 : 우리나라 동서해안의 지형적 특징에 관한 정보를 재생한다)

④ 특수사상을 다루는 방법과 수단에 관한 지식(knowledge of ways and means of dealing with specifics)은 아이디어 및 현상을 조직하고 연구하며, 판단하고 비판

하는 방법에 관한 지식이다.

⑤ 형식 및 관례에 관한 지식(knowledge of conventions)은 아이디어, 현상을 정리하고 제공하는 특징적 방법에 관한 지식이다.

(목표 예 : 시, 희곡, 과학적 논문 등의 형성에 익숙하게 한다)

⑥ 경향과 순서에 관한 지식(knowledge of trends and sequences)은 시간적인 면에서 본 현상의 과정, 방향, 운동에 관한 지식)

(목표 예 : 불교가 우리나라 문화에 미친 영향에 관해서 안다. 인간의 모든 행동은 원인을 가지고 있다는 것을 안다)

⑦ 분류와 유목에 관한 지식(knowledge of classification and categories)은 일정한 대상 분야, 목적, 논의, 문제에 기본적이거나 유용하다고 여겨지는 항목, 종속(sets) 구분, 배열에 관한 지식이다.

(목표 예 : 여러 가지 종류의 단체의 특색에 익숙하게 한다)

⑧ 준거에 의한 지식(knowledge of criteria)은 사실, 원리, 의견, 행위를 검증하고 판단하는 기준에 관한 지식이다.

(목표 예 : 예술작품을 판단하는 데 사용되는 기본요소(균형성, 통일성, 율동성 등에 관한 지식을 안다)

⑨ 방법론에 관한 지식(knowledge of methodology)은 특정 교과 영역에서는 물론 특정문제나 현상을 탐구하는 데 사용되는 연구방법, 기술, 절차에 관한 지식이다.

(목표 예 : 동물의 생태에 관한 연구방법을 안다)

⑩ 보편적 · 추상적 사상에 관한 지식(knowledge of the universals and abstractions in a field)은 현상과 개념들이 조직되는 주요개념, 체계 및 형태에 관한 지식이다.

⑪ 원리 및 통칙에 관한 지식(knowledge of principles and generalizations)은 관찰된 현상을 요약한 특정 추상개념에 관한 지식이다.

⑫ 유전에 관한 지식(knowledge of theories and structures)은 복합현상, 문제, 학문 분야에 대한 명백하고 원숙한 체계적인 견해를 나타내는 원리 및 통칙의 체계와 그 상호관계에 관한 지식이다.

(목표 예 : 인류발생에 관한 주요 학설을 상기한다)

[2] 이해력(comprehension)

이해력은 그 속에 번역능력, 해석력, 추론능력이 포함된다.

① 변환(translation)은 어떤 자료를 원래와는 다른 언어 및 다른 형태의 자료로 바꾸어 놓을 수 있는 능력을 말한다.

(목표 예 : 삽화, 지도, 표, 도형, 도표, 수식 등 기호형태로 표현된 관계를 언어적인 형태로 바꾸어 놓는 능력, 또는 정의 그대로가 아닌 은유, 상징, 반어법, 과장을 보통 문체로 바꾸어 놓는 능력 등이다)

② 해석(interpretation)은 자료의 주요부분을 파악하고 그 부분간의 관계를 해득하고 그것을 재조직함으로써 그 자료에 포함된 내용에 대해 어떤 전체적 견해를 가질 수 있는 능력이다.

(목표 예 : 문학작품 속에 흐르는 작가의 이상을 전체적으로 파악하는 능력 또는 여러 가지 형태의 사회적인 자료를 해석하는 능력)

③ 추론(extrapolation)은 자료에 담겨진 경향, 추세 또는 조건들을 해득하고 이에 입각해서 추정을 하거나 예언하는 능력이다.

(목표 예 : 나타난 진술로부터 직접 추론해서 결론을 내리는 능력이나 또는 경향 및 추세를 투사하여 장래를 예언하는 능력 등이다)

[3] 적용력(application)

방법, 원리, 학설, 추상개념의 이해를 기초로 하여 새로운 문제사태에 봉착했을 때 그 방법, 원리, 학설, 개념을 적용하여 문제를 해결하는 능력이다.

(목표 예 : 시민적 자유와 권리에 대한 개념을 시사문제에 관련시킬 수 있는 능력)

[4] 분석력(analysis)

이해력이나 적용력보다 약간 높은 수준에 있는 기능이다. 분석력은 자료를 그 구성부분으로 분해하고 부분간의 관계와 그것이 조직되어 있는 방식을 발견해 내는 능력이다.

① 요소의 분석력(analysis of elements)은 가설과 사실을 가려내는 능력이다.

② 관계의 분석력(Analysis of Relationships)은 판단을 타당화하는 데 어떤 특수사상이 관계되는가를 인식하는 능력, 또는 한 주장 속에서 이론적 오류를 발견하

는 능력이다.

③ 조직원리의 분석력(analysis of organization principles)은 역사적 기술에서 필자의 견해나 편견을 인식하는 능력이다.

5 종합력(synthesis)

여러 개의 요소나 부분을 전체로서의 하나가 되도록 묶는 능력이며 창의적 능력을 포함하는 행동이다.

① 독특한 의사전달의 구안(production of a unique communication)은 자기경험을 독특한 표현으로 이야기하는 능력, 또는 가사에 곡을 붙이는 간단한 작곡능력이다.

② 계획 및 시행 절차의 구안(production of a plan, or proposed set of operations)은 가설, 검증방법을 제시하는 능력이나 또는 조작수행을 위하여 간단한 기계를 고안하는 능력이나, 주어진 명세에 따라 건축을 설계하는 능력 등이다.

③ 추상관계의 도출(derivatin of a set of abstract relations)은 경험이 하나의 개념구조로 조직될 수 있는 여러 가지 가능한 길을 인식하는 능력이다.

6 평가력(evaluation)

어떤 목적으로 아이디어, 작품 해답 방법, 소재 등의 가치를 판단하는 능력이다.

① 내적 증거에 의한 판단(judgments in terms of internal evidence)은 합리적인 정확성, 일관성, 기타 내적 증거에 의한 의사전달 자료의 평가다.

(목표 예 : 작품의 판정에 일정한 기준을 적용하는 능력)

② 외적 준거에 관한 판단(judgements in terms of external criteria)은 선정된 준거나 기억된 준거에 의한 평가다.

(목표 예 : 사람들이 가지는 건강에 대한 신념을 비판적으로 평가하는 능력이나 또는 스스로 키운 표준을 일상 환경정리를 위한 물건의 선택과 사용에 적용하는 능력)

이상 소개한 지적 영역의 행동분류는 실제 교육목표에 적용하려고 할 때 많은 난관에 부딪히게 된다. 그것은 다음 두 가지의 이유가 있다. 하나는 우리가 교육목표 분류를 완전히 이해하지 못한 데 있고, 또 하나는 Bloom의 분류 자체가 완전한 것이 아니어서 분류된 행동류목간에 정밀한 구분이 되지 않은 데에 기인한다.

다음의 정의적 영역은 이러한 기술적 문제가 더욱 심각해진다.

(3) 정의적 영역

정의적 영역은 지적 특성과는 달리 내면화의 원칙(principle of internalization)에 따라서 분류하였다.

1 감수(receiving) **혹은 주의**(attending)

① 감수(awareness)

② 자진감수(willingness of receive)

③ 주의집중(controlled or selected attention)

이 단계는 학습자가 어떤 현상이나 자극에 대하여 인지적으로 받아들이는 것을 의미한다. 이 감수를 위해서는 학습자의 받아들이고자 하는 의식과 주의 집중과 동기가 필요하다.

2 반응(responding)

① 묵종반응(acquiescence in responding)

② 자진반응(willingness to responding)

③ 만족(satisfaction in response)

이 단계는 학습자가 현상이나 자극에 대하여 주의를 기울이는 정도를 넘어 하나의 활동으로 반응을 일으켜 내면화 과정에서 좀 더 깊은 단계로의 진전을 보인다.

3 가치화(valuing)

① 가치수용(acceptance of a value)

② 가치선택(preference for a value)

③ 확신(commitment or conviction)

이 단계는 학습자가 감수나 반응을 거쳐 얻은 결과를 자기 것으로 만드는 과정이라고 할 수 있다. 좋아하고, 싫어하고, 수긍이 가고, 공감할 수 있고, 뿐만 아니라 어떤 특성이 개인에게 가치화되려면 소속한 집단의 동의는 물론, 개인이 가진 내면적인 가치와 일관성을 가지고 있어야 한다. 가치화는 자신의 확신이다.

4 조직화(organization)

① 가치의 개념화(conceptualization of a value)

② 가치체계의 조직(organization of a value system)

이 단계는 여러 가지를 하나의 체계로 조직하고 상호관련을 지어 나가는 과정을 의미한다. 학습자가 여러 가지를 내면화해 감에 따라 그는 하나 이상의 가치가 관련되는 사태에 당면하게 되며 받아들여진 가치에 대한 명백한 개념이 서 있어야 함은 물론, 가치 사이의 상호관련성을 찾을 수 있어야만 거기에서 하나의 복합적인 가치로서 조직이 이루어진다.

5 인격화(characterization)

① 일반화된 행동태세(generalized set)

② 인격화(characterization)

이는 내면화 과정의 최종단계로서 이 단계에 도달하면 학습자의 여러 행동을 통제하거나 영향을 줄 수 있는 특성으로 존재하게 된다. 뿐만 아니라, 이 단계에 도달하게 된 정의적 특성은 오래도록 개인에게 머무르면서 행동을 통제하고 지배한다.

(4) 운동기능적 영역

운동(심신)기능적 영역의 분류는 Bloom 등의 이 같은 분류방식에 따라

Simpson(1966), Harrow(1972) 등에 의해 시도되고 있는데, 여기에서는 Harrow에 의한 분류를 소개하기로 하겠다.

1 반사적 운동(reflex movements)

이것은 눈을 깜박이는 것과 같이 한 개인의 의사와 관계없이 나타나는 동작을 의미한다. 따라서 이는 훈련이나 교육에 의해서 발달되는 것이 아니므로 교수목표로 설정될 수 없는 행동이지만 적절한 반사적 운동들은 보다 높은 수준의 운동기능의 기초가 된다.

① 소분절적 반사
② 중분절적 반사
③ 초분절적 반사

2 초보적 기초동작(basic-fundamental movements)

이 수준의 학습은 반사적 운동들의 통합으로 이루어지며 높은 수준의 운동기능 발달에 기초가 된다. 예를 들면 걷는 것, 뛰는 것, 손가락을 움직이는 것 또는 손으로 잡는 운동이 이 수준에 속한다.

① 이동동작
② 입상동작
③ 조작동작

3 운동지각능력(perceptual abilities)

이는 시각적, 청각적 및 촉각적 자극을 해석하고 환경에 대한 운동을 조정하는 기능으로, 예를 들면 지시에 의해서 불을 피한다든가 또는 잡는 동작과 촉각을 통해서 옷감의 이름을 알아낸다든가 또는 줄넘기와 같은 지학운동을 요구하는 기능을 포함한다.

① 근육감각을 통한 변별
② 시각을 통한 변별

③ 청각을 통한 변별

④ 촉각을 통한 변별

⑤ 협응운동능력

4 신체적 기능(physical abilities)

이는 상당히 숙련된 운동을 하는데 필요한 스태미나와 기능을 포함한다. 계속적인 체력과 근육운동, 운동의 민첩성 또는 여러 운동기능과 유연한 통합을 요구하는 활동 등은 이러한 신체적 기능을 요구한다.

① 지구력

② 체력

③ 유연성

④ 민첩성

5 숙련된 운동기능(skilled movements)

이는 운동과 구체적 기능을 요구하는 복잡한 운동기능을 실천하는 데 나타나는 능률성, 우수성 및 숙련성의 정도를 나타낸다. 댄서나 운동선수에서 나타나는 세련된 운동기능은 이 수준에 속하는 예가 된다.

① 단순적응 기능

② 혼성적응 기능

③ 복합적응 기능

6 동작적 의사소통(non-disoursive communication)

이는 얼굴의 표정과 몸의 동작에서부터 발레에 나타나는 복잡한 운동 등을 포함하는 신체적 운동을 통한 의사소통의 운동기능이다.

① 표현동작

② 해석동작

3. 교육목표의 설정

1) 교육목표 설정의 일반적 동향

오늘날 세계 각국의 교육목표 설정의 일반적 동향은 다음과 같다.

① 모든 나라에서 교육의 목표를 단순히 지적인 면에만 국한하지 않고 피교육자의 다방면적 발달을 기한다는 방향을 세우고 있다. 즉, 정신적 · 정서적 · 심리적인 발전을 도모하고 있음은 물론이고, 특히 신체면의 건전한 발달을 도모하고 있다.

② 사회성원으로서의 자질을 배양해야 한다함에 많은 나라들에서 역점을 두고 있다. 즉, 이것은 자유주의 사회에서나 사회주의 사회에서도 각 개인을 사회성원으로서의 자질을 갖도록 한다는 점을 교육목표에 포함시키고 있다.

③ 교육을 장차의 성인생활에 필요한 준비로 보지 않고 현재의 생활을 의미있게 보내도록 하는 데 목표를 세우고 있다.

④ 피교육자의 발달단계별 요구나 흥미를 과학적으로 연구 고려하여 교육의 목표를 세우는 경향이 없지 않다.

⑤ 기본적 인권이나 개인의 존엄성을 존중하는 민주시민을 육성하는 것이 교육목표의 근간이 되고 있다.

2) 교육목표 설정의 원리

바람직한 교육목표를 설정하기 위한 제 원리는 다음과 같다.

① 교육목표는 교육을 받을 개인의 내재적 능력과 요구를 토대로 하여 세워져야 한다. 그리고 목표는 교육을 받는 학생의 활동과 공통 협력할 수 있는 방법이

될 수 있어야 할 뿐 아니라, 학생의 여러 가지 능력을 발휘하게끔 조직하는데 어떠한 환경이 필요한가 하는 것을 시사해 주어야 한다.

② 교육목표는 올바른 교육철학을 바탕으로 세워져야 한다. 교육의 대상은 인간이다. 인간의 생의 문제나 가치관에 있어서는 교육철학적 문제가 허다하다. 그러므로 교육에 있어서 철학관이 목표에 반영될 것임은 물론이다.

③ 교육목표는 문화유산 · 지역성 · 시대성 · 현실성에 비추어 타당성이 있어야 할 뿐 아니라, 당시 사회에서의 사회적 요구에 비추어 타당성이 있는 것이라야 한다.

④ 교육목표는 학습경험을 선택할 근거를 마련해 줄 뿐만 아니라, 학습심리에 비추어 타당성이 인정되어야 한다. 그러나 목표는 학습자의 발달 수준에 부합하지 않으면 아니 된다.

⑤ 교육목표는 하나의 교육목표가 달성되면 그 결과에 따라 새로운 다음 목표가 설정되어야 한다. 그리하여 이와 같은 목표의 설정이 단계적으로 연속성을 가져야 한다. 그리고 각 목표 간에는 서로 모순되고 갈등되는 것이 없어야 한다.

⑥ 교육목표는 교육평가의 근원이며 척도기준이다. 따라서 목표는 학습자에게 중요하다고 여겨지는 지식 · 기능 · 태도 · 행동유형을 제시해 줄 수 있어야 한다.

⑦ 교육목표란 신축성이 있어야 하며, 경우에 따라서 수정될 수 있어야 한다. 목표란 상황과 조건을 좋은 방향으로 인도하기 위하여 이를 다루는 한 방법인 것이다. 따라서 목표는 실제 체험에 의하여 꾸준히 발전되어 가는 것이다.

3) 교육목표 설정의 일반적 절차

교육목표 설정의 일반적 절차는 다음과 같다.

(1) 교육목표 연구집단을 구성

먼저 교육목표 연구를 위한 연구집단을 조직한다. 이 때 연구집단 조직은 경우에 따라서는 몇 개의 소분과를 두기도 한다. 이 때 각 분과 인원수는 교육목표의 단계로 본 규모나 학교의 규모에 따라 일정치는 않지만 6~12명 정도로 하는 것이 바람직하다.

(2) 교육목표의 자원을 확보

각 분과별로 교육목표의 제 자원을 수집하여 확보한다. 가령 아동조사 연구분과의 경우, 학습자의 성장 · 발달의 심리적인 제반 요인, 능력, 동기, 흥미, 관심, 요구 등 여러 방법을 활용하여 다각적으로 연구하여 교육목표의 기초자원을 확보한다.

교육목표 도출을 위한 자원에 대해서는 여러 학자들에 의해 많은 제안들이 나오고 있지만 특히 Ragan은 ① 당대사회의 실정과 요구, ② 학습자의 요구, 흥미, 능력, 동기, 태도, 상태, 문제점 등, ③ 교육목표의 방향을 시사하는 교육철학, ④ 각 특수별 기능, ⑤ 학습심리의 타당성 등을 열거하고 있으며, Tyler는 ① 국가이념, ② 사회문화적인 필요와 요청, ③ 학생의 발전적 필요와의 일치, ④ 학생들을 학문탐구의 세계로 안내하기 위한 교과면의 타당성, ⑤ 일관성 있는 교육철학에의 타당성 등을 열거하고 있다.

(3) 교육목표의 추출

위에서 수집 확보한 각종 자원 속에서 바람직한 교육목표를 추출하는 작업을 한다. 여기서 이루어지는 작업이야말로 교육목표 연구가의 전문적 소양이 필요하다. 교사는 전문가와 같이 통찰력과 창의성과 그리고 자신의 교육철학을 최대한으로 발휘해야 한다.

한편 확보된 목표자료에서 교육목표를 추출하고자 할 때는 위에서 언급된 교육목표 설정의 제 원리에 입각하여 그 타당성이 검토되어야 한다.

(4) 추출된 교육목표의 종합, 분석, 정리, 검증

이 단계에서는 위에서 추출한 여러 가지 목표들을 먼저 중점적으로 종합 정리한다. 이 때 특히 강조할 것은 이런 목표들의 타당성이 검증되어야 한다.

이렇게 하여 유사한 목표들은 한데 묶고 상호 모순이나 대립되는 것은 적절하게 조정하며, 교육적 가치가 별로 없는 것은 삭제해 버린다. 또 이러한 작업을 각 분과별로도 진행되어야 하고 다음에는 합동으로 종합적 검토가 있어야 한다.

(5) 교육목표의 진술

이 단계에는 연구자 전원이 참가할 필요는 없다. 각 분과별로 대표자 한두 명씩과 특히 문장구성에 재능을 가진 자가 협력해서 기술하면 된다.

교육목표의 진술은 그 기준에 맞게 진술되어야 한다.

4) 교육목표 설정의 제 방법

(1) 전문가 중심의 의견조사

이것은 유효하게 토의할 수 있는 적당한 인원으로 교육목표설정위원회를 구성해 놓고, 각 위원들이 교육목표에 대한 의견을 모아서 이것을 회의에 붙여 설정하는 방법인데, 간편하므로 많이 사용되나 주관에 흐르기 쉬운 결점이 있다. 그러므로 이와 같은 주관적 결점을 덜기 위하여 교육목표에 관한 광범한 여론조사를 배경으로 하는 설정법도 있으나 이것도 의견의 수는 늘어도 주관적 의견의 수집이라는 점은 동일하다.

(2) 사회실태 조사법

이 방법은 사회기능별로 혹은 사회영역별(건강 · 경제 · 인간관계 · 정치 · 문화 등의 제 영역)으로 나누어서 질문지 · 면접 · 관찰 등의 방법으로 사회실태를 조사하여, 사회가 지니고 있는 당면 문제와 해결해야 할 과제를 분석한다. 분석된 과제 중 이 과제를 해결하는 데 피교육자에게 우선적으로 요구되는 지식 · 기능 · 태도 등을 교육목표로 설정하는 방법을 말한다.

(3) 인간생활 활동분석법

이 방법은 전형적인 인간의 생활활동 영역을 광범위하게 분석하여 이것을 사회적 유용도의 순서로 배열하고 또다시 피교육자들에의 유용순서로 수정하고 그 중에서 가정이나 사회에서 습득되는 것은 제외하고, 학교에서 지도해야 할 가장 중요한 항목만을 정하여 피교육자들의 발달 계열에 맞추어 교육목표로 정하는 방법이다.

5) 교육목표 진술의 방법

(1) 교육목표 진술의 일반적 원리

[1] 구체성의 원리

교육목표는 학습경험의 결정과 지도에 명확한 시사를 줄 수 있는 정도로 구체적이고 명료한 행동적 용어로 진술되어야 한다.

흔히 교육목표라고 하면 '전인교육', '도덕심 함양', '애국애족의 정신 함양' 등 광범하게 해석할 수 있는 용어로 표시하고 있다. 그러나 그러한 목적진술방법은 오히려 목표를 흐리게 하거나 목표를 무효화할 위험성이 있게 된다.

왜냐하면 교육목표는 전체 교육의 과정에 있어서 일관성있게 구체적인 지침의 역할을 해야 하는 것인데 위에 제시한 목표로는 교사에 따라 여러 가지 다른 의미로 해석될 수 있고, 따라서 목표진술에 최적한 학습경험을 찾아내는 데 곤란을 느끼게 한다.

따라서 교육목표는 어느 누구에게나 같은 뜻으로 해석될 수 있게끔 명료하게 진술하여야 하며 되도록이면 관찰될 수 있게끔 가시적이며 행동적으로 진술하여야 한다. 나아가서는 교육성과의 판정 기준, 즉 도달도 수준의 평가가 용이하게끔 내용과 행동의 진술이 다같이 포함되어야 한다.

2 포괄성의 원리

교육목표는 넓은 행동특성의 변화를 충분히 내포할 수 있도록 포괄적으로 진술하여야 한다.

학교는 단편적인 지식의 기억이나 이해만을 강조하는 데 그쳐서는 안 된다. 그것이 교육목표의 포괄성의 결여다. 학교에 대한 사회의 기대는 단편적인 지식 이상의 것이다. 지식교육의 면에서도 기본적인 지식의 이해뿐 아니라 원리의 응용력, 분석력, 종합력 등 오늘의 사회가 요청하는 고등정신기능의 교육은 학교의 중요한 책임이다.

여러 학교의 교육목표 진술을 보면 대개의 경향 혹은 강조하는 바가 지식기능의 발달을 중점으로 하여 문화유산의 전달, 지적 성장 등에 치우치고 있다는 사실을 부정하기 곤란하다. 그러나 인간을 통합된 유기체로서의 전체성을 강조하는 생물학적 · 심리학적 발견을 중요시하여 현대교육이 전인적 발달을 돕는 것을 중요한 원리로 생각하고 있다는 사실을 우리가 받아들인다면 지적 발달만을 중시하는 교육목표의 비타당성을 지적하지 않을 수 없을 것이다. 따라서 통합된 전인으로서의 발달을 강조하는 학교의 교육목표는 지적 발달뿐만 아니라 신체적, 정서적, 사회적 각 면의 조화적 발달을 위하여 그 중 어느 한 면도 빠뜨리거나 소홀히 할 수 없는 것이다. 따라서 과거의 지식 기능에만 한정되었던 목표 이외에도 생활전면에 걸쳐서 필요한 태도, 감상력, 흥미 등이 조화적으로 포함되어야 하는 것이다.

3 일관성의 원리

진술된 교육목표 속에는 철학적 일관성이 있어야 한다.

학생, 사회, 민주이념, 학과목 등의 자원에서 시사되고 추출된 목표들의 이념적, 철학적, 현실적, 타당성이 검증되어야 한다는 것은 앞서도 몇 번이나 강조하였다. 여기에서 다시 강조하는 일관성의 원리는 여러 목표 사이에 일관된 철학적 입장이 살아 있어야 한다는 것이다. 만약에 어떤 항목에서는 '비판적 사고능력'이 강조되고, 또다른 항목에서는 '상관에 대한 무조건 복종'이 나온다면, 여기에는 상반되는 철학의 갈등이 있을 뿐 결코 통일적인 일관성이 있는 교육철학을 반영하고 있다고는 볼 수가 없는 것이다. 이러한 의미에서도 교사 전원이 교육목표 설정을 위한 연구에 있어서 먼저 민주주의 철학의 협동적 연구에서 출발하여 민주적 가치관에 대한 공통적인 이해와 신념을 가지고 그 기초 위에서 제반 활동을 전개함이 극히 중요한 일인 것이다.

4 실현성의 원리

진술된 교육목표는 실현성이 있는 것이어야 한다.

이 원리 속에는 두 가지 척도가 포함되어 있다고 볼 수 있다. 첫째는, 심리학적 실현성이다. 여러 자원에서 추출된 교육 목표의 타당성 검증에 있어서 학습 심리학적 고려가 필요하다.

이를테면 우리나라의 과학의 후진성을 속히 시정하기 위하여 초등학교 저학년 때부터 어린이들에게 원자 물리의 복잡한 원리를 이해시킬 필요가 있다고 생각되어 그것을 그 학년의 교육목표로 정한다고 가정하여 보자. 그 단계의 어린이들의 지적 발달의 정도로 보아 그 목표의 무리함을 인정하지 않을 수 없는 것이다. 그렇다면, 이와 같은 목표들이 학생 일반에게 혹은 특정한 집단의 어린이들에게 실현될 수 있을 것이냐의 고려 없이 선정 진술된다는 일은 어리석기 한이 없는 이야기다.

실현성의 원리가 내포하는 둘째의 의미는, 어떤 학교가 자리잡고 있는 지역사회의 현실이나 어떤 학과목이 가지는 특수한 교육적 기능으로 보아 타당하고 실현성이 있는 목표만이 선정되고 진술되어야 한다는 것이다. 바람직한 목표들이라고 해서 모조리 적어 놓는다 해도 그 교육 달성을 위하여 필요한 학습활동을 지도하는 데 소요되는 시설이나 자료를 단시일 내에 완비할 수 없는 사정에 있거나, 혹은 특정한 교과의 영역 밖의 활동을 요하는 것이라면, 아무리 바람직한 목표라 할지라도 무용한 것이 될 수밖에 없다.

이러한 목표를 위하여 직접 노력하는 교사에게는 불만밖에 남는 것이 없을 것이다.

5 수용성의 원리

진술된 교육목표는 모든 교사들이 이해하고 받아들이고, 그들의 교육적 직책 수행에 있어서 그 목표 속에 항상 살아갈 수 있는 것이어야 한다.

이 원리 속에는 두 가지 의미가 포함되어 있다. 첫째는, 앞서도 강조한 바와 같이 학교의 교육목표를 설정함에 있어서 모든 교사가 참가하여야 한다는 것이다. 모든 교사가 교육목표 설정을 위한 연구에 참여함으로써 설정된 교육목표는 그 실현성이 높아지는 것이다. 이 원리 속에 둘째로 내포된 의미는, 진술된 교육목표가 잡다함이 없이 한 폭의 그림과 같이 전체성을 가지고 교직자들의 일거일동 속에 살아 있어야 한다는 것이다.

6 융통성의 원리

진술된 교육목표는 결코 완성되고 불변한 것이 아니고, 그 타당성이 항상 비판되고 필요에 따라 언제나 변경될 수 있는 것이어야 한다.

바람직한 학교는 보다 나은 교육목표, 보다 나은 교육실천을 통하여 보다 나은 학생의 발달을 희구하는 까닭에 계속적인 평가와 그에 따르는 계속적인 개조가 요청되는 것이다. 특히 급격히 변화하여 가는 오늘의 사회 속에서 나날이 생성하고 변화해 가는 학생들의 요구, 흥미, 문제를 생각할 때 학교의 교육목표가 한자리에만 그냥 머물러 있을 수가 없다는 것은 쉽게 이해할 수 있는 일이다.

교육목표의 진술이 끝나면 이어서 교육내용의 '선정'과 '조직'에 관한 작업이 요구되고 이어서 '단원학습'이 전개되는 바 이에 관한 부분은 7장과 8장에서 독립적으로 다루기로 한다.

(2) 교육목표의 진술방법

전 항에서 교육목표 진술을 일반목표를 중심으로 진술의 원리들을 살펴보았다. 그러나 이 같은 원칙에 따라 진술된 교육목표들은 그것을 효과적으로 달성하기 위하여 보다 세분화하고 구체화시켜야 하는 것이다. 즉 교육목표는 그 수준에 따라 일련의 상위목표인 일반목표와 교과목표, 수업목표 등으로 나눌 수 있는 데 일반목표나 교과목표는 포괄적으로 진술해야 하지만 수업목표에 있어서 "학습자들이 수업을 받은 뒤에 무엇을 할 수 있게 되는지"를 분명하게 밝혀 줄 수 있을 정도로 세분화해서 진술되어야 할 필요가 있다.

1 수업목표 세분화 진술의 필요성

첫째, 수업목표 세분화는 교육과정이 표적하고 있는 바가 무엇인가 하는 것을 명확하게 해 줄 뿐만 아니라 그 기준을 제시한다. 다시 말하면 교육의 과정을 통하여 달성하려고 하는 수업목표 내지는 도착점 행동(terminal behavior)이 무엇이냐 하는 것을 비교적 명료하게 제시하여 준다. 이 기준이라고 하는 것은 교사 각 개인에 따라, 또 때에 따라 임의로 결정될 수도 없으며, 어떤 특정된 학습집단의 평균치라고 하는 규준에 얽매여서도 안 될 것이다. 그러므로 어떤 것이 교수목표로 되어야 할 것이냐 하는 것을 비교적 자세하고 명확하게 행동으로 나타날 수 있도록 최대공약수적인 지침을 세분화해 놓아야 할 필요성이 있다.

둘째, 수업목표 세분화는 교육을 통해서 변화시켜야 할 인간행동 특성이 어떤 것이어야 하는가에 대한 그 질적인 양태와 그 질적 수준을 확인하여 준다. 학습자에게 요구되어지는 학습행동이 단순한 사실의 기억이나 개념의 습득일 수도 있고 창의력일 수도 있으며, 어떤 복잡한 문제를 바르게 해결하는 고차적인 능력일 수도 있다. 또 태도일 수도 있고 가치관일 수도 있으며 정교한 운동기능일 수도 있다. 이와 같이 다양한 인간행동 특성의 다양한 양태 가운데서 학습자들의 발달단계에 따라 또는 제시되는 학습내용의 구조에 따라 나타나고 기대되어지는 행동은 얼마든지 다를 수가 있다. 이를 명확하게 세분한다는 것은 배우는 사람에게 있어서나 가르치는 교사의 입장에서나 모든 중요한 일인 것이다.

셋째, 수업목표 세분화는 각각의 행동특성에 따른 교육내용을 어떻게 가르칠 것이며 그 행동을 어떻게 변화시킬 것이냐 하는 교수·학습 과정상의 여러 가지 방법을 시사해 주고 마련해 준다. 어떤 지식이나 어떤 행동특성이나 어느 한 가지 방법으로 획일적으로 가르친다고 하는 것은 효율성이라는 측면에서 상당히 바람직하지 못하다. 수업목표를 학습과제의 내용과 행동에 따라 세분하게 되면 어떤 교수방법이 그것의 학습에 가장 적절하냐 하는 방법이 나올 수 있다.

넷째, 수업목표 세분화는 교육성과를 평가하는 데 있어서 분명한 기준을 제시한다. 수업목표의 세분화는 학습자들이 어떤 조건에서 어떤 학습목표, 더욱 구체적으로 어떤 구체적 행동이 어느 만큼 길러져야 할 것인가를 미리 세분화해서 설정해 놓기 때문에 평가의 방향이나 목표가 뚜렷해진다는 것이다. 만일에 수업목표가 세분화되어서 설정되어 있지 않다고 한다면 이러이러한 것을 가르쳐 놓고 다른 엉뚱한 것을 평가할 가능성이 많고 실제 교육현장에서도 그러한 경우가 많아서 실제로 똑똑한 학생이 엉뚱하게 부진아로 취급받는 경우가 생기는가 하면 그 반대의 경우도 나타나는 것이다. 수업목표를 세분화해서 얻어진 분명한 기준을 가지고 변화된 학생의 행동의 모습을 평가함으로써 우리의 교육적 노력을 좀 더 명확하고 솔직하게 평가할 수 있다는 것이다.

2 세분화된 명시적 진술의 방법

① Tyler의 모형

Tyler는 행동적 수업목표를 진술하는 데 3가지 방법을 제시하였다.

첫째, 수업목표 진술은 '학생의 행동'으로 진술해야 된다는 것이다. 교육에서 관심을 갖는 것은 학생의 행동변화, 즉 학생의 행동이 교육이 시작되기 전, 더 좁게는 교수 · 학습이 시작되기 전과 그 후에 어떤 방향으로 어떤 수준까지 변화되었나를 보는 것이고 그것을 평가하는 것이 교육평가다. 그러면 목표의 진술에 있어서도 그것을 가르치는 교사의 행동으로 진술될 것이 아니라 학습자의 행동이라는 차원에서 진술되어야 한다는 것이다. 따라서 종래에 우리가 많이 사용하던 교사가 교실에서 무엇을 어떻게 가르칠 것이냐 하는 교사의 행동으로 진술될 것이 아니라 학습자들의 행동수준으로 진술되어야 한다.

둘째, 학습자의 행동만을 진술할 것이 아니라 그 행동이 나타내어지는 내용도 함께 진술해야 된다. 학습자들 앞에는 배워야 할 내용이 수 없이 많고 그것은 교과서와 그 외의 학습자료에 나타나 있다. 종래에 우리 교사들이 학습지도안을 쓸 때 학습목표의 진술에서 주로 이 교육내용만을 나열했다. 그러나 이 교육내용은 학문구조에 따라 적절하게 세분화시켜서 행동요인과 관련시켜야 한다.

셋째, 학습자의 기대되는 행동은 충분히 세분화되어야 한다. 수업목표, 진술에서 학생의 기대되어지는 행동을 충분하게 세분화시키지 않는다든가 학습과제의 내용구조를 구체적으로 세분화시켜 진술하지 않으면 실제 목표성취를 확인할 수 있는 준거를 자세히 나타낼 수 없게 된다.

② Mager의 모형

Mager의 진술방법은 앞에서 소개한 Tyler에서 보다 조작주의적인 방법을 극대화하고 있다는 데 특징이 있다. 그는 수업목표 진술에는 ㉮ 학습자의 도착점 행동(terminal behavior)과 ㉯ 그 도착점 행동이 일어나는 상황(situation) 및 조건(condition), 그리고 ㉰ 그 도착점 행동이 어느 정도로 숙련되어야 하는지를 밝혀 놓은 준거(criteria)가 명시되어야 할 것을 주장하고 있다. 이때 학습내용은 도착점 행동이 일어나는 조건 속에 포함되어 있다.

첫째, 목표진술에서 도착점 행동을 조작화시켜 구체적 행동으로 나타내기 위하여 행위동사(action verbs)를 써서 진술해야 한다.

□ 행위동사란 누구에게나 일의적으로 해설될 수 있는 진술을 뜻한다.

□ 행위동사란 관찰할 수 있는 조작적인 진술을 의미한다.

□ 조작적으로 정의된 교육목표는 명시적 목표라고도 부른다(암시적 목표와 정반대다).

둘째, 이 행동이 발생되리라고 기대되는 중요한 조건(condition)을 명시하여야 한다.

□ 조건의 제시란 표적행동(target behavior)이다.

즉 도착점 행동이 나타나리라고 기대되는 중요한 조건을 제시해야 한다는 뜻이다.

영어 문장을 주면,	그것을 한국어로 옮겨 쓸 수 있다.
(조건)	(도착점 행동)
화학원소의 목록을 주었을 때,	그 원자가를 상기해서 쓸 수 있다.
(조건)	(도착점 행동)

□ 같은 행동목표이지만 주어진 조건에 따라 길러진 행동은 전혀 다르다. 그러므로 목표진술에서는 어떤 상황 아래에서 그와 같은 행동이 나타나기를 기대하는가의 조건제시가 있어야 한다.

셋째, 도착점 행동의 성취가 어느 정도로 명확해야만 목표가 달성되었다고 판정할 수 있는 준거(criterion)를 밝혀야 한다.

□ 준거란 학생이 성취해야 할 행동이 어느 정도로 정확해야 성취했다는 증거로 볼 수 있는가 하는 정도를 나타내는 표준을 뜻한다.

□ 준거제시의 방법으로는 수락할 수 있는 시간적 제한을 명기하고 수락할 수 있는 정확한 답의 수나 양을 지시함으로써 그 준거를 수락할 수 있는 최저 한계를 설정할 수 있다.

이상과 같은 세 가지 원칙에 의거해서 세분화된 교육목표를 진술한 예를 들면 다음과 같다.

학생은 6개의 1차방정식을 주었을 때, 30분 동안에 정확히 풀 수 있다.
(조건) (준거) (도착점 행동)

이 같은 Mager의 수업목표 진술방식은 철저하게 조작주의적 입장을 택하고 있다. 도착점 행동이라는 학습자의 목표 행동이 무엇이냐에 대한 철저한 조작적 정의, 그리고 이와 같은 학습자의 행동이 나타나리라고 기대하는 조건을 제시했다는 것과 나타난 학습자의 행동이 목표의 절대수준에 도달했느냐를 판단할 수 있는 절대적 준거의 선정 등은 교수목표를 조작화한 극치로 볼 수 있다.

한편 Mager의 수업목표 진술은 총합평가보다는 형성평가에 보다 더 적절한 도움을 줄 수 있다. 총합평가는 교수과정이 끝난 다음에 하는 평가이므로 교수과정에서 구체적으로 이루어진 특수한 내용을 초월해야 하며 보다 보편적이고 전이력이 높은 능력을 평가하는 것이 목적이다. 그러므로 이 같이 극단적인 조작적 목표는 학습이 진행되고 있는 도중에 학습상태나 그 정도를 평가하고 그에 의해서 학습에 도움을 주려는 기능을 가진 형성평가에 더 유용하게 적용시킬 수 있다.

3 Gagné의 모형

Gagné의 수업목표 진술방법은 그가 발전시킨 과제분석과 깊은 관련이 있다. Gagné는 수업목표의 확인 및 추출은 교육과정의 구성에 기초해야 하는 것으로 주장되며, 교육과정의 내용을 과제분석에 의해 확인된 내용 사이의 상호관련을 기초로 교수목표를 학습위계(learning hierachy)에 따라 계층화시키는 것이 그 특징이다. 그리고 목표진술은 Mager보다 더욱 세분되고 구체화되었다. Gagné는 수업목표 진술에서 다음과 같은 5가지 요인을 제시하고 있다.

첫째, 학습능력을 들고 있다. 학생에게 요구되는 학습능력이 무엇인가 하는 것이 제시되어야 한다. 정보능력, 지적 기능—그 중에서도 식별능력, 개념,

원리, 문제해결력—그리고 지적 효율성, 태도, 운동기능 등으로 나누어지는 학습능력 중에서 어떤 것을 변화시킬 것을 목적으로 하느냐가 첫째의 관심이 된다.

둘째, 행위동사의 사용이다. 위에서 제시된 학습능력이 변했는지 변하지 않았는지를 알기 위해서는 학습자가 어떤 일반적인 행위를 하느냐 하는 것이다. 계산한다, 그린다, 조직한다, 선택한다, 나타낸다, 설명한다 등의 동사가 각각 어떤 학습능력을 나타내느냐 하는 것이다. 그러므로 학습능력을 나타내는 일반 동사를 활용하는 것이 둘째의 특징이다.

셋째, 수업목표 진술에서 어떤 조건, 어떤 상황에서 그러한 행동이 나타나길 바라느냐 하는 것이다. 즉 행동이 나타날 수 있는 상황도 제시해야 하는 것이다.

넷째, 대상이다. 무엇을 해내어야 되느냐 하는 것이다. 즉 학습자의 학습능력을 계획된 바람직한 방향으로 변화시키자면 어떤 상황에서 어떤 대상에 대해서 어떻게 행동하느냐 하는 것이다. 즉, 양파의 세포를 관찰할 것인지, 셰익스피어의 시를 감상할 것인지, 전기 타자기를 작동할 것인지, 그 요구되어지는 대상이 무엇이어야 하느냐 하는 것이 목표 진술에 나타나야 한다는 것이다.

다섯째, 도구도 제시해야 한다.

어떤 대상을 가지고 어떤 조건에서 어떤 도구 · 기구를 활용하여 어떤 행동을 나타내어야 하는가를 교수목표에 진술해야 된다.

> 이상과 같은 Gagné의 특징에 따라서 교수목표를 진술한 것을 예로서 제시 하면 다음과 같다.
> (예 1) 바테리, 소케트, 전구, 전선 등을 제시했을 때, (상황) 바테리와 소케트에 전선을 연결하여(도구) 전구에 불이 들어오는 가를 확인해 봄으로써(행동) 전기 회로를(대상) 만들 수 있다.(학습능력)
> (예 2) 긴 문장을 제시했을 때,(상황) 전기타자기를 이용하여(도구) 타자함으로써(행동) 한 카피의 복사를 만들(대상) 수 있다.(학습능력)

이상과 같은 Gagné의 수업목표 진술방법에 대한 논의는 대체로 너무 조작적이라는 것이다. Mager가 수업목표 진술의 요인으로 3가지를 제시하고 있는데 반하여 Gagné는 5가지를 제시하고 있어 너무 구체적이고 세분화되어 이에 따라 교수목표를 진술할 수 있는 능력을 갖춘 사람이 드물다. 또 너무 세분화하고 조작적이므로 모든 교과의 내용에 적용되기 어렵다. 이는 과제분석에서도 문제성을 갖는 것이지만, 내용 단위들이 계층적 성질을 전혀 갖지 않거나 계층적 성질을 갖고 있어도 수학이나 과학에서처럼 그렇게 엄격한 위계가 성립되지 않는 경우에도 적용하기 곤란하다는 점이다. 예컨대 미술, 사회과 같은 것은 비교적 위계질서가 허술한 교과목으로 지적할 수 있다.

또 하나의 문제점은 이론으로 추정된 위계단계가 경험적으로 얻은 결과와 일치하지 않을 가능성이다. 특히 교과학습의 경우 각 학생이 지니고 있는 초기 경험 상태가 같지 않고, 또 각 학생의 학습유형이 다르기 때문에 예측하지 않았던 불일치를 나타낼 가능성이 있다.

또한 Gagné의 교수목표 진술은 교육을 시킬 교수목표로서 형성평가에는 상당히 유용한 시사점을 줄 수 있으나 총합평가를 위한 교수목표로는 타당하지 않음을 볼 수 있다.

7

교육내용의 선정과 조직

1. 교육내용의 선정
2. 교육내용의 조직

1. 교육내용의 선정

1) 교육내용의 개념

교육목표가 설정되면 그러한 목표가 달성하기 위해서는 어떠한 교육내용을 선정하여 학습자들에게 제공할 것인가 하는 문제에 봉착하게 된다.

교육내용이란 교육을 통해서 학생들에게 학습시키고자 하는 '어떤 의도', 즉 교육목표의 구체적 표현인 것이다. 따라서 교육내용은 설정된 교육목표를 충실히 반영시켜서 선정되어야 하는 것이다.

그런데 이 같은 교육내용에 대한 구체적인 개념에 있어서는 여러 가지 견해가 있으며, 그것은 교육과정의 변천과정에 따라 달라져 오고 있는 것이다. 대체적으로 볼 때 단순한 문화내용을 전달하는 데만 급급했던 교과중심 교육과정 시대에 있어서는 교육내용을 교과내용으로 보는 견해가 통용되어 왔으며, 이에 대하여 생활적응 능력의 개발에 중점을 두었던 경험중심 교육과정 시대에 있어서는 교육내용을 학습경험으로 보는 견해가 통용되었다. 그 후 학문중심 교육과정 시대에 있어서는 교육내용을 정선된 기본적 지식의 구조로 보기에 이르렀다.

(1) 교과내용

교육내용이라고 할 때 전통적으로 우리의 머리에 곧 떠오르는 것은 교과(subject)이었다. 교과란 문화유산을 체계화한 조직된 지식이다. 그것은 곧 긴 역사를 통하여 인류가 쌓아올린 방대한 경험을 이해하고 새로운 경험을 설명하는 데 도움이 되도록 조직된 지식체계인 것이다. 이리하여 국어, 수학, 물리, 예술 등과 같은 교과용이 생기게 된 것이다. 형식적 학교교육이 시작된 이래 교과는 항상 교육의 내용이 되어 왔다. 그것은 교과중심 교육과정에서나 경험중심 교육과정에서도 마찬가지다. 다만 차이는 교재를 어떻게 보느냐에서 생긴다. 교과중심 교육과정에서는 교과를 목적 달성의 수단으로 보자는 경향이 짙다는 것이 주된 차이이다.

교과목의 분류방식에는 여러 가지가 있다. 즉 Smith 등은 교과를 서술적 교과와 규범적 교과로 구분하고 있다. 전자는 어떤 현상이 생기는 과정과 결과에 대한 사실적, 원리적인 것의 진술로써 역사적인 사건의 기술, 동식물의 구조에 대한 기술, 물리적 법칙 등은 모두 여기에 속한다고 보았고, 후자는 인간이 도덕적, 심미적으로 선택할 수 있는 규범이나 표준으로 이루어진 것으로서 정치·경제의 사회적·도덕적 견지에서 바람직한 가정생활이나 예술의 감상 등에서 교과가 이루어진다고 보았다. 또 다른 경우를 들면 다음과 같이 구분하는 방법도 있다.

- 내용교과 – 사회과, 과학 등
- 도구교과 – 국어, 수학, 영어 등
- 표현교과 – 음악, 미술 등
- 기능교과 – 체육, 실과, 기술 등

(2) 학습경험

교육내용을 학습경험으로 보는 견해가 있다. 여기에서 학습이란 경험활동을 통해서 이루어지는 것이기 때문에 어떤 경험이나 활동이 행하여지지 않으면 학습도 일어나지 않는다고 생각한다. 그러므로 어떤 교육목표를 달성하려면 학습하는 학생의 경험을 어떻게 마련할 것인가 하는 일을 생각하는 것이 교육과정 구성에 매우 중요한 것이다. 즉 어떤 교과내용을 부여할 것인가가 문제가 아니라 어떠한 학습경험을 하도록 할 것인가? 하는 방향에서 내용선정이 이루어져야 한다.

이런 입장에서 Tyler는 학습경험에는 그 목표에 따라 다음과 같은 여러 유형이 있다고 지적하고 있다.

· 지식 · 이해의 함양을 위한 학습경험-이는 정말로 필요한 지식이나 이해를 기르기 위한 목표를 달성하기 위해서는 지식내용 자체의 가치보다 기능적 가치에서 선택된 사실, 원리, 법칙, 정의, 이론 등이 중핵이 되는 학습경험이다.
· 사고력 함양을 위한 학습경험-이는 문제의 해결과정에서 요구되는 사고를 적절히 기능적으로 할 수 있는 학습경험이다.
· 사회적 태도 함양을 위한 학습경험-이는 인성적, 사회적 면에서 바람직한 인간관계나 사회적 관계를 유지 발전시켜 나갈 수 있는 학습경험이다.
· 흥미함양을 위한 학습경험-이는 다양한 활동에 동기 체제의 역할을 할 수 있는 학습경험이다.
· 감상력 함양을 위한 학습경험-이는 어떤 작품이나 현상을 깊이 폭넓게 음미, 평가해 보려는 학습경험이다.
· 기능함양을 위한 학습경험-이는 운동적, 정의적, 사회적 혹은 지적인 기능을 기르기 위한 학습경험이다.

모든 학습은 학습과정(learning process)을 의미하며 그것을 통한 학습효과를 의미한다. 다시 말하면 경험은 곧 학습과정이며 반드시 어떤 종류의 학습효과를 가져오게 한다.

2) 교육내용 선정의 기준

(1) Scope의 개념

교육목표가 설정되면 교육목표의 달성에 필요한 내용이 선정되어야 한다. 이를 위해선 scope가 결정되어야 한다. 이렇게 결정되는 scope는 그 말 자체가 뜻하듯 교육내용 구성에 가장 기본을 이루고 있다.

원래 scope란 말은 시계범위 · 넓이 · 영역 등의 뜻을 갖고 있는 것으로서 시야라는 의미다. 교육과정에서 scope는 광범하고 복잡한 생활경험에서 시야를 정하는 역할의 기준이라 할 수 있으며, 교육내용 선정의 영역이라고 말할 수 있다.

Scope를 결정함에 있어서 사람의 모든 생활경험은 교육내용으로 택할 수 있는 가능성이 있지만, 그 범위가 무한하므로 모든 것을 선택할 수는 없다. 따라서 학교는 교육목표를 달성함에 필요한 기본적인 경험을 선택하여 학생의 통합적인 학습활동을 지도하지 않으면 안 된다. 그리고 그 기준을 세우는 의미에서 학습내용의 범위를 명백히 하기 위해 교육내용의 scope 선택의 몇 가지 기본원칙이 요구된다.

(2) 교육내용 선정의 원리

교육내용 선정에 있어서 반드시 고려해야 할 기준 또는 원리는 다음의 8가지를 들 수 있는 바, 이러한 원칙 기준들이 모든 교육내용에 모두 동일하게 적용되어지는 것은 아니며 교육내용에 따라 원칙 중에 하나 또는 몇 개가 또는 전부가 적용되어 선정될 것이다.

1 타당성 원리

이 원리는 학습내용이란 교육목표에 비추어 타당성이 있어야 한다는 것이다. 즉, 바람직한 학습내용의 선정은 계획된 학습내용들이 목표에 명시된 바로 그 행동을 학습자가 해 볼 수 있는 기회를 약속하지 않는다면 목표달성은 기대할 수 없다는 기준이다. 그래서 이 원리는 기회의 원리라고도 하며 목표에의 타당성의 원리 혹은 행동적 타당성의 원리와 내용적 타당성의 원리라고도 할 수 있다.

2 중요성의 원리

이 원칙은 그 교육내용 또는 교재가 지식의 조직분야에 있어서 중요한 것인가 아닌가를 분별하여 가장 중요하다고 판단된 것을 선정하는 것인데, 이것은 더욱 전문화되고 특수화될 지식의 정통을 위해서 가장 기본적이라고 생각되는 내용이 곧 교육내용으로 결정되어야 한다는 기준이다.

3 유용성의 원리

이 원리는 선정된 학습내용이 학습자에게 어떤 유용성이 있는가에 두고 결정하는 것으로 현대사회가 가지고 있는 많은 지식 중에서 현대인으로서 실생활에 가장 쓸모가 많은 내용을 선정하는 원리이다. 유용성이란 흔히 사용의 빈도로 해석하고 생활에서 가장 많이 사용되는 지식, 기능, 가치 등을 교육내용으로 삼으려는 생각이다. 그러나 이 유용성에서 주의해야 될 점은 현대생활에서만의 유용성이 아니라 '이상적인 삶의 영위'에 유용하게 이바지할 수 있는 유용성이 고려되어야 한다.

4 가능성의 원리

이 원리는 어떠한 학습내용을 선정함에 있어서 학습자가 능히 학습할 수 있는 정도의 내용을 선정해야 한다는 기준을 뜻한다. 교사의 입장에서 볼 때 그 학습내용이 학습자에게 꼭 필요하다고 판단되더라도 그들의 능력, 과법의 경험배경, 발달정도로 보아 상당한 노력을 한다 해도 그것을 학습할 수 없는 곤란도나 차원이 높은 것은 학습내용으로 선정되어선 안 된다는 기준이다.

5 만족의 원리

이 원리는 교육목표에 명시된 행동을 하는 동안 혹은 하고 난 결과로서 학습자가 자기의 필요나 동기 등의 충족에서 오는 어떤 만족감이나 성취감을 가질 수 있는 학습내용을 선정해야 할 기준을 뜻한다. 이것은 어떤 필요, 욕망, 흥미 등이 일정한 학습내용을 거치는 과정이나 결과에서 성공감이나 또는 만족스럽다는 느낌을 보게 될 때, 그 학습내용은 비로소 질적으로 좋은 경험이 된다는 것이다.

⑥ 흥미의 원리

이 원리는 교육내용의 선정기준이 학습자의 문제, 관심, 욕구, 흥미 등으로 삼자는 생각이다. 따라서 교육과정 내용은 학습들의 문제를 해결하거나 그들의 목표를 달성하는 데 필요한 내용으로 결정되어야 한다는 원칙이다.

이 원리의 일반적인 해석은 교육내용이나 교재는 학습자의 필요를 충족시켜 준다는 것이다.

⑦ 동경험 다목표의 원리

이 원리는 한 가지 학습내용으로 여러 가지 교육목표를 동시에 달성할 수 있는 경험의 선정을 뜻한다. 바람직한 학습내용이란 한 가지 행동능력, 즉 한 가지 학습효과만 결과하는 것이 아니라 동시에 여러 가지 학습효과를 결과하는 것이어야 한다는 것이다. 이것은 바로 동시학습의 개념과 상통되는 기준이다.

⑧ 동목표 다경험의 원리

이 원리는 하나의 교육목표 달성에 여러 가지 유용한 교육내용이 있을 수 있다는 기준으로서 앞의 동경험 다목표의 원리와 대조되는 것이다. 이 원리는 어떤 교육목표 달성을 위해서 꼭 하나의 교육내용만을 고집할 것이 아니라 타당성만 있다면 신축성있게 여러 가지 적절한 교육내용을 선정할 것을 요구하는 기준이다.

3) 교육내용의 선정방법

(1) 교과서 및 교재법

이 방법은 교과별로 현존하는 각 교과서 내용을 바로 학습경험의 범위(scope)로 선정하는 방법으로 전통적 교육에서의 교육과정 구성의 전형적인 방법이다.

그러므로 여기서는 주로 교과서의 내용을 분석해서 그 속에 엮어진 제 영역을 가지고 학습내용을 선정하려는 방법이다.

이러한 교과서법 및 교재법은 주로 교과교육과정에서 취하는 방법이다. 교과서법과 교재법의 차이점은, 교과서법은 각 교과마다 현존하는 교과서 내용을 그대로 scope하는 데 대해, 교재법은 교과서에서 선택한 내용만으로 scope가 한정되는 것이 아니고, 실제 교수과정에서 필요한 교재가 있으면 하나의 교과서 또는 여러 교과서에서 선택하게 된다. 따라서 교재법은 scope의 결정에서 교과서법보다 융통성 있는 것으로, 특정한 교과서 편찬에 지배되지 않고 교사가 교재를 선택할 수 있는 자유를 갖는 차이가 있다. 그러나 교과서법과 같이 학습진행을 미리 결정하여 교재를 정해진 순서로 교수한다는 관점에서는 기본적으로 같다.

기본은 어디까지나 기성문화재인 교과서나 기타 문헌 등이 학습내용의 유일한 자원이 되고 있다. 그러나 현대의 교육이 기성세대에서 만든 문화재만으로 만족할 수 없다는 사실은 이미 기정된 사실이라 생각되며 또 교과서나 문헌은 편찬자의 전문성에 의하여 일방적으로 지배되고 있을 뿐만 아니라 아동을 직접 지도하는 교사의 활동에서 창의적 지도나, 자유, 융통성이 결여될 우려가 많아지고 또 아동들의 심리적 특성을 고려하지 못하게 되는 방법이다.

(2) 목표법

교육목표를 일반적인 것에서 특수한 것으로 분석하여 학년에 따라 단계지우고, 그에 의해 학습의 범위를 결정하는 방법이다. 따라서 이 방법은 교육과정의 내용을 교과목적에 따라 논리적으로 선택하는 점에 특징이 있다. 이런 의미에서 교과서법이나 교재법보다 많이 개선된 방법인데 대체로 다음과 같은 절차에 따라 scope를 결정한다.

첫째로, 인간생활의 영역을 분석해서 일반적인 목적을 정한다. 그리고 다시 이를 목적달성에 필요한 구체적인 목표로 분석한다.

둘째로, 분석 제시된 구체적인 목표는 각 학년 · 각 교과의 달성목표로 배당된다. 이것이 각 학년 · 각 교과의 내용선택의 영역을 결정하는 범위가 되는 것이다.

(3) 활동분석법

활동분석법은 인간의 생활활동에 근본원리를 두었다. 인간 생활의 중요 영역에 걸쳐서 여러 가지 활동을 실제로 조사 · 분석하여 일반적이고 공통된 생활활동을 파악하고 필요한 활동을 학습경험으로 삼자는 것이다.

이 방법은 인간생활의 여러 가지 활동(직업적 활동, 언어활동, 건강활동, 여가활동, 종교활동, 경제활동, 신체활동 등)을 과학적으로 분석하여 사람이 세상을 살아나가는 데 가장 필요로 하는 활동내용을 학습경험으로 선정하는 방법이다.

Alberty는 이 활동분석법의 난점을 다음과 같이 지적하고 있다.

① 인간의 현실생활과 이상, 가치를 실현시키기 위해서 활동과의 사이에는 모순이 있다.

② 현실활동이 분석되었다 하더라도 사회는 항상 변화 발달하는 것이므로 분석해 낸 여러 가지 활동영역이 현실성을 반드시 유지한다고 볼 수 없고, 또 학습자의 현재와 장래라는 점이 어느 정도가 적합하느냐도 문제가 된다. 또 이와 같은 난점 뿐만 아니라 이 활동분석이 성인사회생활의 분석에서 출발한다면 그 결과는 성인중심이 될 것이고 따라서 아동의 특성을 무시하는 결과가 나올 것이다.

(4) 사회기능법

사회기능법은 사회성원의 필요를 결정하기 위해 사회생활을 분석하고, 그에 의해 명백해진 사회적 필요를 scope로 하여 교육과정 내용을 선정한다. 따라서 이 방법을 적용하기 위해 우선 사회의 필요를 찾기 위한 사회분석을 하는데, 그 방법으로는 ① 사회적 필요를 논리적으로 분석하는 방법, ② 사회적 필요를 실태조사에 의해 분석하는 방법의 두 가지의 유형이 있다.

특히 이 방법은 학교에 있어 학생의 경험이나 활동은 현재의 사회생활을 용이하게 수행할 수 있도록 조직되어야 하므로 학생의 현실생활에서 생활과제를 이해하고 해결할 수 있는 사람을 육성할 수 있도록 교육과정을 구성할 것을 강조한다.

이 방법은 활동분석법이 성인의 생활활동을 분석하는 경향에서 성인중심의 교육과정에 빠지기 쉬운 결함이 있다는 점에서 사회와 아동 양면을 합리적으로 꾀하려는 방법이었으며 학습자인 아동이 사회성원으로서의 필요를 결정하기 위하여 사회활동을 분석하여 명시된 사회적 필요를 학습의 범위로 한정하고 학습경험을 선정하려는 방법이다.

(5) 청소년욕구법

종래의 방법이 대체로 성인이 중심으로 된 교과서법, 활동분석법, 사회기능법과 같은 경향인데 반하여 학습자인 청소년의 흥미, 필요 등의 욕구를 토대로 하여 학습경험의 영역을 선정하려는 방법이다.

이와 같이 청소년들의 욕구를 중심으로 학습경험을 선택하려는 이 방법은 종래의 방법이 지식문화에 편중하거나 또는 성인중심의 생활, 성인중심의 사회관에 편중한 나머지 학습자의 욕구가 소홀하게 취급되고 그 결과 학습의 주체인 아동의 활발한 학습의욕의 결여를 초래하고 나아가서는 학습효과의 부진을 시정하고자 한 방법이다.

이 청소년욕구법에 대하여 Alexander 등은 다음과 같이 그 장점과 단점을 말하고 있다.

1 장점

① 청소년욕구법은 심리학적으로 보아 알맞은 방법이다.
② 청소년욕구법은 기능적인 학습을 할 수 있다.

③ 청소년욕구법은 학습자의 성장과 발달을 토대로 해야 한다는 점을 강조한다.

④ 청소년욕구법은 학교교육활동에서 보다 나은 학습의 통합을 가져오게 한다.

2 단점

① 사실 등의 흥미, 필요 등의 욕구와 문제가 무엇인가를 결정하기 어렵다.

② 학교의 사회적 책임성을 과소평가하기 쉽다.

③ 교과별로 본 영역에서 충분한 성과를 갖게 하기 어렵다.

④ 학생들의 교육적인 경험이란 점에서 심각한 간격이 생기는 결과를 가져오게 한다.

⑤ 조직화된 교육적 여러 계획을 전개함에 있어 사실상 난점이 많이 있다.

(6) 문제영역법

전술한 교과서법, 활동분석법, 사회기능법 그리고 청소년욕구법 등으로 발전과 새로운 경향을 보인 이 학습경험의 선정은 대체로 문화적인 지식에서 현실적인 사회에서의 인간생활활동, 즉 사회와 인간과의 유기적인 기능 등에서 다시 아동중심으로 원리의 근원이 변천하였고, 결과적으로 볼 때 개인과 사회라는 양면에서 교육과정의 학습경험이 마련되어야 한다는 경향으로 발전하고 있다. 그러나 개인을 중심으로 한 교육과정이나 사회를 중심으로 한 교육과정은 다같이 현대사회에서의 보다 바람직한 인간상으로의 형성계획으로서는 각각 결함이 없지 아니하니 개인을 사회적인 개인이란 견지에서 보다 종합적인 생활문제를 중심으로 학습경험을 선정하자는 방법이 바로 문제영역법이다.

학습자 개개인의 발달과 성장은 환경과의 상호작용에서 이루어지는 이상, 이 상호작용을 이루는 '장'이 곧 학습자들이 성장하는 장이며 그것이 경험의 자료로 선택되어야 한다는 것이다. 그러므로 교육이 보다 지속적인 최소한의 교육내용을 선정하기 위하여서는 학습자인 청소년들이 직면하는 여러 가지 생활경험의 장면에서 기본적인 문제점이 있는 장면을 발견해야 하며 이러한 지속적인 장을 '항상적 생활국면'이라 한다면, 그것을 분석함으로써 청소년들의 문제를 발견하여 학습경험의 영역을 선정하려는 것이다.

교육과정 내용의 선정에서 교과서 및 교재법이나 목표법 · 주제법 등은 모두가 성인중심의 방법이었으나 여기에서 탈피하여 교육과정 내용의 선정을 학생의 직접적인 요구의 만족과 성인의 사회생활에의 준비와의 두 요인을 결합하려는 시도로 발달된 것이 문제영역법이다.

즉, 각 발달단계에 있는 청소년들의 항상적인 생활의 장을 분석하고, 그 안에서의 청소년의 문제영역을 중심으로 교육과정의 내용을 선택하자는 것이다. 이렇게 선정하면 사회의 요구와 청소년의 욕구가 자연스럽게 조화되고, 청소년의 욕구를 살릴 수 있으며, 민주사회의 요구에 부합되는 scope를 결정할 수 있으리라는 것이다. 따라서 교육과정의 개발을 위한 실태조사도 비로소 교육적인 의의를 살릴 수 있다는 것이 문제영역법의 기본적 입장이라 하겠다.

2. 교육내용의 조직

1) 교육내용 조직의 일반적 원리

(1) Sequence의 개념

교육내용이 선정 결정되었다 해서 아무 순서도 전후 관계도 없으면 학습이 진행되지 않기 때문이다. 먼저 학습한 내용이 다음에 학습할 내용의 기초가 되고, 다음에 나오는 내용이 이전에 학습한 내용의 발전적인 진전을 이룰 수 있는 학습순서가 있어야 이해가 빠르고 학습활동이 무리 없이 진전되는 것이다. 여기서 교육내용의 배열에 관한 문제가 생긴다.

본래 이 sequence란 말은 순서라든가 단계 · 계속 또는 관련이란 뜻으로 쓰여지고 있는데, 교육과정에서는 scope에 대하는 말로서 교재배열의 순서 · 계열, 또는 종축의 뜻으로 사용한다.

이 sequence가 의도하는 것은 첫째로, 소기의 교육목표를 달성하기 위해 A라는 학습 다음에 어떤 학습을 전개시켜야 가장 능률적일까, 둘째로, 학습의 계열을 생각하여 학생의 발달단계에 따라 학습내용 또는 활동경험의 자료를 교육내용 체계에서 어떻게 위치지울 것인가 하는 것이 주된 문제다.

(2) 계속성의 원리

1 계속성의 원리

계속성(continuity)의 원리란, 교육과정 혹은 교육내용의 조직에 있어서 종적 관계의 문제다. 이 원리는 내용의 조직에 있어서 내용의 여러 요구가 어느 정도 계속해서 반복되어야 한다는 것이다. 어떤 교육목표가 학습자의 행동 속에 실현되기 위해서는, 다시 말해서 쉽게 망각되지 않을 정도까지 학습되기 위해서는 그 목표가 지시하는 지식이나, 과정이나, 행동양식이 어느 기간 동안 계속 반복되어야 한다는 것이다.

이와 같이 학습경험의 계속적 반복을 통하여 학습의 누적적 효과를 얻자는 것이다. 가령, '민주적인 생활태도', '상호협동', '관용성' 같은 학습은 단번에 또는 어느 한 학년에서만 학습될 수는 없다. 즉 그것들은 여러 상황에서 몇 번이고 그런 것을 반복함으로써 비로소 얻어지는 것이다.

예컨대 과학에서 "에너지의 개념을 이해시키는 목표"라면 과학과정의 여러 부분에서 되풀이 제시되어야 한다.

이 계속성의 원리는 지적인 과학학습에도 적용됨은 물론이지만 특히 인간의 정의적 특성은 계속적인 반복지도의 필요성이 더 하다고 하겠다.

2 계열성의 원리

계열성의 원리는 앞에 든 계속성과 함께 조직의 종적 관계이며 학습의 경험내용의 전후 관계를 의미한다.

그러나 이 계열성은 '줄기'가 있다. 계속은 계속이지만 그냥 반복이 아니라, 전후 학습경험간의 '관련성, 확대성, 심화성'이 강조된다. 한낱 경험의 누적적 효과만을 바라는 것이 아니라, 단계적인 확충심화가 문제된다. "점차적으로 깊이와 넓이를 더해 가는" Bruner의 나선형 교육과정이 바로 이 점이다.

Tyler에 의하면 이 계열성은 계속성과 관련을 가지지만 거기에서 더 발전한 것으로 보고 있다. 즉 계속성은 하나의 교육내용 요소(특정지식의 이해나 계산력, 분석력 등)가 동일한 수준에서 반복되는 것을 의미하는데 반하여 계열성은 "실행경험, 혹은 내용을 기초로 하여 다음 경험이나 내용이 전개"되어 점차 "깊이와 넓이를 더해 가는 것"을 의미한다고 말했다. 계속성의 의미를 설명할 때 예로 든 '에너지' 개념을 계열성의 설명에서 다시 쓴다면, 학생들의 '에너지'에 대한 개념이 더 넓어지고 깊어지도록 자연스럽게 이끌어 줄 수 있는 내용의 발전적 심화와 확대를 의미한다.

그러나 한 가지 모든 내용의 계열적 조직에 있어서 공통적으로 중요시할 것은 학생의 학습경험에 있어서의 계열성이 보장되어야 하는 점이다.

3 통합성(integration)의 원리

이 원리는 교육과정 조직의 횡적 관계, 즉 경험의 좌우관계를 의미하며 상호 보강할 수 있고, 조화통일이 되어 바람직한 행동변화를 통합적으로 이룩하자는 원리다. 이것이 결핍되면 학습경험간의 고립, 단편, 상극, 상살, 누락이 생긴다. 각 교과목 간의 밀접한 관계가 지어질수록 효과는 물론, 학습이 통합된 전체로서 학습자의 계속적인 성장에 이바지하게 된다.

학습경험의 통합을 보다 용이하게 해 주기 위한 시도로서 여러 가지 내용조직의 방법이 제안되고 실천되어 왔다. 소위 상관형, 융합형, 통합형 등의 이름으로 불리어지는 내용조직의 방법이 바로 학습의 통합을 하기 위해 고안된 것들이다. 단편적인 사실적 지식으로 채워진 교과들로 구성된 현행 우리나라의 교과과정의 조직으로는 교과 간의 연결, 즉 통합성은 보장될 수 없다.

왜냐하면 생물과에서의 특수사실이 물리교과의 특수사실과 근접할 수 있는 것이 극심하기 때문이다. 이에 반해서 지식의 구조를 이루는 기본적인 개념이나 원리는 탐구방법을 중심으로 한 교과조직에서는 전자에 비하여 교과 간의 공통성이나 연결성이 더욱 많이 기대될 수 있다.

2) 교육내용 조직의 방법

(1) 일반적인 방법

1 논리적 방법

논리적 방법은 교육내용을 조직함에 있어 교과나 학문의 논리적 구조에 따라 조직하는 방법이다. 여기에 적용되는 원칙은 쉬운 것에서 어려운 것으로 단순한 것으로부터 복잡한 것으로 또는 구체적인 것에서 추상적인 것으로의 순서로 배열하는 것으로 이 방법은 교과중심 또는 학문을 중심으로 한 교육과정 구성에 적용되는 방법이다.

학문중심 교육과정에서 교육내용을 학습자의 모든 발달단계를 고려하지 않고 그 학문의 기본 구조나 기본 개념을 중심으로 하여 교육내용을 조직하려는 의도가 곧 논리적 방법이라 하겠다. 논리적 방법으로 조직된 교육내용은 대체로 교과의 논리적 순서가 학습자에게 제공되는 학습내용의 배열순이 된다.

2 심리적 방법

심리적 방법은 교육내용을 배열함에 있어서 학습자의 심리적인 제특성을 토대로 하는 방법이다. 따라서 학습자의 성별이나 성장 · 발달의 특징, 심리적, 정신적인 경험의 민감성, 흥미와 필요, 또는 관심학습의 곤란도 그리고 성공이나 실패가 학습에 미치는 영향 등을 연구하여 교육내용을 조직하려는 방법이다.

이 방법은 주로 학습자의 심리적인 특성이 토대가 된다는 점에서 논리적 방법에 비하면 진보적인 방법이라고 생각되지만 거기에는 다른 난점이 있게 된다. 교육현장에서 학습자 집단의 실태에는 각자의 능력, 흥미, 관심, 취미 등이 다양하고 또 변화가 많으며 서로의 환경이나 실행경험들이 상이하여 개인차를 최대한으로 고려하지 않을 때에는 많은 문제가 제기된다. 즉 어떤 문제라도 학습자 개인차에 따라 적절할 수도 있고 그렇지 못한 학습자도 있게 되기 때문이다.

3 절충적 방법

절충적 방법은 위의 두 가지 방법을 절충한 것으로 학습자의 심리적 특성을 최대한으로 살리면서 한편으로는 교재의 논리적 순서와 그 발전이 보장되도록 배열하는 방법이다. 위에서 살펴본 논리적 방법이나 심리적 방법도 다같이 동일한 내용을 서로 다른 측면에서 강조한 것이나 실제에 있어서는 양자의 극단보다도 통합, 조화적인 견지에서 연구되어야 한다는 입장에서 이 방법이 제안되었다.

절충적 방법을 주장하는 학자들은 학습자의 활동에는 논리적으로 발전의 순서가 있으며, 또 논리적인 교재나 그 학습의 특유한 심리적 요소가 있다는 것을 인정하고 학습자의 발달순서와 교재의 논리적 발전을 조화적으로 취하는 방법을 제안한다.

즉, 논리성과 심리성의 강조점은 학습경험에 따라 차이가 있으나, 원칙적으로 ① 학생의 흥미를 기반으로 학습경험의 논리적인 발전과 진행이 보장되도록 학습내용을 배열할 것이고, ② 이와 반대로 교재의 논리성을 존중하면서 학생의 성장이나 발전과정에 따라 scope를 배열해야 할 것이다.

따라서 어떤 학습내용을 불문하고 실제 학습의 전개는 심리적 요인과 논리적 성격을 더불어 갖게 되므로, 논리적이나 심리적이라는 일방적 방법만의 배열로는 기대할 만한 교육과정이 될 수 없다. 다만 교재의 성격에 따라 학생의 흥미나 필요 · 욕구를 기반으로 하되, 어느 정도의 논리성을 반영시킬 것인가가 문제다.

(2) 구체적인 방법

1 기본적인 조직의 방법

교육내용은 ① 가까운 것에서 먼 것으로, ② 쉬운 것에서 어려운 것으로, ③ 구체적인 것에서 추상적인 것으로, ④ 단순한 것에서 복잡한 것으로, ⑤ 익숙한 것에서 미숙한 것으로, ⑥ 부분적인 것에서 전체적인 내용으로 조직되어야 한다. 그것은 학생들이 성장 · 발달해감에 따라 점진적으로 추상적인 개념을 이해하게 되기 때문이다.

2 시간적인 발전에 의한 주제의 배열

학생의 시간의식의 발달에 따라 조직하는 방법이다. 예컨대, 초등학교에서 고학년이 되면 지난 과거 의식이 명료해지기 때문에 과거와 현재를 비교할 수 있는 단계로서 주제가 배열된다. 다시 중학교에 가면 미래의식이 명료해지므로, 어떤 계열이나 중학교의 고학년은 장차 사회개혁이나 사회계획의 주제가 배열되고 있다.

3 생활환경의 확대에 의한 주제의 배열

학생의 공간의식의 발달에 따라 조직하는 방법이다. 초등학교 저학년의 학생 주제는 직접적인 생활환경을 중심으로 하며, 고학년으로 갈수록 점차 생활환경이 확대되는 주제가 된다.

예를 들면, 가정 · 학교 · 지역사회 · 국가에서 다시 세계로 생활환경을 확대시켜 가는 형식의 주제 배열이다.

4 사회문화의 복잡성에 의한 주제의 배열

학생의 정신적 발달순서에 따라 단순한 것에서 복잡한 것으로 조직하는 방식이다. 예를 들면, 단순한 사회제도에서 복잡한 경제조직이나 정치제도로 발전되어 가는 식의 배열이다.

5 사회 이상의 실현으로 발전하는 주제의 배열

학생의 사회적 이해의 발달에 따라 조직하는 방법이다. 학생들이 사회의 제반 모습이나 기구를 이해함에 따라 사회질서의 개선에 참가하려는 욕구를 갖는다는 관점에서 주제를 배열한다. 예컨대, 우선 현재의 사회 조직을 분석하는 주제 배열로 사회 개선의 필요를 이해시키고, 다시 바람직한 사회 건설의 욕구를 갖도록 주제를 배열한다.

3) 교육내용 조직의 절차

교육내용을 조직하기 위한 기본적인 원리를 바탕으로 하여 조직해 나가야 하는데 그 구체적인 절차는, 첫째, 대단위 구조, 즉 교육과정의 전체구조의 확정, 둘째, 중간 구조의 확정, 셋째, 최저단위 구조, 즉 단위의 구성의 세 단계로 나누어 생각해 볼 수 있다.

(1) 전체구조

교육과정의 전체구조는 대단위 구조라고도 할 수 있는 것으로 이것은 전체 교육과정에서의 큰 그릇을 결정할 문제다. 한 학교의 전체 교육과정, 즉 학교경험들을 크게 어떻게 묶어 보느냐의 문제다. 묶은 구조가 잘고 많이 되게 하느냐, 크게 소수로 하느냐, 또 묶되 어떤 분류 원칙으로 묶느냐가 결정되어야 한다. 그리고 그것은 조직요인을 교과에서 가져 오느냐, 생활경험에서 가져 오느냐 등에 따라 여러 가지로 구분된다.

1 교과중심 구조

교과중심 구조에서는 그 조직의 요인을 교과 내에서 찾게 된다. 여기에서는 교과의 이론성에 따른 개념, 기능, 가치관 등이 그 근간을 이룬다. 그러나 그런

요인들을 중심으로 한 조직중심을 넓게 잡느냐 또는 좁게 잡느냐에 따라 분과구조, 상관구조, 광역구조가 결정된다.

예를 들어, '수학'에서 수와 같은 단일한 조직요인만을 전개하기 위해서 조직중심을 설정하면 좁은 '분류구조'가 될 것이고, 단일한 조직요인이라도 다른 분야의 교재와 관련지어 조직중심을 설정하면 '상관구조'가 된다. 그리고 한낱 역사에서 추출한 조직요소만이 아니라 지리, 공민, 인류학, 사회학 중에서 추출한 조직요소들을 동시에 전개한 조직중심을 형성하면 '광역구조'로 될 것이다. 그렇게 되면 학생들은 역사와 지리로 나누어 배우지 않고 '사회생활' 혹은 '사회과'로 학습하게 된다.

2 경험중심 구조

이 구조는 조직요인을 학습자의 흥미, 활동 혹은 생활에서 찾는다. 일반적으로 경험구조에서는 경험의 범위를 넓게 잡는 것이 보통이다. 예컨대, 말하기(speaking), 만들기(making), 찾기(finding), 창작하기(creating) 등과 같은 활동을 중심으로 조직하면 '활동구조'가 된다. 한편 생명과 건강의 보호, 생계의 유지, 가정의 유지 등 인간생활의 주요한 영역에서 조직요인을 추출하여 넓게 그 조직중심을 잡으면 '생활영역 구조'가 된다.

3 중핵구조

이 중핵구조는 조직요인을 일부 교과에서도 찾으나 일반적으로 사회문제, 사회기능에서 찾는다. 즉 의미있는 사회문제 혹은 사회기능의 영역에서 조직요인을 도출하여 학생들의 흥미의 다양성이나 능력차를 잘 조정할 수 있는 넓은 조직중심으로 전개되는 것이 중핵구조다.

(2) 중간구조

교육과정의 대단위 구조로 전체구조가 결정되면 다음에는 그 전체구조를 기초로 하고 학습자에게 제공해야 할 구체적인 학습내용으로 발전시키기 위한 중간구조가 필요하게 되는데, 이것을 중간구조라고 말한다. 이 중간구조는 중단위 구조라고도 말할 수 있는 것으로 전체 교육과정에서 정해진 한 영역 혹은 교과단위의 차원에서의 구조라고 할 수 있다. 가령 교육과정의 대단위 구조에서 '국어', '사회', '자연' 등으로 전체구조가 결정되었다면 이것을 학년별이나 학기별에 따라 어떻게 분화할 것이냐가 문제가 된다. 이 중간구조에는 비연속적 과정과 연속적 과정의 두 가지 구조의 형식이 있다.

1 비연속적 과정

이것은 일명 단계적 구조라고도 하여, 장기간을 내다 보는 통합적, 계열적인 안목없이 일정한 기간을 단위로 한 영역, 또는 교과목을 비연속적으로 배열하는 구조다. 이 비연속 과정(discrete courses)의 예는 주로 고등학교 이상의 교육과정에서 많이 볼 수 있다. 가령 1학년에서는 생물, 2학년에서는 화학, 3학년에서는 물리라는 식으로 과학 영역을 분할, 배열하는 것이다.

2 연속적 과정

이 연속적 과정(sequential course)은 계열적 과목구조, 혹은 순환적 구조라고도 한다. 이 구조는 앞의 비연속적 과정과는 달리 비교적 장기간을 내다보며, 특히 종합적인 견지에 서서 한 영역 또는 교과를 조직, 배열하려고 노력한다. 가령 '음악'이란 한 영역 교과를 음악 I, 음악Ⅱ, 음악Ⅲ, 음악Ⅳ라고 하여 학년의 전전에 따라 조직, 배열하였다면 연속적 과정인 것이다. 여기서 Ⅰ·Ⅱ·Ⅲ이라 한 것은 한낱 부호가 아니라, 음악 전체의 한 과정을 투시해 보고 거기에서 복합적인 여러 조직요인을 찾아 통합적으로 조직중심을 잡으려는 시도인 것이다. 환언하면, '음악Ⅰ'에는 초급의 성악일부 · 초급의 기악일부 · 작곡일부 · 감상일부가 통합적으로 조직되어 있고, '음악Ⅱ'에는 '음악Ⅰ'보다는 심화 확대된 성악 · 기악 · 작곡 · 감상일부가, '음악Ⅲ'에는 '음악Ⅱ'보다 심화, 확대된 그것들이 또한 통합 · 조직되어 있는 것이다.

(3) 최저단위의 구조

교육과정 조직에서 중간구조가 결정되면 한 영역, 교과의 내용을 어떻게 세분화해서 실제적인 학습의 소단위로 나누느냐 하는 문제가 곧 최저단위의 구조에 관한 일이다.

이 최저단위의 구조는 소단위의 구조로서 대개의 경우 단원차원에서의 구조를 뜻하게 된다. 그리고 이 최저단위의 구조는 실제적인 학습을 조직하는 중심이 되는 것이기 때문에 그 내용에 따라 여러 가지 형식으로 조직될 수 있다. 이 때 최저단위를 구성하는 형식에는 과목, 주제, 문제, 구안 그리고 단원 등이 있다. 다음에 그 내용을 살펴보기로 한다.

1 과목

과목(lesson)이란 어떤 특정한 개념이나 기능을 전개하기 위하여 짤막짤막한 시간으로 구획한 교과계획의 소단위 구조의 하나다. 여기서 강조되는 학습의 초점이나 조직요인은 어떤 개념, 지식, 원리 그리고 기능들이다. 이것은 전통적인 교과중심의 교육과정에서 오랫동안 총애받아 온 구조로서, 타 영역 교과의 '과목'과는 전연 혹은 거의 상관을 갖지 않음은 물론이고, 동일영역 교과 내에서도 그것이 한낱 토막토막의 지식의 단위로 분할되어 의의있는 상관이 없다. 가령 '생물'에서 제1과 화본과 식물, 제2과 미생물, 제3과 국과식물, ……식으로 되어 있는 것은 그 전형적인 예다. 따라서 이 '과목' 구조는 그것이 학습의 초점으로 삼는 지식이나 개념, 기능을 논리적으로 체계화된 종래의 교과목 속에서 찾음은 물론, 학습의 과정도 기억, 암송이 주가 되어 학습자의 적극적인 참여가 보장되지 못할 뿐만 아니라 학습의 평가도 한낱 기억의 파지, 재생에 그치는 경향을 갖고 있다. 환언하면 지식, 기능의 습득에 있어서 학습자인 어린이의 심리나 흥미는 고려하지 않는 구조다.

2 주제

주제는 앞의 교과구조에 비하면 그 내용구성이 비교적 길고 넓은 견지에서 조직한 것이기 때문에 짤막한 시간단위로 분할할 수 없고 수일 또는 수주를 단위로 교육과정의 계획을 세운 것이다.

이 주제구조 학습의 초점은 과목구조의 경우와 같이 주요개념이나 원리를 강조하는 경향이 있기는 하지만 통합적인 학습경험을 시도하고 있으며 때에 따라서는 교사의 창의성에 의해서 단원의 체제로 전환할 수 있는 융통성도 가지고 있다.

이 주제구조는 단일한 지식 기능의 강조보다는 복합적이고 통합적인 조직요인을 강조한다. 즉 어떤 주제를 중심으로 하여 상당한 기간 동안에 여러 가지 학습경험들이 통합되고 병렬적인 학습이 진행되도록 조직한 구조다.

3 단원

최저단위 구조로서 가장 전형적인 조직형식이 '단원(unit)' 구조다. 이 단원구조는 전술한 과목구조나 주제구조보다 조직하는 내용의 범위도 크고 다양하다. 이 단원구조는 몇 시간 또는 수주에 걸친 장기간의 교육과정 계획인 동시에 단원구조에서 강조되어야 할 학습내용은 대단원, 중단원, 소단원식으로 구성된다.

4) 교육과정 시간의 배당

교육내용의 조직이 끝나면 그것을 학습하는데 필요한 시간을 배당하는 일이 남아 있다.

이는 교육과정 구성의 실제에 있어서는 '교육과정시간 배당 기준표'로서 제시되고 있다.

그런데 학습시간의 분배 · 할당문제에 있어서 가장 핵심적인 문제는 그 학교

수업연한에 따른 총학습 시간량을 각 교과별, 영역별 또는 활동별로 어떻게 분배, 할당하느냐 하는 문제다. 이 문제를 구체적으로 해결하기 위해서는 수업년한은 얼마가 되어야 하고, 한 교과 또는 학습활동에는 얼만큼의 시간을 배분해야 하는가? 한 주를 몇 시간으로 하고, 1일의 수업 시간은 어떻게 짜서 학습에 충당하여야 할 것인가 하는 문제들을 해결해야 한다.

8

단원의 계획과 전개

1. 단원계획
2. 단원의 전개와 수업

1. 단원계획

1) 단원의 개념과 유형

(1) 단원의 개념

교육과정의 구성에 있어서 최종적인 단계가 바로 단원의 계획이다. 단원(unit)이란 교육과정을 구성하는 요소로서의 교재의 단위, 즉 학습단위를 구성하는 것이다. 따라서 단원은 교육과정 개발에 있어서 가장 기초적이며 최저단위로 구성되는 것이다.

단원이란 말을 처음으로 사용한 사람은 Herbart의 제자인 Ziller에서부터 비롯되고 있다. 그는 1876년에 저술한「일반교육강의」에서 처음으로 단원(Einheit)이라는 말을 사용하였다. 즉 그는 Herbart의 교수단계 중에서 명료를 분석과 종합으로 나누어 분석, 종합, 연합, 계통, 방법의 5단계로 전형시켜 널리 보급시켰다. 그 후에 Rein은 Ziller의 5단계를 예비, 제시, 비교, 종합, 응용의 5단계 교수법으로 변경시켰는데, 이 5단계의 교수법이 적용되는 교재의 계열 또는 교재의 분량을 Ziller는 방법적 단원(methodische einheit) 내지 단원(einhiet)이라고 하였다. 그리하여 모든 단원은 이 다섯 가지의 단계를 거쳐 교수되는 것이므로 이것을 형식적 단계(formale stufe)라고 불려졌다.

단원(unit)이란 원래 단일성(oneness), 전체성(wholeness), 통일성(unity), 통합성(integration)을 뜻하는 것이다.

이를 바탕으로 단원의 정의를 내려보면 "통일된(단일된) 어떤 자원을 중심으로 한 학습내용의 하나의 조직(an organization of learning experiences around some source of unity)"이라고 할 수 있다.

위의 정의에서 '통일 또는 단일된'것이란 표현은 단원은 전체성(wholeness),

단일성(oneness), 통일성(unity)을 보장하는 것이어야지 분산적, 단편적인 것이어서는 안 된다는 의미, 즉 단원은 전체와의 기능적 관련 속에서 성립되는 통일적이며, 단일적인 전체의 분절단위를 말하는 것이다. 또한 '어떤 자원을 중심'으로 하였는데, 이 '어떤 자원'이란 교과의 이론적 지식이든, 사회문제이든, 학생들의 흥미 필요이든 혹은 사회기능이든 그밖에 어느 것이든 상관없음을 시사하는 표현이다.

(2) 단원의 유형

1 교재단원과 경험단원

단원이란 그 성격에 따라 여러 가지로 나누어 볼 수 있는데 우선 크게 나누어 보면 교재단원과 경험단원으로 나누어진다. 먼저 교재단원을 살펴보면, 이론적 체계를 중요시하는 교과중심의 교육과정에서는 교과 또는 문화를 학습내용의 전체라 보고 이것을 자원으로 해서 이론적으로 그 내용을 분절하여 통일성있고 단일성있게 학습의 최저단위를 조직하게 되는데, 이것을 '교재단원'(subject matter unit)이라고 한다.

이에 반해서 생활경험을 중시하는 경험중심과정이나 중핵교육과정에서는 학생들의 흥미나 필요 또는 사회문제나 사회기능 등을 자원으로 하여 학습의 최저단위인 하나하나의 경험을 전체의 경험과 유기적으로 관련 분절하여 조직하고 전개하게 되는데 이것을 '경험단원'(experience unit)이라 한다.

따라서 교재단원과 경험단원은 모두 통일성을 가지고 있지만 그 통일의 성격이 다르다. 교재단원은 통일의 자원을 교과 교재의 체계성, 논리성에서 찾는데 반하여 경험단원은 학생의 내면적인 심리성에서 통일의 자원을 찾는다.

환언하면 교재단원은 문화교양적 교재의 통일성을 강조하고, 경험단원은 학습자의 경험내용에서 통일성을 강조한다.

다음의 〈표 8-1〉은 두 가지 단원을 비교 대조하고 있다.

표 8-1 교재단원과 경험단원

교 재 단 원	경 험 단 원
① 교재를 학생에게 가르치려는 데서 시작한다.	① 학생의 흥미나 어떤 필요를 만족시키려는 데서 시작한다.
② 교재의 중심적인 핵을 둘러싸고 논리적으로 조직한다.	② 학습자의 발달특성을 중심으로 심리적으로 조직된다.
③ 교재와 그 논리에 밝은 개인 또는 집단에 의해서 미리 준비된다.	③ 처음으로 직면하는 상태 집단에 의해서 학습활동이 전개될 때 조직된다.
④ 이론적으로 배열된 교재를 학생에게 습득시키기 위한 것이다.	④ 직접적으로는 학습자의 필요를 충족시키기 위한 것이다.
⑤ 보통으로 단순한 것에서 복잡한 것으로 그리고 교과의 영역 속에서 조직된다.	⑤ 교과의 구분에 구애되지 않고 조직된다.
⑥ 교사나 성인의 위원회에 의해서 그리고 학습지도지침에 의해서 통제된다.	⑥ 교사를 포함하는 학습자의 협력적인 집단에 의해서 통제된다.
⑦ 교재단원에서는 모든 학생이 같은 교재에 같은 방법으로 접촉시키며, 개인차에 대해서는 약간의 고려밖에 안한다.	⑦ 경험단원에서는 학생이 많은 교재에 접촉하고 개인차는 여러 가지 형태로 자연적으로 고려된다.

단원은 이 밖에도 주로 요구하는 작업단원, 실험을 주로 요구하는 실험단원, 문제해결의 학습방법이 주가 되는 문제단원, 학생들의 흥미를 중심으로 구성한 흥미단원으로도 나눌 수 있다.

2 자료단원과 학습단원

단원은 그 구성의 과정상 자료단원(source unit)과 학습단원(learning unit)으로 나눌 수 있다. 먼저 자료단원부터 살펴보기로 하겠다.

자료단원이란 교사가 학습단원을 구성하는데 필요한 기초자원 또는 원선이 되는 기본단원(basic unit)을 뜻하는 것인데 이에 대해서는 여러 학자들에 의해서 여러 가지로 정의되어지고 있다. 즉 Alberty는 “자료단원이란, 교사가 학습단원을 계획하고 전개하고, 평가하는데 도움이 될 수 있는 여러 가지 자원(예로 문제, 활동, 참고서적 등)을 체계적 · 포괄적으로 조사하고 분석하고 조직한 것이다”라고 말했으며, Saylor 등은 "자료단원이란 일반적으로 어느 한 학습집단보다도 보다 많은 집단을 위해서 만들어지며 여러 상이한 교과영역과 여러 상이한 학년의 교사들이 그들의 특정한 학습집단을 위한 단원계획에서 활용될 자료들을 끄집어 낼 수 있는 하나의 자료다"라고 말하고 있다.

Klohr도 "자료단원이란 어떤 광범한 문제나 주제 또는 경험영역에서 중점을 두어 용의주도하게 계획된 제안이며 학습단원의 사전계획에서 교사를 돕기 위한 착상, 자료 그리고 방법의 자원으로서 봉사하기 위해서 조직된 것"이라 정의하고 있다.

자료단원은 교사들의 협동적 노력에 의하여 지역별, 학교별로 작성되는 것이 가장 바람직하다. 물론 선정된 교사 및 교과전문가에 의하여 전국적인 수준에서 작성될 수도 있다. 그러나 이것은 어디까지나 편법이며 또한 그 목적하는 바가 교사의 참고자료이기 때문에 역시 교사수준의 교육과정이라고 할 수 있을 것이다.

다음은 학습단원의 개념이다. "학습단원 또는 단원이란 학습자의 행동에 바람직한 변화를 가져올 수 있는 학습자에게 유의한 목적과 내용과 사고와 작업과 평가를 포함하는 일련의 관련된 활동"을 말하는 것이다. 다시 말하면 "자료단원을 참고로 하여 교사가 지역사회의 실태, 학교의 시설 설비, 학습자의 특성 등을 고려하여 자기 학급에 알맞도록 계획한 단원과 이 단원을 학습하는 학생활동"을 의미한다. 그리고 이 같은 학습단원을 계획하는 것을 학습단원의 계획(unit plan)이라 한다. 즉 학습단원 계획(예, 단원전개안)은 교사수준의 교육과정이며, 학습단원은 학생들의 경험 자체를 말하기 때문에 학습자수준의 교육과정이라 할 수 있을 것이다. 이와 같은 학습단원은 다음과 같은 특징을 지니고 있다.

① 학습활동의 전체성, 통일성을 요구한다.
② 학생들의 개인차를 충분히 고려한 계획과 활동이다.
③ 비교적 긴 시간의 학습활동이 전개되도록 한다.
④ 각종 다양의 학습활동이 자유롭게 전개되도록 한다.
⑤ 지역사회의 요구, 학교의 시설, 설비, 학생의 특성을 충분히 고려한다.

2) 단원계획의 개념과 성격

(1) 단원계획의 개념

단원계획이란 교사가 학급에서 전개하고자 하는 학습단원에 대한 계획이다. 즉, 한 단원에 대하여 실제로 경험이 일어날 수 있도록 세우는 구체적인 수업계획을 말한다. 보통 단원전개안, 교수전개안(교안), 교수 · 학습지도안, 교수 · 학습과정안 등으로 불리고 있으며 교육과정에 대한 최종적인 전개계획이다.

(2) 단원계획의 성격

단원의 계획은 전술한 자료단원을 바탕으로 하여 이루어지는 것인데, 교사가 자기가 담당하고 있는 어느 특정한 학습집단을 위해서 계획하는 것이다. 그러므로 이 단원계획에서는 그 교과와 교재의 특성, 교육철학, 아동의 성장 · 발달과 그들의 요구 및 흥미, 아동들을 둘러싸고 있는 지역사회의 조건 등을 바탕으로 하여 이루어져야 하는 것이다. 이러한 요소들을 토대로 학습을 위한 단원이 선정되고, 그 전개계획이 마련되게 되는데, 그 단원계획은 다음과 같은 세 가지 점에서 특색을 가지고 있다.

첫째, 단원계획은 어느 한 학습집단을 위해 특별하게 마련된 것이며, 오직 그 학습집단에만 적절하고 바람직한 학습경험과 자료만을 포함한다.

둘째, 단원계획은 자료단원에서는 그다지 고려치 않은 계열적 배열(sequential arrangement)을 갖는다. 즉 구체적인 학습상황에서의 단원의 전개를 위한 교사의 계획은 응당 단원의 도입, 전개, 극정 혹은 종결을 위한 계획들이 포함되어야 한다.

셋째, 단원계획은 교사-학생 공동계획을 고려한다. 즉 자료단원에서는 특정한 학습집단을 고려치 않은 모든 학습경험이나 자료를 포함하고 있지만 단원계획에서는 교사, 학생의 공동계획을 통한 학습경험, 자료의 선정이 고려되어야 하기 때문이다.

3) 단원계획의 절차

(1) 단원계획의 양식

단원계획의 절차는 교과와 교재의 특성, 학습자의 요구와 실태, 환경적인 조건, 교사의 지도관에 따라서 다르게 이루어지고 있으므로 그 양식도 여러 가지가 있다. 여기에서는 일반적으로 받아들여지고 있는 대표적인 양식만을 제시하고자 한다(표 8-2).

표 8-2 교수-학습지도안 양식

○○과 교수-학습지도안

시　　일 : ○년　○월　○일 제　○교시
대　　상 : 학년　반　교실
지도교사 : ○○○인
1. ○○과 교육의 목표
2. 단원 연구
　가. 단원명
　　1) 대단원
　　2) 중단원
　　3) 소단원
　나. 단원설정의 이유(단원의 요지, 취지)
　　1) 학습자 입장에서
　　2) 교재면(교과과정)에서
　　3) 교사의 입장에서
　　4) 사회적 입장에서
　다. 단원의 지도계통(선행학습-본단원 학습-발전학습)
3. 단원 학습목표와 지도방침

가. 단원 학습목표(구체적으로 행동적으로 진술)

1) 인지적 목표(지식, 이해력, 적용력, 분석력, 종합력, 평가력)

2) 정의적 목표(태도, 감상, 습관, 정서……)

3) 기능적 목표(기능, 기술, 표현, 조작……)

나. 단원지도방침

4. 단원 지도계획

중단원별 주요 학습내용과 교수방법, 교수자료, 매체활용 방법기술

5. 학습지도상의 유의점

6. 본시 학습자의 실태(인지적 특성, 정의적 특성)

7. 본시 교수 · 학습지도계획(본시 학습목표와 학습내용, 학습자료계획)

8. 본시 교수–학습활동

수업단계	교수–학습활동		수업 방법	매체 또는 학습자료	유의점	시간 배정
	교사	학생				
도입						
전개						
정리						

9. 평가계획

가. 형성평가

나. 종합평가

(2) 단원계획의 절차

1 단원설정의 이유

① 교재면에서

단원의 본질과 성격을 철저하게 규명하여 본 단원이 학습자의 발달이나 사회에 영향을 주는 요인들을 찾아내며 또 시기나 계절적인 면을 생각하여 간단명료하게 기술한다.

② 학습자의 입장에서

해당 학년 학습자의 발달단계의 특징, 학습자의 경험과 생활관계, 학습자의

개인차와 흥미 및 욕구와의 관계 등을 고려하여 기술한다.

③ 사회적 입장에서

학습의 결과가 사회 발전에 얼마나 기여하며 또 학습자의 사회성 발달에 얼마나 공헌할 것인가를 간단하게 쓴다.

④ 교사의 입장에서

위에서 말한 세 가지 입장을 생각하면서 가치 실현을 위한 자연적이고 창의적인 지도기술이나 방법을 구상한다.

2 단원 학습목표

① 교과교육의 목표는 교육부의 교육과정편람을 참조하여 기술한다.

② 단원 학습목표는 대단원의 학습목표를 기술하되, 인지적, 정의적, 기능적 영역으로 나누어 구체적으로 기술한다.

③ 본시 학습목표는 소단원의 학습목표를 기술하되 그 시간 안에 달성이 가능한 목표를 쓴다.

3 단원 지도계획

단원전개의 전체적인 계획으로서 대단원을 중단원별로 여러 학습내용과 시간으로 나눈 내용의 조직이다.

① 차시

대단원의 기본요소를 그 성격과 질에 따라 양적으로 나누어 한 시간으로 묶거나 또 주 단위로 묶어 학습의 순서를 정하는 일이다.

② 내용

해당 시간에 학습할 주제가 되는 재료다. 핵심적인 요점을 간단히 기술한다.

③ 시간

학습할 주제가 되는 재료의 내용에 따라 매 차시별로 소요되는 시간을 예상해 몇 분으로 표시한다.

④ 자료

학습장면에서 필요로 하는 자료나 도구 등을 쓴다.

[4] 본시 학습자의 실태

학습자들이 본 제재에 대하여 이미 소유하고 있는 지식이나 기능 및 필요성, 흥미도 및 동기 등이나 활동의 경향, 학습분위기 등을 간단하게 쓴다.

[5] 본시 교수-학습활동(단원의 전개)

교수–학습활동이란 학습목표를 달성하기 위하여 교사의 활동과 학습자의 활동상황을 말한다. 교사의 활동을 교사 발언의 사전조직으로서 그 예상을 간단명료하게 '행동용어'로 쓴다. 학생활동은 교사 발언에 대한 예상되는 행동을 간단명료하게 쓴다.

단원전개에 적합하고 일반적으로 통용되는 전개방식은 대체로 다음 순서에 의하고 있다.

① 도입단계

계획된 단원에 대해 학생이 흥미를 갖게 하고 학습의욕을 고무시킴으로써 학생이 주체적으로 학습에 참가하도록 하는 단계다. 되도록 학생의 자주적인 활동에 의해 다음의 중심적 학습으로 이행되도록 학습의욕을 유발시킨다. 그러한 의욕을 일으키게 하는 것이 동기지우는 기술이다.

이렇게 함으로써 학생들로 하여금 계획된 단원에 대해 본시학습의 주제를 파악함과 더불어 단원의 학습목표를 인식시킨다. 학습동기의 유발은 학습의 첫 출발임과 동시에 학습활동의 기초가 된다. 따라서 교사는 학습동기유발에 대한 전문적인 지식과 방법을 갖고 있어야 한다.

② 전개단계

단원전개에는 여러 가지 교수-학습 활동방법이 있으므로 교사는 사전계획에서 미리 활동의 성격에 따라 분류하는 것이 효과적인데, E. Diedrich는 177종목의 활동을 다음 8개 분야로 분류 제시하고 있다.

- 시각활동-읽기 · 그림보기 · 실험 · 실연과 진열품 관찰이나 타인의 작업 관찰
- 구술활동-사실 또는 원리를 진술 설명하기, 사건에 대한 이야기, 질문하기, 암시주기, 의견의 진술 또는 발표, 회견, 암송 또는 토론 등 43종목
- 청각활동-교재의 형식적 제시를 듣는다. 회화나 집단토론을 듣는 라디오를 듣는다 등 7종목
- 회화활동-그림 그리기, 색칠하기, 그래프와 도표 만들기, 지도 그리기 등 8종목
- 작문활동-소설 · 논문 · 시 · 유희 · 시나리오 쓰기와 보고서 쓰기, 정정하기, 교재 베끼기, 개요 · 목록 쓰기, 시험답안 · 질문지 쓰기 등 22종목
- 동작활동-실험한다, 재료를 선정한다, 진열품을 장식한다, 가구 · 완구를 만든다, 수선한다, 유희나 춤을 춘다, 동물을 기른다, 화원을 가꾼다 등 47종목
- 정신적 활동-상상한다, 기억한다, 요소를 분석한다, 결론에 도달한다 등 23종목
- 정의적 활동-흥미 · 환희 · 용기 등 20종목

그러나 이들 8개 분야의 학습활동은 실제로 전개되는 경우 한 가지만 나타나는 것이 아니고, 서로 중복되고 연합되어 전개한다.

③ 정리단계

학습성과를 정리하고 개관하는 단계다. 모든 학습결과를 종합하고, 결론이

나 원리를 끄집어 내고, 검토하는 일종의 종합 및 완결의 단계인 것이다.

④ 평가단계

학습결과에 대한 평가를 한다. 처음에 시도한 학습목표에 얼마나 접근하였나, 학생들은 어떠한 행동변화를 초래하였나를 살핀다. 만족하지 못한 결과로 그쳤으면 그 원인을 추구해야 한다. 경우에 따라 그 학습을 다시 반복할 일도 생기게 될 것이다. 이러한 의미에서 평가단계는 대단히 중요하다.

그러나 이 때 주의할 점이 있다. 그것은 평가란 학생들의 학습성과에 대해서만 행하는 것이 아니고 교사 자신에 대해서나, 선정한 단원에 대해서도 여러모로 평가해야 한다.

(3) 단원계획의 예시

교수-학습지도안의 구체적인 내용(수학교과목)을 예시하면 다음과 같다.

1. 수학과 교육의 목표

수학과 교육의 목표는 수학의 기본적인 지식과 기능을 습득하고, 수학적으로 사고하는 능력을 길러, 실생활의 여러 가지 문제를 합리적으로 해결할 수 있는 능력과 태도를 기르는 것이다.

가. 여러 가지 생활 현상을 수학적으로 고찰하는 경험을 통하여 수학의 기초적인 개념, 원리, 법칙과 이들 사의의 관계를 이해할 수 있다.

나. 수학적 지식과 기능을 활용하여 생활 주변에서 일어나는 여러 가지 문제를 수학적으로 관찰, 분석, 조직, 사고하여 해결할 수 있다.

다. 수학에 대한 흥미와 관심을 지속적으로 가지고, 수학적 지식과 기능을 활용하여 여러 가지 문제를 합리적으로 해결하는 태도를 기른다.

2. 단원연구

가. 단원명

1) 대단원 : Ⅳ. 부등식

2) 중단원 : 4. 일차부등식과 연립일차부등식

3) 소단원 : 3. 일차부등식의 풀이

나. 단원 설정 이유

1) 학습자 입장에서 : 본 단원에서는 일상생활에서 일어나는 현상을 일반화, 수식화, 형식화함에 대한 학생들의 관심과 흥미를 유발하고, 등식의 성질을 이용하여 일차부등식의 해를 구하는 경험을 통해 연립일차부등식 등 여러 가지 부등식의 학습에 필요한 기초소양을 갖게 한다.

2) 교과과정 면에서 : 수학적 도구로서의 부등식 이론들은 대부분 16세기 이후에 정립되었지만, 부등식으로 미지의 값의 범위를 계산하는 방법은 이미 고대의 이집트나 바빌로니아의 기록에도 나타나 있다. 이렇듯 부등식 이론은 수학체계의 고전적이며 기초적인 이론으로서 학생들에게 마땅히 학습시켜야 할 과제인 것이다.

3) 교사의 입장에서 : 이렇게 수학에서 기호를 사용한 문제풀이는 아주 오래전부터 있어 온 것으로 그것은 매우 중요한 의미를 가진다. 실제로 미지수가 있는 문제를 푸는데 기호를 사용한다는 것은 매우 효과적인 방법이다. 부등식의 풀이에 필요한 기초적인 원리는 방정식과 비슷한 것으로 우리가 실생활에서 수의 크기의 대소를 비교하고, 여러 가지 요소들의 효율성을 비교하는 넓은 범위에 부등식은 방정식 못지않게 중요한 역할을 하고 있다. 이렇듯이 수학에서 식의 사용 없이는 내용이 목적하는 형식화 및 일반화를 생각할 수 없다.

4) 사회적인 입장에서 : 일상생활에 있어서 부등식 학습을 통해 대소 관계에 기초한 폭넓은 응용력을 기를 수 있을 것이다.

다. 단원의 지도 계통

영역/단계	선행학습	본단원	발전학습
	초등학교(1단계~6단계) 중학교(7단계~8단계)	중학교(8단계~9단계) (중 8-가)	중학교(8단계~9단계) 고등학교(10단계 이상)
문자와 식	초등 · 부등호 · 부등식 · 말을 부등식으로 나타내기 · 부등식을 말로 나타내기 중 1 · 등식의 성질 · 일차방정식 중 2 · 다항식의 계산 · 등식의 변형 · 연립방정식	1. 부등식 § 1. 부등식과 그 해 § 2. 부등식의 성질 § 3. 일차부등식의 풀이	2. 연립부등식 § 1. 연립부등식 § 2. 일차부등식과 연립부등식의 활용 고 1 · 부등식 · 이차부등식

3. 단원 학습목표와 지도방침

가. 단원 학습목표

(1) 인지적 목표
1) 지식
가) 지수법칙을 정의할 수 있다.
나) 미지수가 2개인 일차방정식을 정의할 수 있다.
다) 미지수가 2개인 연립일차방성식과 그 해를 설명할 수 있다.
라) 부등식의 뜻을 정의할 수 있다.
마) 부등식의 해의 뜻을 정의할 수 있다.
2) 이해력
가) 부등식의 성질을 요약할 수 있다.
나) 일차부등식의 뜻과 그 풀이 방법을 알게 한다.
다) 연립일차부등식과 그 해를 이해하고, 연립일차부등식을 풀 수 있다.
3) 적용력
가) 다항식의 덧셈과 뺄셈을 할 수 있다.
나) '(단항식)*(다항식)', '(다항식)/(단항식)'과 같은 곱셈과 나눗셈을 할 수 있다.
다) 간단한 등식을 변형할 수 있다.
4) 분석력
방정식을 풀고, 그 해를 수직선에 나타낼 수 있다.
5) 종합력
가) 미지수가 2개인 연립일차방정식을 활용할 수 있다.
나) 일차부등식 또는 연립일차부등식을 이용하여 여러 가지 문제를 해결할 수 있다.
6) 평가력
방정식과 부등식을 이용하여 실생활의 문제를 해결할 수 있다.

(2) 정의적 목표
일차부등식과 연립일차부등식을 풀어 구한 해는 검산하여 확인하는 태도를 기른다.

(3) 기능적 목표
일차부등식과 연립일차부등식의 해를 수직선 위에 나타내어 표현할 수 있다.

나. 단원 지도방침

1) 다양한 문제 상황을 통하여 문자사용의 필요성을 이해할 수 있게 한다.
2) 다항식을 단항식으로 나눌 때에는 몫이 다항식이 되는 것만 다룬다.
3) 지수법칙은 지수가 자연수인 범위에서 다루고, 다항식의 곱셈과 나눗셈을 하는 데 필요한 정도로만

다룬다.
4) 등식의 성질과 비교하여 부등식의 성질을 이해하게 한다.

4. 단원전체 학습계획

<table>
<tr><th colspan="3">단원명</th><th rowspan="2">차시</th><th rowspan="2">교수방법</th><th rowspan="2">매체활용</th></tr>
<tr><th>대단원</th><th>중단원</th><th>소단원</th></tr>
<tr><td rowspan="7">부등식</td><td rowspan="3">일차부등식</td><td>부등식과 그 해</td><td>1</td><td>강의법, 문답법, 게임</td><td>교과서, PPT, 판넬, 칠판, 교구(숫자카드, 줄넘기)</td></tr>
<tr><td>부등식의 성질</td><td>2</td><td>강의법, 문답법</td><td>교과서, PPT, 판넬, 칠판</td></tr>
<tr><td>일차부등식의 풀이</td><td>3</td><td>강의법, 문답법, 문제해결학습법</td><td>교과서, PPT, 판넬, 칠판</td></tr>
<tr><td rowspan="4">연립일차 부등식</td><td>연립부등식과 그 해</td><td>4</td><td>강의법, 문답법, 게임</td><td>교과서, PPT, 판넬, 칠판, 교구(숫자카드, 줄넘기)</td></tr>
<tr><td>연립일차부등식의 풀이</td><td>5</td><td>강의법, 문답법, 문제해결학습법</td><td>교과서, PPT, 판넬, 칠판</td></tr>
<tr><td>미지수가 2개인 연립일차방정식과 그 해</td><td>6</td><td>강의법, 문답법</td><td>교과서, PPT, 판넬, 칠판</td></tr>
<tr><td>미지수가 2개인 연립일차방정식의 풀이</td><td>7</td><td>강의법, 문답법, 문제해결학습법</td><td>교과서, PPT, 판넬, 칠판</td></tr>
</table>

5. 학습 지도상의 유의점

가. 게임 학습시 환경설정
1) 게임 학습에 사용할 교구가 모두 갖추어졌는지 확인한다.
2) 게임 학습 교구를 분실하지 않도록 정리하게 한다.
3) 그 외에 필요한 학습도구를 학생들에게 준비하도록 한다.
4) 게임이 끝나고 단원의 내용을 쉽게 이해하였는지 스스로 문제를 해결해 보도록 한다.

나. 교수-학습 전개
1) 학생들의 학습 흥미 유발을 위해 프리젠테이션 자료, 수학과 관련된 이야기 자료를 활용하여 지도한다.
2) 수업 중간 중간에 수업진행에 따른 학생들의 반응을 잘 살펴 어느 정도 학습되고 있는지를 파악하여, 수업의 속도를 조절한다.

3) 개인차에 따른 학습 능력을 고려하여 수준별로 분단이나 학습을 편성하고 이를 적절히 운영한다.
4) 학습효과를 높이기 위하여 다양한 생각과 의견을 발표하고 서로 의견을 교환하도록 지도한다.

6. 본시 학습자의 특성

가. 인지적 특성

1) 지적 능력 : 학생 정원을 35명이라고 가정할 때, 25명 정도의 학생이 비슷한 학습 발달 수준을 가지고 있다고 보고, 수준별 이동수업을 할 경우 상 · 중 · 하 중에서 중정도의 학습 수준에 레벨을 맞추어 수업을 진행한다. 그리고 나머지 우등학생과 열등학생을 위한 심층문제 풀이 시간이나 기본개념 요점정리 시간을 준비하여 최대의 학생들이 각자의 학습발달 수준에 맞는 학습을 할 수 있도록 노력한다. 또한 조별학습을 통하여 각자의 문제풀이 방식을 전달함으로써 다방면의 사고를 할 수 있도록 지도한다.

2) 선수학습 정도 : 초등학교 때의 기본적인 부등호의 개념과 크기의 대소 관계를 이해하고 있는지를 파악하고, 등식의 성질과 그것을 이용한 일차방정식의 풀이를 잘 숙지하고 있는지를 파악하여 그 과정과 비슷한 일차방정식의 풀이를 학습하기 위해 먼저 부등식의 성질을 지도하고, 일차방정식의 풀이를 지도한다.

나. 정의적 특성

1) 학습동기 : 중학교 2학년이라면 이제 중학교의 학습과정에 어느 정도 적응을 하고 좋은 기자재시설을 갖추고 있으므로 수업에 대한 긍정적인 동기를 가지고 있을 것이다. 무엇보다도 수학에 대한 내적인 학습동기를 지니도록 흥미로운 학습을 유도한다.

2) 성격 : 사춘기를 겪고 있는 청소년이므로 예민하고, 정서적으로 불안하여 작은 것에도 상처가 될 수 있으므로 여러모로 신경을 쓰고, 그에 반해 아직은 순수한 학생이므로 활달하고, 쾌활한 모습으로 학습에 임할 수 있도록 지도한다.

7. 본시 교수-학습 계획

주제	일차부등식의 풀이	지도 대상	2학년 9반 (35명)	지도 일시	2009. 5. 4 1교시	시간	9 : 00~9 : 45
학습 목표	① 일차부등식과 그 해를 이해하고, 설명할 수 있다. ② 일차부등식의 풀이법을 이해하고, 그에 따라 해를 구할 수 있다. ③ 일차부등식의 해를 구하고, 그 해를 수직선 위에 나타낼 수 있다.						
학습 내용	선행학습	본시의 내용					
		지식		이해		적용	
	· 대소의 개념 · 이항의 개념 · 부등식의 뜻과 그 해 · 부등식의 성질	· 일차부등식의 개념 · 일차부등식의 풀이법		· 일차부등식과 그 해의 개념 이해 · 일차부등식의 풀이법 이해		· 일차부등식의 풀이법을 실생활의 여러 문제를 해결하는 데 적용	

학습 내용			· 일차부등식의 해를 수직선 위에 표시	

학습 자료	교사	학생
	학습지도안, PPT, 판넬	교과서, 필기구

8. 본시 교수-학습활동

수업단계		교수-학습활동 교사	교수-학습활동 학생	수업 방법	매체	유의점 (교수사태)
도입 (6분)	주의집중 및 동기유발 (2분)	· 학생과 인사, 출석 확인 · 학습분위기 조성 · 본 수업과 관련지어 문구점에서 학용품을 구입할 때를 예를 들어, 일상생활에서 부등식이 빈번히 활용되고 있음을 상기시킨다.	· 교사와 인사 · 수학 수업을 준비한다. · 듣는다.	· 문답법		· 학생들이 흥미를 느끼도록 주의집중시킨다.
	수업목표 제시(1분)	· 수업목표를 제시하고 학생들이 읽도록 한다. · 전 시간에 배운 내용을 상기시킨다.		· 문답법	· 판넬	· 수업목표를 명확히 인지하도록 한다.
	관련 선행학습 확인 (3분)	· 부등식과 그 해의 개념 · 부등식의 성질 · 전 시간에 배운 내용을 상기시킨다.		· 문답법	· 판넬	· 학생들이 부등식의 성질을 어느 정도 이해하고 있는지를 파악한다.
전개 (38분)	정보제시 (33분)	· 학습목표 ① 전 시간에 배운 부등식의 성질을 이용한, (일차식)<(수) (일차식)>(수), (일차식)≤(수), (일차식)≥(수) 이러한 꼴의 부등식이 일차부등식이라	· 정리하며 듣는다. · 이해되지 않는 부분을 질문한다.	· 강의법 · 문답법	· 전체 학습 · 교과서 · 판넬 · 칠판	· 일차부등식의 해는 일차방정식과는 달리 범위로 표현됨을 강조한다. · 일차부등식의 해를 수직선에 표시함으로써 범위의 개념을

수업단계		교수-학습활동		수업 방법	매체	유의점 (교수사태)
		교사	학생			
전개 (38분)	정보제시 (33분)	는 것과 그 일차식의 미지수의 범위가 해라는 것을 지도한다. · 학습목표 ② 일차부등식의 해는 범위로 표현됨을 이해시키고, 일차부등식의 풀이법은 부등식의 성질을 이용한 부등식의 변형 과정임을 지도하면서 부등식의 성질의 중요성을 다시 한번 강조한다. · 학습목표 ③ 일차부등식의 풀이법을 이해하여 해를 구하고, 그 해를 수직선 위에 표시하여 해의 범위를 눈으로 확인할 수 있도록 지도한다. · 수업에 대해 이해되지 않는 부분을 물어본다.				눈으로 확인하도록 한다.
	형성평가 (5분)	· 미리 작성해 온 평가지의 문제를 학생들이 직접 풀어 보는 시간을 제공하고, 2명 정도의 학생은 앞에 나와서 칠판에 풀어보도록 하여 학생들이 오늘의 수업내용을 잘 이해하였는지 파악한다. · 학생들이 문제를 다 푼 후 피드백한다.	· 수업내용을 회상하며 평가문제를 신중하게 푼다. · 모르는 문제는 교사에게 질문한다. · 교사의 문제 풀이를 집중해서 들으며 자신이 푼 것과 비교한다.	· 문답법	· 형성 · 평가지 · 칠판	· 교실을 돌아다니며 이해를 못하고 있는 학생이 없는지 살핀다.
	학습안내 활동(4분)	· 일차부등식의 실생활에 대한 활용성에	· 정리하면서 듣는다.	· 강의법	· 전체학습 · ppt	· 프리젠테이션으로 인한 갑자

수업단계		교수-학습활동		수업 방법	매체	유의점 (교수사태)
		교사	학생			
정리 (6분)	학습안내 활동(4분)	대하여 설명하고, 매우 유용한 단원임을 상기시키면서 오늘의 수업내용을 프리젠테이션을 통하여 정리한다.	· 오늘의 수업을 잘 이해했는지 자신이 자신을 판단하여 모자라는 부분은 수업이 끝난 후 교사에게 질문할 준비를 한다.	· 문답법	· 교과서	기 어두워지는 환경으로 학생들이 산만해 지지 않도록 집중시킨다.
	심화 및 교정학습 (2분)	· 학생들 수준에 맞춘 보충 및 심화과제를 숙제로 낸다. · 다음 시간에는 2개의 일차방정식을 묶은 연립일차방정식에 대하여 언급하면서 수업을 마친다. · 학생과 인사	· 다음 시간에 배울 내용을 확인한다. · 교사와 인사 · 집으로 돌아가서 그날 배운 수업을 상기하며 문제를 푼다.	· 강의법	· 심화 보충 문제지 · ppt	· 문제의 난이도를 조절하여 학생들의 학습의욕을 최대한 높일 수 있도록 심화보충문제를 제시한다.

9. 평가계획

가. 총합평가

지필고사 70%, 수행평가 20%(과제제출, 노트 정리), 수업태도 10%

부등식과 그 해의 개념을 정의할 수 있고, 부등식의 성질을 이용하여 일차부등식과 연립일차부등식의 해를 구할 수 있으며, 그것을 활용하여 실생활의 문제를 해결할 수 있는지 평가할 것이다.

수업태도는 수업시간의 질문과 게임을 할 때의 참여정도를 점수화한다.

나. 형성평가

정리단계에서 퀴즈, 문답(평가지 사용)으로 평가하고, 문항은 4문제 정도로 하고, 학습목표를 반영하는 문항으로 구성한다. 결과는 성적에 반영하지 않는다.

2. 단원의 전개와 수업

1) 단원전개의 의미

교육과정은 크게 계획의 단계와 전개의 단계로 나눌 수 있다.

교육과정이란 한낱 교사에 의한 학습경험의 사전계획만이 아니라 교사, 학생 공동으로 적절한 학습경험의 전개까지를 포함해야 되는 것이기 때문이다. 지금까지 논의한 것, 즉 교육목표의 설정→교육내용의 선정과 조직→단원의 계획 등은 모두가 계획에 대한 논의였다. 이제 전개에 대한 논의를 해야 할 단계에 와 있으며, 이 단계야말로 우리 교육활동의 성패를 판가름하는 중요한 단계다. 제아무리 좋은 교육과정 계획이라도 그것이 학생들의 학습의 장에서 결실을 갖지 못하고 학생들의 바람직한 행동의 변화에 아무런 영향을 주지 못한다면 그것은 한낱 무용지물에 불과한 것이다. 단원의 전개는 수업과 수업과정을 의미한다.

2) 수업과정

(1) 수업의 개념

수업과 교수를 같은 개념으로 보고 어떤 사람은 교수라는 용어를 즐겨 쓰고 또 다른 사람은 수업이란 용어를 쓰고 있다. 그런가 하면 또 어떤 사람은 수업과 교수를 개념상으로 구별지어 사용한다. 또 수업과 교수는 개념상 다르다고 보는 경우에도 사람에 따라 수업과 교수를 서로 거꾸로 사용하는 것을 볼 수도 있다. 영어의 teaching이 교수로 번역되기도 하고 수업으로 번역되기도 하며, instruction에 대해서도 마찬가지의 현상을 발견하게 된다. 영어 자체까지도 우리 말의 수업과 교수와 같은 혼동이 있다. 그러나 이 두 용어를 개념상 구별지어 사용하려는 노력도 강하게 대두되고 있다. 본서에서는 일단 teaching을 교수로, 그리고 instruction을 수업으로 번역하여 사용하기로 한다.

[1] Johnson의 정의

교수(teaching)는 다른 사람들의 학습에 영향을 미칠 목적으로 그와 상호작용하는 과정이다. 교수와 학습은 반드시 일치하는 것은 아니다. 교수가 이뤄져도 학습이 일어나지 않을 수도 있으며, 교수 없이도 학습은 일어날 수 있을 것이다.

[2] Gagné의 정의

수업(instruction)의 목적은 학습자에게 학습이라고 부르는 어떤 변화를 가져다 주는 것이다. ……학습에 영향을 주는 변인들(variables)은 크게 두 가지로 나눌 수 있다. 즉, 학습자의 선행능력, 동기 등과 같은 내부적 변인들(internal variables)과 학습상황이라고 부르는 외부적 변인들(external variables)이 상호작용적으로 학습에 영향을 주고 있는 것이다. ……수업이란 학습자의 능력, 동기 등 내부적 특성에 변화를 가져올 수 있도록 그러한 내부적 능력들과 적절하게 상호작용할 수 있는 방법으로 학습의 외부적 조건들을 조성하거나 정비하는 활동을 말한다. 따라서 수업은 학생들의 주의를 환기시키거나 학습자에게 중요한 자극을 제시하고 또는 언어적 지시를 줌으로써 학습의 상황적 조건을 조작하는 과정이다.

(2) Glaser의 수업과정모형

수업과정에 관한 Glaser의 모형은 수업과정의 개념형성에 큰 도움을 줄 수 있을 것이다. Glaser는 수업의 일반적인 흐름을 다음 [그림 8-1]과 같이 제시하고 그것이 동시에 수업의 설계나 연구 · 개발에 있어서도 중요한 측면으로 고려되어야 할 것임을 지적하고 있다.

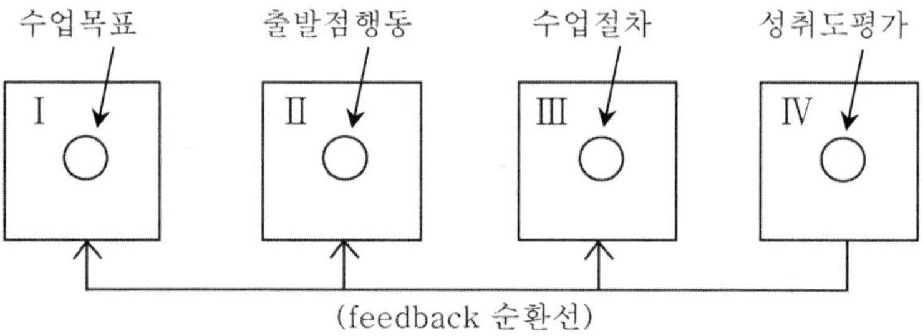

[그림 8-1] Glaser의 수업모형

[그림 8-1]에 제시된 내용을 자세히 설명하면 다음과 같다.

1 수업목표(instructional objectives)

수업의 과정에서 제기되는 또는 고려되어야 할 가장 핵심적인 요소는 무엇을 가르칠 것인가, 또는 무엇을 학습할 것인가 하는 질문이다. 수업목표, 학습목표 또는 학습과제로도 표현될 수 있는 이 요소는 모든 수업과정의 지표가 되며 이에 따라 그 절차나 방법이 결정되는 것이다. Glaser는 특히 이 요소를 도착점행동(terminal behavior)으로 파악하고 있다. 수업의 과정이 끝났을 때 학습자가 보여 줄 행동특성으로 정의될 수 있는 이 도착점행동 개념은 우리들의 분명한 목표의식을 강조하고 있는 것이다.

Glaser는 또한 이 요소를 고려하는 과정에서 가장 중심적인 과업으로 문제분석(task analysis)을 제시하고 있다. 무엇을 어떤 절차로 가르치느냐가 명료하게 드러나야 한다는 것이다. 이러한 질문들은 우리들이 수업과정을 계획하고 운영하는데 있어서 1차적으로 고려되어야 할 문제다.

2 출발점 행동(entering behavior)

시발행동 또는 투입행동으로도 소개되고 있는 이 출발점 행동(entering behavior)은 앞의 도착점행동과 함께 Glaser 등의 독특한 개념이다. “일정한 수업목표(도착점행동)를 성공적으로 학습하기 위하여 학습이 시작되기 이전에 갖추어야 할 제반 행동특성으로 정의될 수 있는 이 출발점행동 개념은 종래의 준비성(readiness for learning) 개념과 함께 수업과정에서 반드시 고려되어야 할 학습자의 능력 · 특성을 의미하고 있는 것이다. Glaser는 특히 비교적 단기적인 수업과정과 관련하여 학습자의 선행학습 수준을 크게 강조하고 인다. 이미 여러 번 강조된 바와 같이 수업과정은 학습자의 성공적인 학습을 조력하는 행동이다. 이러한 행동을 계획하고 운영함에 있어서 학습자의 현재 상태가 고려되지 않을 수 없다. 수업목표의 설정이나 수업절차의 계획에서 학습자의 능력과 특성이 반드시 고려되어야 할 것이다.

3 수업절차(instructional procedures)

수업과정계획의 세 번째 요소는 실제 수업이 전개되는 장면에서 고려되어야 할 학습과제 · 수업방법 · 자료 등의 요인이다. "어떤 학생에게 어떤 학습목표를 성공적으로 학습할 수 있게 하기 위해서는 어떤 과제, 방법, 자료들이 채택되어야 하는가"라는 질문이 이 요소를 잘 반영하고 있다. 학습과제는 어떤 절차, 어떤 형식으로 제시되어야 하고 그러한 학습과제의 학습에 최적한 방법은 어떤 것이며, 교사 · 학생의 구체적인 상호작용 형태는 어떤 것이어야 하냐, 또는 이에 필요한 교구 및 학습자료는 어떤 것이며, 그것은 어떻게 활용되어야 하는가 등 수업절차와 관련된 많은 문제들이 제기될 수 있는 것이다.

특히 학습과제를 분석해야 하는 이유는 단원에서 가르칠 학습요소를 확인하고 그 학습요소 상호간의 관련성을 파악하여 최적의 학습순서를 밝히기 위해서다. 이렇게 함으로써 학습요소의 누락이나 중복을 찾아낼 수 있으며, 형성평가 실시의 기준을 마련할 수도 있다. 또한 학습과제 분석은 필요한 선수학습 능력이 무엇인지를 밝히기 위해서도 필요하다.

학습과제 분석절차는 최종 수업목표를 확인 진술하고, 학습요소를 추출하고, 학습요소의 구조도, 즉 수업지도를 작성하고 학습요소들의 수업순서를 정하는 단계(학습계열 결정)로 이루어진다.

④ **성취도평가**(performance assessment)

수업과정의 네 번째 요소는 수업처치의 효과를 평가하는 일이다. 일정한 수업과정이 학습자의 학업성취에 어떤 효과를 가져왔으며 그 이유는 무엇인가, 또 그러한 결과는 후속되는 수업과정에 어떻게 반영되어야 하겠는가 등의 질문이 평가문제와 관련되고 있다. 학습평가와 관련하여 Glaser가 특히 중요하게 다룬 문제는 최근 우리 나라에서도 활발히 논의되고 있는 절대기준평가(criterion-referenced evaluation) 문제와 형성 · 총합평가(formative & summative evaluation) 체제 및 수업과정의 분석에 의한 정보수집활동 등이다. 그는 또한 이러한 제반 평가의 결과들을 즉각적으로 수업개선에 활용되어야 함을 강조하고 있다.

(3) 수업과정 전개의 절차

① **수업계획시 유의사항**

① 수업계획은 수업목표 달성을 최대한 보장해야 한다. 이 원칙은 수업계획의 적부를 판가름하는 가장 중심적 준거다. 수업과정의 최대의 관심사가 수업목표 달성의 정도에 귀착되기 때문이다.

② 수업계획은 학습자의 능력 · 특성에 적합해야 한다. 수업계획은 바로 학생의 학습을 조력하는 절차와 방법을 설계하는 것이기 때문이다. 수업목표와 관련되는 학생의 학습적성, 경험배경, 출발점 성취수준, 흥미, 태도 등은 수업계획자의 중요한 관심사가 되어야 할 것이다.

③ 수업계획에는 교과의 특성이 반영되어야 한다. 교과는 각기 특수한 지식내용과 탐구방법이 있고, 인간의 생활이나 사고체계에 특수하게 관련되고 있기 때문이다.

④ 수업계획에는 각 학교 또는 학급의 상황적 조건이 고려될 수 있어야 한다. 수업과정은 학교, 또는 학습의 특수한 장에서 전개되고 그러한 상황적 조건의 영향을 받고 있기 때문이다. 학교, 학습 또는 지역사회의 물리적 · 심리적 조건,

시설과 교구 및 학습자료 등이 수업계획에 고려되어야 한다.

2 수업과정 전개의 단계

수업과정은 그 전개계획이나 상황적 조건의 변천에 따라 다양하게 전개될 수 있다. 그것은 고전적인 Herbart의 제안에 따라 ① 준비(preparation), ② 제시(presentation), ③ 비교 · 요약(comparison and abstract), ④ 종합(generalization), ⑤ 적용(application)의 순서로 전개될 수도 있고, 우리들이 흔히 쓰는 ① 도입, ② 전개, ③ 정리의 절차를 따를 수도 있으며, Massialas의 탐구학습모형에서와 같이 ① 안내, ② 가설결정, ③ 정의, ④ 탐색, ⑤ 증거 제시, ⑥ 일반화의 단계를 거칠 수도 있는 것이다. 그 어느 것을 선택하든 간에 그러한 단계들은 독립적, 단절적 과정이 아니라 물흐르듯 자연스럽게 흘러들어가야 한다. 수업의 전개과정을 이렇게 세분하는 것은 단지 그 흐름의 순서를 개념화하자는 것이지 하나하나의 단계를 독립적 과정으로 보자는 것은 아니기 때문이다. 이러한 전제를 염두에 두고 우리들이 흔히 따르는 **도입–전개–정리**의 절차에 따라 각 단계의 주요 활동을 검토해 보자.

➲ 도입단계

한 단위의 수업이 전시학습과 관련을 맺으면서 도입되는 과정이다. 전시학습을 상기하고 본시학습의 목표가 제시되며 수업계획이 검토되는 과정에서 명확한 방향이 설정되고 학습동기가 유발되는 과정이다. 설정된 수업목표가 학습자의 용어로 명료하게 제시되고, 그 목표에 따라 교사와 학습자가 공동으로 수업활동계획을 수립하는 것이다.

① 도입의 의의

동기유발은 학습활동의 효율성을 위해서 수업과정에서 이루어질 필수과제다. 이러한 동기유발은 도입단계에서 이루어지도록 해야 한다. 즉, 수업활동이 뜻있게 전개되고 학습효과가 충분히 달성되자면, 아동이 그 학습내용에 대해서 명확한 문제의식과 왕성한 학습의욕을 가지고 자발적인 학습이 되도록 학습동기를 유발시켜야 하는데 이것이 곧 도입이다. 도입은 수업의 시작이다. 그러므로, 도입단계에서는 교재내용에 대한 문제의식을 느끼게 하고 학습의욕을 환기함과 동시에 수업목표를 확인시키고 스스로 학습전개의 방향을 내다 볼 수 있도록 해야 한다.

② 도입의 형식

㉮ 학습환경을 정리해 두고 자연적으로 학습의 분위기를 조성하여 흥미를 갖게 장을 만들어 주는 형식

㉯ 호기심이나 흥미를 주어 의욕을 환기시키는 형식

㉰ 학생의 관심이나 의욕에 호소하는 형식

㉱ 교재를 아동의 의욕에 호소하는 형식

㉲ 그 밖에도 동기유발의 방법을 적절히 활용하는 것이다.

③ 도입방법의 기초

㉮ 학생의 흥미, 관심, 요구 또는 능력 정도 등의 실태를 구체적으로 이해해야 한다.

㉯ 교재연구를 충분히 하고 교재내용의 교육적 가치 등에 대한 명확한 인식이 있어야 한다.

㉰ 도입에 대한 방법적 원리를 연구하고 이를 구사할 수 있는 기술을 체득해야 한다. 즉,

· 성공감 필요감을 갖게 하여 학습의욕을 일으켜야 하며,
· 학습문제를 명확히 의식시켜서 학습전개의 방향감을 주어야 하며,
· 교재내용을 아동의 기존 경험과 올바르게 결부되도록 지도해야 하며,
· 교재내용을 아동의 흥미, 관심 또는 요구에 결부되도록 지도해야 한다.

④ 새 단원에 들어갈 때의 도입방법

㉮ 단원에 관련된 제 자료의 정비, 제시 등 알맞은 환경을 조성해 주는 일

㉯ 단원에 관련된 흥미, 관심도, 문제에 대한 경험영역의 범위, 기존지식의 정도, 요구 내용의 정도, 학습능력의 정도 등을 조사·해석하는 것이

필요하다. 이를 통하여 문제내용을 파악할 수 있고, 문제의식이 촉구되며 일반적인 학습의욕도 높아질 수 있다.

㉰ 문제의식을 갖도록 한 다음에는 문제내용을 구체적으로 파악시켜야 하며 학습의 방향도 확실히 하기 위하여 학습목표를 분명히 해줄 필요가 있다.

㉱ 학습문제와 학습목표를 파악시킨 다음에는 학습전개의 방향을 더욱 구체화하기 위하여 학습계획을 생각하도록 지도하여야 한다.

⑤ 각 교과시간의 도입방법

㉮ 그 시간의 학습문제와 직접 관련되는 기존경험, 선수학습내용 등을 상기시켜 학습문제를 자신의 문제로 받아들이게 하고 문제 파악을 용이하게 한다.

㉯ 상기된 지식이나 경험을 본시의 학습문제와 관련시키도록 한다.

㉰ 학습내용에 관련된 경험내용을 학급 전원이 의식케 하여 학습의 문제점에 대하여 전원이 집중적으로 사고하도록 한다.

⑥ 도입방법의 구체적인 기법

도입단계에 있어서는 무엇을 어떻게 가르칠 것이냐도 중요하지만 어떻게 해야 학생들이 더 잘 이해하고 학습하게 될 것이냐가 중요한 것이다.

따라서, 도입방법의 실제에 있어서는 각 교과마다 또는 학습내용에 따라 다른 방법이 강구되어야 할 것이다.

(i) 발문방법

"먼저 시간에는 ○○을 공부했는데, 오늘은 ○○에 대하여 공부하겠습니다." 란 말과 "먼저 시간에 공부한 것은?" "이번 시간에 공부할 것은"이란 말은 같은 뜻으로 생각되나, 학생의 사고활동에 대한 영향력은 다르다.

이와 같이 교사의 발문의 여하는 수업의 효과를 좌우할 정도로 중요하지만 대상, 장면, 사태에 따라 어떻게 발문해야 할 것인가가 문제된다. 발문은 목적 있는 내용으로 학생의 사고를 자극하는 것이어야 한다. 발문의 문제는 수업 과정에서 교사의 가장 핵심적인 과제다. 왜냐하면 모든 학습활동은 교사의 발문에 의하여 전개된다. 즉, 발문을 통해서 학생의 기존 경험을 파악할 수 있고,

흥미를 환기시키는 자극을 줄 수 있고, 반복연습을 시킬 수 있으며, 학습의 성취 정도를 진단할 수 있기 때문이다.

이러한 교사의 발문기술은 문답법의 일환으로서 수업방법에 가장 중요시 다루고 있는 영역이기도 하다. 문답법에 대한 문제는 다른 기회에 자세히 취급하기 때문에 여기에서는 교사의 기술적인 측면에서 본 발문에 대해서만 다루기로 한다.

(ii) 좋은 발문의 성질이란?

㉮ 명확성과 간결성 : 학습자가 무엇을 대답해야 좋을지 모르는 막연하고도 모호한 발문을 해서는 안 되고, 발문이 너무 길어서 무엇을 요구하는 것인지 알 수 없게 되어서는 안 된다.

㉯ 개인차에 대한 적응성 : 학급은 개인차가 심하다. 그러므로, 개인차에 적응해서 발문의 기회가 균등하게 이루어져야 한다.

㉰ 반성적 사고의 자극 : 단순한 기억을 요하는 발문이 아니라 사고활동을 전개할 수 있도록 전개되어야 한다.

㉱ 목적성 : 목적없는 무의미한 발문이 아니라 뚜렷한 목적을 가지고 발문해야 한다.

㉲ 1문 1사상 : 하나의 발문에 두 개 이상의 해답을 요구하는 것은 되도록 피하는 것이 좋다.

(iii) 좋은 발문으로 이끄는 발문기술

㉮ 발문은 학급 전체에 발한 후에 지명한다.

㉯ 응답에 필요한 시간을 주어야 한다.

㉰ 발문은 학습자의 경험과 지식의 범위 안에서 해야 한다.

㉱ 발문은 잘 조직되어 있어야 한다.

㉲ 발문은 학습사항에 적응할 수 있는 강력성을 가지고 있어야 한다.

㉳ 발문은 원칙적으로 반복할 필요가 없다.

㉴ 발문은 명료해야 한다.

(iv) 발문의 유형

발문의 유형은 여러 측면에서 고찰될 수 있으나, Minnis의 Sharble은 지적 수준에 따라 재생적, 추론적, 적용적으로 분류하였으며, 학생의 인식개념의 형성에 따라 인식적 발문, 추구적 발문, 평가적 발문 그리고 관리적 발문으로 구분하기도 한다. 또한 발문과 발언을 같은 입장에서 보고 발문의 유형을 다음과 같이 구분하기도 한다.

㉮ 요구적인 발문–작업, 의견, 개괄, 적용, 정의

㉯ 수여적인 발문–사례, 자료, 개념, 조건, 개괄

㉰ 확인하는 발문–경험, 지식, 이해, 태도

㉱ 기타 발문–주의, 질책, 상찬, 격려

(v) 발문의 처리 방법

교사가 학생의 자유로운 자기의사의 표현과 적극적인 학습활동에의 참여를 위해서는 발문처리를 잘 해야 한다. 그러므로 발문처리의 조건을 몇 가지 들어보면 다음과 같다.

㉮ 성공적인 발문에 대해서는 칭찬과 격려로서 성공감을 갖게 하여 다음의 문제해결에 자신감을 주도록 한다.

㉯ 구체적으로 틀린 곳이나 원인을 지적하여 격려적인 칭찬으로서 자기의 결점을 쉽게 찾게 하고 그 까닭을 찾으려는 태도와 계속적인 학습활동이 되게 한다.

㉰ 학력이 낮은 학생, 발표력이 없는 학생, 내향성적인 학생에게는 한층 주의를 해야 한다.

㉱ 옳지 않은 답이나 또는 건의 제의가 바르지 않더라도 다시 집단사고로 돌려서 각자 다시 생각할 기회를 갖게 해야 한다.

㉲ 편애로 어떤 학생의 발문은 받아들이고 어떤 학생의 발문은 배척한다든가 질책을 방관하는 등의 불공평한 처리는 삼가야 한다.

➲ 전개단계

도입단계에서 확인된 목표와 수업계획에 따라 수업활동이 펼쳐지는 과정이다. 순서있게 배열된 학습과제를 중심으로 강의, 토의, 관찰, 실험, 각종 표현활동 등 정해진 학습목표 달성을 위하여 교사와 학생이 긴밀한 상호작용을 전개하게 된다. 이 과정을 통하여 교사는 학생의 학습이 순조롭게 일어나고 그 효과가 극대화될 수 있도록 최선의 노력을 경주해야 할 것이다. 학습밀도, 학습동기가 높은 수준에서 유지되고 여러 가지 방법과 자료들이 충분히 동원되어야 할 것이다.

수업과정상의 전개단계에서 적용될 수 있는 수업의 주요 형태는 다음과 같다.

① 강의법

이 교수방법은 가장 전통적이며 많이 사용되는 방법으로서 많은 학생에게 짧은 시간 안에 많은 지식을 일방적으로 전달하는 방법인만큼 매우 경제적이라는 장점 말고는 여러 단점을 내포하고 있다. 즉 학생이 소극적 입장에서 피동적으로 공부하게 되고 배움에 대한 적극적 참여를 할 수 없으며, 학습과정의 확인이 어렵고, 개인별 능력차가 무시되며 자극이 약하기 때문에 학생의 동기유발이 어렵고, 학생의 노트 내용이 흔히 불완전 부정확하다.

이렇게 많은 단점이 있음에도 우리나라에서의 교육환경이나 주위 여건 등 현실성을 감안할 때 강의법의 활용은 불가피하며 그 방법의 개선에 많은 고려를 하여야만 학습효과를 증대시킬 수 있을 것이다.

② 문제해결학습

문제를 매개로 하여 이루어지는 학습형태다. 인간의 요구 또는 인간의 만족 또는 목표와의 사이에 나타나는 과제를 Dewey의 반성적 사고를 통하여 해결해 가는 것이다. 따라서, 문제해결학습은 학생들이 새로운 사태에 직면할 때, 또는 곤란에 부딪쳤을 때, 과거의 지식이나 경험을 유효하게 사용하고 창조활동을 첨가하여 반성적인 사고로 해결해 감으로써, 학생들의 문제를 발견하는 능력, 문제의 성질을 파악하는 능력, 문제를 분석하여 결론을 꺼낼 수 있는 능력,

결론을 응용하는 능력을 양성하는데 있다.

③ **실험 · 실습학습**

강의법의 결점 중 많은 부분이 여기서는 보완이 되나 비용과 시간이 매우 많이 소요되는 방법이다. 그 시간에 학습하여야 할 목표를 뚜렷이 제시한 후 실험 · 실습에 임하도록 해야 한다. 특히 실험의 경우에는 어려운 실습 수기 등에 관하여 세세한 점까지 video tape 등을 이용하여 해설하고 이것을 그 실험시간 중 반복하여 비춰 줌으로써 모든 학생들의 실험이 성공할 수 있도록 하는 것도 하나의 방법이다. 다음에 관찰을 주로 하는 실습교육에서는 예를 들면, 물리학 및 생물학 등에서 video tape를 이용하면 모든 학생이 교수의 설명을 들으면서 동시에 비슷한 자료의 관찰을 진행시킬 수 있어서 교육효과를 올릴 수 있다.

④ **토의학습**

토의학습은 사고력, 비판력, 문제해결력의 배양뿐 아니라 민주적 시민으로서의 자질 함양에 기여하는 바가 큰 방법으로서 원탁토의법, 배심토의법(panel discussion), 포럼(forum), 세미나 등의 유형이 다양하나 여기서는 버즈학습법을 소개하고자 한다.

버즈(Buzz) 학습은 Phillip에 의해 고안된 방법으로서 66토의법 또는 Buzz group 또는 Phillip's 66으로 불리우기도 하는 방법이다.

대개 각각 6명의 그룹으로 나누어서 6분 동안 모여서 문제를 토의하고 다음에 전체 그룹으로 되돌아 와서 더 깊은 토론과 평가를 하는 소집단 토의과정의 수업형태다. 즉 교사는 수업을 전개시켜 가면서 주제마다 학습자 상호간에 토의하는 학습을 시킨다. 이때 학생들은 자기의 의견이나 생각을 털어 놓고 모르는 것을 서로 일러주어 협력해 가면서 문제를 해결하고 인간관계를 돈독히 다져나가는 점이 곧 특징적이라 하겠다.

특히 큰 집단을 작은 집단으로 쪼갠 분할된 상황에서는 의견의 다양성, 이질성 등이 존중되고 그것을 다시 큰 집단으로 묶는 통합된 상황에서는 정리와 집단사고가 조장될 수 있다는 점에서 가치가 있다고 보겠다.

⑤ **협동적 학습**

분단공동학습의 형태인 협동적 방법은 학생성취를 촉진시키고, 나아가 학생 상호작용이 증가하며 소수 학생을 수용하려는 태도가 개선되어 교실 통합의 효과를 가져왔고, 사기존중감과 같은 정의적 측면에도 긍정적 효과를 갖는다고 보고하고 있다.

협동학습에서는 학생은 서로의 학습을 도와주어야 하며(적극적 상호의존), 학생들은 그들이 전에 배웠던 것과 오늘 배우는 자료를 설명, 논의, 정교화, 연결지어야 한다. 또한 상호토론을 통해 혼돈된 개념과 오개념을 수정할 필요가 있다(언어적, 면대면 상호작용). 그들 집단의 모든 구성원은 무임승차는 없다는 것을 배워야 한다(개인적 책무성). 또한 적절한 지도력, 의사소통, 신뢰구축, 갈등해결 기술을 배울 필요가 있다(사회적 기능). 그리고 정기적으로 집단은 얼마나 함께 잘 일하고 있는지, 어떻게 더 나아지고 있는지를 평가해야 한다.

⑥ **문제중심학습**(PBL)

문제중심학습(problem-based learning)은 원래 1950년대 중반 의학교육에서 개발되었으나, 이후 구성주의 이론과 일치하고 있음이 발견되면서 널리 적용되게 되었다. 문제중심학습에서 중시되는 학습목표는 학생의 추론 기능, 비판적 사고력이며 궁극적으로는 자기-주도적 학습자가 되도록 하는 데 있다. 이런 목표를 달성하기 위해서는 학생들에게 흥미 있고 그들이 해결하고자 원하는 문제나 실제적인 과제를 교사와 동료 학습자와의 적극적인 상호작용을 통해 해결해 나가는 탐구과정이 중심이 되는 학습 환경이 요구된다.

문제중심학습에서 학습과정은 교사의 시범(modeling), 학생에 대한 지원(scaffolding, coaching)과 지원의 소멸(fading)로 이루어진다. 학생이 문제해결에 대한 자신감과 통제력을 가지게 되면 교사의 도움은 중지된다.

⑦ **기타**

그 밖에 학습활동면에서 본 학습형태로서 극화학습, 조사학습, 현장학습, 보고학습, 감상학습, 관찰학습, 독서학습, 연습학습, 창작학습 등 여러 가지가 있다.

➲ 정리단계

수업의 결과가 정리되고 정착되는 과정이다. 전개과정에서 학습된 결과들이 요약 · 일반화되고 형성평가가 실시되어 개별적 또는 집단적 효율성이 점검되기도 하며 필요한 예습과제가 제시될 수도 있고, 다음 시간의 학습과제가 예고된다. 형성평가는 정리단계가 아닌 전개단계에서도 실시될 수 있으며, 형성평가의 특징은 다음과 같다.

① 형성평가의 목적

형성평가란 학습 및 교수가 진행되고 있고 활동적인 상태에 있는 도중에 학생에게 송환효과(feedback)를 주고, 교육과정을 개선하며, 수업방법의 개선을 목적으로 실시하는 평가다. 그렇기 때문에 형성평가는 교수 · 학습과정을 일차적으로 이끌어 가고 가르쳐야 할 교사가 직접 제작하는 것이 원칙이다. 형성평가는 교수목표에 기초한 평가이기 때문에 철저하게 목표지향적 평가다. 진단평가가 일반화된 기능이나 특성을 측정하도록 되어 있는데 비해 특히 형성평가는 특정학습 단위를 위해서 구체적으로 계획된 검사다.

형성평가에서는 총점이라는 것은 아무런 의미가 없고 문항반응 유형에 관심을 둔다.

② 형성평가의 역할

㉮ 형성평가는 각 학생이 학습진도를 자기의 학습능력에 맞추어 나가는데 중요한 역할을 한다.

㉯ 형성평가는 교수–학습과정의 각 단계에서 학생에게 feedback을 주고 교정해 주는 계기를 마련해 준다.

㉰ 형성평가를 통해 학생이 필요로 하는 정보는 단지 한 학습단위에서 성공했느냐 실패했느냐의 정보뿐 아니라 더 나아가 실패했다면 그 실패의 원인에 관한 정보를 제공해 주는 역할을 한다.

㉱ 형성평가의 결과는 학생의 학습에 도움을 주기 위해 활용될 뿐 아니라 교사의 수업방법 개선에도 크게 이바지한다.

③ **형성평가의 방법**

㉮ 첫째 과정은 학습단위를 세분화 분석한다.

㉯ 세분화된 학습단위 속의 목표는 위계(hierarchy)가 이루어지도록 조직되어야 한다.

㉰ 조직된 목표를 바탕으로 이원분류표를 작성한다(이원분류표란 한 학습단위에서 어떤 학습요소가 포함되어 있으며, 그들 요소 사이의 상호관계가 어떻게 연결되어 있는지를 일목요연하게 나타내어 주며, 형성평가의 문항을 제작할 때 이에 의거해서 쉽게 문항을 출제할 수 있는 이점이 있다).

㉱ 이원분류표에 의거해서 평가도구를 제작하고 분석한다.

㉲ 형성평가의 분석은 학생이 그 학습요소를 학습했느냐(mastery) 학습하지 못했느냐(non mastery)에 의해 판단해야 한다.

㉳ 형성평가의 분석은 학생이 반응한 답의 오류가 무엇인가를 밝혀 주어야 한다.

9

창의적 체험활동 교육과정

1. 성격
2. 교육목표
3. 내용 및 교수-학습 방법
4. 운영 및 지원
5. 평가

1. 성 격

1) 배경

1955년 8월 1일에 공표된 초 · 중등학교 교육과정은 교과활동과 특별활동의 2개 영역으로 편성할 것을 강조해 오다가 제7차 교육과정에서 재량시간을 신설하여 우리나라 초 · 중 · 고등학교 교육과정은 교과활동, 재량시간 및 특별활동의 세 영역으로 구성되었다. 그리고 「2007개정교육과정」에서 부분 개정시에 재량시간을 창의적 재량활동으로 명칭을 변경하였으며, '2009 개정교육과정'에서 다시 부분 개정하여 특별활동과 창의적 재량활동을 통합하여 '창의적 체험활동'을 도입하였다. 현재 우리나라 초 · 중등학교 교육과정은 크게 두 개의 영역, 즉 '교과활동'과 창의적 '체험활동'으로 구성되기에 이르렀다.

2) 기본성격

창의적 체험활동은 교과 이외의 활동으로서 교과와 상호보완적 관계에 있으며, 앎을 적극적으로 실천하고 나눔과 배려를 할 줄 아는 창의성과 인성을 겸비한 미래지향적 인재 양성을 목적으로 한다. 창의적 체험활동은 기본적으로 자율성에 바탕을 둔 집단활동의 성격을 지니고 있으며, 집단에 소속된 개인의 개성과 창의성도 아울러 고양하려는 교육적 노력을 포함한다.

3) 활동영역

창의적 체험활동 교육과정은 자율활동, 동아리활동, 봉사활동, 진로활동의 4개 영역으로 구성된다. 각 영역별 구체적인 활동 내용은 학생, 학급, 학년,

학교 및 지역사회의 특성에 맞게 학교에서 선택하여 융통성 있게 운영할 수 있다. 여기에 제시되는 영역과 활동 내용은 권고적인 성격을 띠고 있으며, 학교에서는 이보다 더 창의적이고 풍성한 교육과정을 선택과 집중하여 운영할 수 있다.

4) 기본적 지침

창의적 체험활동에서는 학생의 자주적인 실천 활동을 중시하여 학생과 교사가 공동으로 협의하거나 학생들의 힘으로 활동 계획을 수립하고 역할을 분담하여 실천하게 한다. 아울러, 지역과 학교의 독특한 문화 풍토를 고려하여 특색 있고, 인적 · 물적 자원과 시간을 폭넓게 활용하여 융통성 있게 운영하는 것이 중요하다.

① 초등학교의 창의적 체험활동에서는 학생의 기초생활습관의 형성, 공동체 의식의 함양, 개성과 소질의 발현에 중점을 둔다.

② 중학교의 창의적 체험활동에서는 남과 더불어 살아가는 태도의 확립, 자신의 진로에 대한 탐구, 자아의 발견과 확립에 중점을 둔다.

③ 고등학교의 창의적 체험활동에서는 학습자의 다양한 욕구를 건전한 방향으로 유도하고, 원만한 인간관계를 형성하며 진로를 선택하여 자아실현에 힘쓰도록 하는데 중점을 둔다.

2. 교육목표

1) 총괄목표

학생들은 창의적 체험활동에 자발적으로 참여하여 개개인의 소질과 잠재력을 계발 · 신장하고, 자율적인 생활 자세를 기르며, 타인에 대한 이해를 바탕으로 나눔과 배려를 실천함으로써 공동체 의식과 세계 시민으로서 갖추어야 할 다양하고 수준 높은 자질 함양을 지향한다.

2) 하위목표

① 각종 행사, 창의적 특색활동에 자발적으로 참여하여, 변화하는 환경에 적극적으로 대처하는 능력을 기르고, 공동체 구성원으로서의 역할을 수행한다.
② 동아리활동에 자율적이고 지속적으로 참여하여 각자의 취미와 특기를 창의적으로 계발하고, 협동적 학습능력과 창의적 태도를 기른다.
③ 이웃과 지역사회를 위한 나눔과 배려의 활동을 실천하고, 자연환경을 보존하는 생활습관을 형성하여 더불어 사는 삶의 가치를 깨닫는다.
④ 흥미와 소질, 적성을 파악하여 자기 정체성을 확립하고, 학업과 직업에 대한 다양한 정보를 탐색하여 자신의 진로를 설계하고 준비한다.

3. 내용 및 교수-학습 방법

1) 내용체계

영 역	주안점	활 동
자율활동	학교는 학생중심의 자율적 활동을 추진하고, 학생은 다양한 교육 활동에 능동적으로 참여한다.	- 적응활동 - 자치활동 - 행사활동 - 창의적 특색활동 등
동아리활동	학생은 자발적으로 집단 활동에 참여하여 협동하는 태도를 기르고 각자의 취미와 특기를 신장한다.	- 학술활동 - 문화예술활동 - 스포츠활동

영 역	주안점	활 동
동아리활동		- 실습 노작활동 - 청소년 단체활동 등
봉사활동	학생은 이웃과 지역사회를 위한 나눔과 배려의 활동을 실천하고, 자연환경을 보존한다.	- 교내 봉사활동 - 지역사회 봉사활동 - 자연환경 보호활동 - 캠페인활동 등
진로활동	학생은 자신의 흥미, 특기, 적성에 적합한 자기 계발 활동을 통하여 진로를 탐색하고 설계한다.	- 자기 이해활동 - 진로 정보 탐색활동 - 진로 계획활동 - 진로 체험활동 등

2) 영역별 내용 및 교수-학습 방법

이 교육과정에서 제시한 각 영역별 활동 내용은 예시적 기준이므로, 학생의 발달 단계, 학교 실정 및 지역 특성 등을 고려하여 목표 달성에 적합한 내용을 선정, 운영할 수 있다.

(1) 자율활동

1 목표

① 전입학과 진급 등에 따른 생활변화에 적응하고 이를 주도하는 능력을 길러 원만하고 즐거운 학교생활을 한다.

② 다양한 협의 및 실천 경험을 통해 문제를 합리적으로 해결할 수 있으며, 민주적인 의사결정의 기본 원리를 익힌다.

③ 학급과 학교에서 일어나는 제 문제에 대해 적극적으로 참여하여 협의하고 실천함으로써 협동심과 유대감을 기른다.

④ 교내외에서 실시되는 여러 행사의 의의와 중요성을 이해하고, 행사에 자발적으로 참여하여 학교와 지역사회의 발전을 위해 노력하는 태도를 가진다.

⑤ 학급, 학년, 학교의 특성 및 학습자의 발달 단계에 맞는 다양한 특색활동을 계획하고, 이에 참여함으로써 자신감과 창의성을 기른다.

⑥ 학교의 전통을 계승하고 이를 창의적으로 발전시키려는 노력을 통해 소속감과 애교심을 기른다.

2 활동별 내용

① 적응활동

· 입학, 진급, 전학 등에 따른 적응활동 등

· 예절, 질서 등의 기본생활습관 형성활동, 축하, 친목, 사제동행 등

· 학습, 건강, 성격, 교우 등의 상담활동 등

② 자치활동

· 1인 1역, 학급회 및 학급 부서활동 등

· 학생회 협의활동, 운영위원 활동, 모의 의회, 토론회 등

③ 행사활동

· 시업식, 입학식, 졸업식, 종업식, 기념식, 경축일 등

· 전시회, 발표회, 학예회, 경연대회, 실기대회 등

· 학생건강체력평가, 체격 및 체질 검사, 체육대회, 친선경기대회, 안전생활 훈련 등

· 수련활동, 현장학습, 수학여행, 학술조사, 문화재 답사, 국토순례, 해외문화체험 등

④ 창의적 특색활동

· 학생 특색활동, 학급 특색활동, 학년 특색활동, 학교 특색활동, 지역 특색활동 등

· 학교 전통 수립활동, 학교 전통계승활동 등

3 교수-학습 방법

① 학생들의 자발적이고 자율적인 활동이 되도록 해야 하며, 그 활동이 바람

직하고 창의적인 방향으로 이루어지도록 지도한다.

② 모든 구성원들이 골고루 참여할 수 있는 기회를 제공하고, 다양한 의견을 존중하여 참여 의식을 높이며 소속감을 가지게 한다.

③ 학생 전원이 학급 생활에 필요한 한 가지 이상의 일을 분담하여 자율적으로 실천하게 하되, 필요할 경우 역할을 교체하여 다양한 경험을 가지도록 한다.

④ 행사활동의 계획 수립, 준비, 시행, 반성 등에 있어서 학생들이 적극적으로 참여하도록 지도하고, 적절한 역할 분담을 통하여 자치적인 운영이 되도록 한다.

⑤ 행사계획을 수립할 때에는 행사명, 목적, 시기, 장소, 대상, 행사 과정, 역할 분담, 유의점, 배치도, 상황 변동시의 대책 등을 충분히 고려하고, 필요에 따라 사전 답사 및 사전교육을 실시한다.

⑥ 학교 행사의 실시에서 필요한 경우 지역사회와의 연계성을 고려하되, 지역사회의 요청에 의한 학교 행사는 그 교육적 가치를 충분히 검토하여 선택적으로 운영할 수 있다.

⑦ 학생들이 교실과 교내를 벗어나 다양한 실생활과 자연을 접하여 호연지기를 기를 수 있는 기회를 적극 마련한다.

(2) 동아리활동

[1] 목표

① 흥미, 취미, 소질, 적성, 특기가 비슷한 학생들로 구성된 활동 부서에 자발적으로 참여하여, 창의성과 협동심을 기르고, 원만한 인간관계를 형성한다.

② 다양한 활동에 참여하여 자신의 잠재 능력을 창의적으로 계발·신장하고, 자아실현의 기초를 닦는다.

③ 여가를 선용하는 생활 습관을 형성한다.

④ 지역 내 학교간 각종 동아리 경연대회를 통해 우의를 다지는 협력과 공정한 경쟁을 익히도록 한다.

2 활동별 내용

① 학술활동

· 외국어 회화, 과학 탐구, 사회 조사, 탐사, 다문화 탐구 등

· 컴퓨터, 인터넷, 신문 활용, 발명 등

② 문화 예술활동

· 문예, 창작, 회화, 조각, 서예, 전통예술, 현대예술 등

· 성악, 기악, 뮤지컬, 오페라 등

· 연극, 영화, 방송, 사진 등

③ 스포츠 활동

· 구기운동, 육상, 수영, 체조, 배드민턴, 인라인스케이트, 하이킹, 야영 등

· 민속놀이, 씨름, 태권도, 택견, 무술 등

④ 실습 노작활동

· 요리, 수예, 재봉, 꽃꽂이 등

· 사육, 재배, 조경 등

· 설계, 목공, 로봇제작 등

⑤ 청소년 단체활동

· 스카우트연맹, 걸스카우트연맹, 청소년연맹, 청소년적십자, 우주소년단, 해양소년단 등

3 교수-학습 방법

① 학생의 취미, 흥미, 적성, 요구, 학교 실정 및 지역 특성 등에 알맞은 활동 부서를 조직하고, 모든 학생에게 자세히 안내한다.

② 학교는 학생의 희망을 존중하여 활동 부서를 조직한다.

③ 교사가 주도적인 역할을 하지 않도록 유의하여 학생중심의 흥미롭고 창의적인 운영을 도모한다.

④ 학생의 개성과 소질을 최대한 신장시키기 위하여 방과후 및 휴업일, 방학

중에도 활동을 지속적 · 집중적으로 운영할 수 있다.

⑤ 동아리활동의 각종 프로그램을 활성화시키기 위하여 교내외의 인적 자원, 물적 자원을 적극 활용한다. 특히 지역사회 인사와 학부모의 자발적 봉사 협력을 통해 동아리활동이 이루어질 수 있도록 이를 장려한다.

⑥ 동아리활동을 활성화시키기 위해 교내 및 학교간 경연대회, 전시회, 발표회, 봉사활동과 연계 등을 적극 추진한다.

(3) 봉사활동

1 목표

① 타인을 배려하는 너그러운 마음과 더불어 사는 공동체 의식을 가진다.

② 나눔과 배려의 봉사활동 실천으로 이웃과 서로 협력하는 마음을 기르고, 호혜 정신을 기른다.

③ 지역사회의 일들에 관심을 가지고 참여함으로써 사회적 역할과 책임을 분담하고, 지역사회 발전에 이바지하는 태도를 가진다.

2 활동별 내용

① 교내 봉사활동

· 학습부진 친구, 장애인, 병약자, 다문화가정 학생 돕기 등

② 지역사회 봉사활동

· 복지시설, 공공시설, 병원, 농 · 어촌 등에서의 일손 돕기 등

· 불우이웃돕기, 고아원, 양로원, 병원, 군부대에서의 위문활동 등

· 재해 구호, 국제 협력과 난민 구호 등

③ 자연환경 보호활동

· 깨끗한 환경 만들기, 자연 보호, 식목활동, 저탄소 생활 습관화 등

· 공공시설물, 문화재 보호 등

④ 캠페인활동

· 공공질서, 교통안전, 학교 주변 정화, 환경 보전, 헌혈, 각종 편견극복 등에 대한 캠페인활동 등

3 교수-학습 방법

① 봉사활동의 참된 의미와 가치를 인식시키고 미래 생활과도 연계되도록 지도한다. 효율적이며 진정한 봉사활동이 될 수 있도록 사전 교육을 실시하며, 관련 정보를 충분히 수집하고 면밀한 계획을 세워 추진한다.

② 봉사활동의 내용은 학교나 지역사회의 여건을 고려, 학교 재량으로 선정하여 융통성 있게 운영할 수 있다.

③ 학생들의 처지와 능력 수준에서도 봉사가 가능하며, 보람을 느낄 수 있도록 하기 위해서, 서로 협력하는 기회를 만들고, 특히 동아리활동의 성과를 봉사활동에 적극 활용한다.

④ 활동의 전 과정이 교육적 의미를 가질 수 있도록 활동의 계획과 과정 및 결과에 대한 사후 평가를 실시하고, 이를 향후의 활동 계획 수립에 반영한다.

⑤ 지역사회 유관 기관 및 봉사 단체와 협조 체제를 유지하여 효율적인 봉사활동이 이루어지도록 한다.

(4) 진로활동

1 목표

① 자신의 특성, 소질과 적성, 능력 등을 이해하고, 이를 바탕으로 자신의 정체성을 확립하고 자신만의 독특한 진로를 탐색한다.

② 각종 검사, 상담을 통해 진로 정보를 탐색하고 자신의 진로를 계획한다.

③ 진로와 직업 선택의 중요성을 인식하고, 자신의 적성과 소질에 맞는 진로를 탐색 · 설계한다.

④ 학업과 직업 세계를 이해하는 직업 체험활동 기회를 통해 진로를 결정하고 준비한다.

2 활동별 내용

① 자기 이해활동
· 자기 이해 및 심성 계발, 자기 정체성 탐구, 가치관 확립활동, 각종 진로 검사 등

② 진로 정보 탐색활동
· 학업 정보 탐색, 입시정보 탐색, 학교 정보 탐색, 학교 방문 등
· 직업 정보 탐색, 자격 및 면허 제도 탐색, 직장 방문, 직업 훈련, 취업 등

③ 진로 계획활동
· 학업 및 직업에 대한 진로 설계, 진로 지도 및 상담활동 등

④ 진로 체험활동
· 학업 및 직업 세계의 이해, 직업 체험활동 등

3 교수-학습 방법

① 학생이 자신에 대한 충분한 이해를 바탕으로 자신의 진로를 개척하려는 태도를 갖게 한다.

② 학생의 인성, 적성, 진로 성숙도 등 다양한 측면을 파악할 수 있는 각종 검사를 실시하고 그 결과에 대해 필요한 상담을 실시한다.

③ 진로 관련 상담활동은 담임교사가 하는 것을 원칙으로 하되, 특히 중등학교에서는 학생의 진로와 가장 밀접한 교과교사를 진로지도교사로 하여 학생 개인별 혹은 집단별 진로상담에 도움을 주도록 한다. 진로활동 내용에 따라서는 상담교사나 전문적 소양을 가진 학부모 또는 지역사회인사의 협조를 받는다.

④ 학생의 학업 진로, 직업 진로에 대한 진로계획서를 작성하고 꾸준히 수정하는 활동을 실시한다.

⑤ 진로 선택에 중요한 시기를 맞고 있는 중등학생의 경우 '직업과 진로' 과목과 연계하여 지도한다. 특히 중학교 3학년에선 고교 진학, 고교 1학년에선 진로

에 따른 교과목 이수 그리고 고교 3학년에선 대학진학 혹은 직업 선택을 지도하는데 중점을 둔다.

⑥ 학교 및 지역사회 인사, 지역사회 시설 등을 활용하여 장래에 학생들이 선택하게 될 학업과 직업에 대해 탐구하고, 직접 체험할 수 있는 기회를 제공한다.

4. 운영 및 지원

① 창의적 체험활동에 배당된 시간(단위) 수는 영역별로 학생의 요구, 학교 및 지역의 특성을 고려하여 학교의 재량으로 배정하되, 학생의 발달 단계를 고려하여 학교 급별, 학년별로 활동 영역 및 내용을 선택하여 집중적으로 운영할 수 있다.

② 창의적 체험활동의 운영의 효율성을 높이기 위해 관련 교과 및 창의적 체험활동의 하위 영역간에 통합하여 편성 · 운영할 수 있다.

③ 창의적 체험활동 운영 계획은 학생들의 흥미와 소질, 학교와 지역사회의 실정을 고려하여 작성하되, 계획을 수립하고 운영하는 과정에서 학생들의 의사를 적극적으로 표현되어 반영되도록 한다.

④ 창의적 체험활동은 학교의 필요에 따라 기준 시간(단위)보다 더 많은 시간을 확보하여 운영할 수 있으며, 시간 운영은 통합, 집중 등 다양한 방식으로 융통성있게 할 수 있다.

⑤ 활동의 내용, 조직 단위, 장소, 시설 등 규모와 여건을 고려하여 정일제, 격주제, 전일제, 집중제 등과 같이 융통성있게 운영할 수 있다.

⑥ 자율활동의 국토 순례활동, 봉사활동, 진로 체험활동 등은 활동의 특성에 따라 방학 기간을 이용하여 집중 운영할 수 있다.

⑦ 입학 초기 적응활동은 창의적 체험활동의 자율활동 중 '적응활동'의 일부

로 편성하여 지도한다. 특히 초등학교 1학년과 사춘기 학생들의 적응활동을 위한 적절한 교육 프로그램을 개발하여 적용한다.

⑧ 학교와 교사, 학생의 요구와 필요에 따른 범교과 학습과 자기주도적 학습을 창의적 체험활동의 영역과 연계하여 운영할 수 있다.

⑨ 지역사회의 인적 · 물적 자원을 최대한 활용하기 위하여 창의적 체험활동 영역별로 활용 가능한 인사, 시설, 기관, 자료 등의 자원 실태를 파악하고, 다양한 활동 프로그램을 개발하여 창의적으로 운영한다.

⑩ 시 · 도 교육청 및 지역 교육청은 창의적 체험활동을 운영하는 데 필요한 지도자, 보조자 등의 인적 자원과 제반 시설, 설비, 자료 등의 물적 자원 및 프로그램을 지원한다.

⑪ 시 · 도 교육청 및 지역 교육청은 창의적 체험활동 지도 자료 및 프로그램의 개발 및 보급, 연수 과정의 개설, 연구학교의 운영 등을 통하여 각급 학교의 창의적 체험활동 운영과 개선을 지원한다.

5. 평 가

① 학교와 지역사회의 실정 및 교육 목표에 비추어 적합하게 이루어지도록 평가한다.

② 교육 목표의 설정, 평가 장면의 선정, 평가 도구의 제작, 평가의 실시 및 결과 처리, 평가 결과의 해석 및 활용의 절차를 고려하여 평가한다.

③ 각 영역별로 평가 관점을 마련하고 참여도, 협력도, 열성도 및 그 이외의 활동 실적 등이 골고루 반영되도록 평정척도를 작성, 활용한다.

④ 학생의 자기 평가, 상호 평가, 활동 및 관찰 기록, 질문지, 작품 분석, 포트폴리오 등 다양한 방법으로 평가한다.

⑤ 평가 결과는 평소의 활동 상황을 누가 기록한 자료를 토대로 학생의 활동

실적, 진보의 정도, 행동의 변화, 특기 사항 등을 담임 또는 담당 교사가 수시로 평가한다.

⑥ 학생이 창의적 체험활동에 참여한 정도와 성과를 지속적으로 기록하고, 학교가 제공한 창의적 체험활동 프로그램의 특성을 상세히 기록하여 상급학교 진학 자료로 활용되도록 한다.

⑦ 학생 개개인의 성장, 발달, 변화를 평가하여 그 결과를 학생의 계속적 진보와 계발을 돕는 자료로 활용함은 물론, 학급 또는 학교 차원에서 전체 집단의 성장, 발달, 변화 등을 평가하여 지도 방법 개선 자료로 활용한다.

⑧ 프로그램 평가에는 운영 계획, 운영 과정, 운영 결과 등이 포함되도록 하며, 평가 결과는 차후 창의적 체험활동 계획 수립 및 운영의 개선 자료로 활용한다.

10

학교 교육과정의 편성과 운영

1. 학교 교육과정의 편성의 원리와 절차
2. 현행 교육과정의 편성과 운영방법
3. 학교 교육과정의 운영

1. 학교 교육과정의 편성의 원리와 절차

1) 학교 교육과정의 의미와 특성

(1) 학교 교육과정의 의미

학교는 국가수준의 교육과정이 제시하는 방향과 주요 내용을 올바로 파악하고, 이를 근거로 하여 당해 학교의 '창의적인 학교 교육과정'을 편성하여야 한다.

여기서 학교교육과정이란 "학교중심" 혹은 "학교수준"의 교육과정이란 의미와 동일하다. 즉 국가 혹은 교육청 수준의 교육과정이 아니라 개별학교 수준의 교육과정이다.

그 동안 교육과정이 제5차, 제6차, 제7차 및 2007 개정교육과정이 2009 개정교육과정으로 변화하면서 교육과정에 대한 기본 관점이 크게 변화하였다. 제1차부터 제5차까지는 국가 주도의 '중앙 집권적 교육과정 체제'로 교육과정 편성권의 세세한 부분까지 전적으로 국가가 가지고 있어 국가 교육과정이 곧 학교 교육과정이었다. 따라서 전국의 모든 학교 교육과정은 동일했으며, 학교 교육과정을 별도로 편성할 필요가 없었다.

제6차에 이르러 교육과정 편성 · 운영권을 시 · 도와 학교에 위임하기 시작함으로써 '지방 분권적 교육과정 체제'로 전환하였으며, 그 결과 각 학교는 학교 교육과정을 편성하게 되었다. 그러나, 교육과정에 대한 해석권이 전적으로 국가에 있었고 각 시 · 도 교육청은 편성 모형을 제시하여 각 학교로 하여금 선택케 함으로써 각 학교마다 학교 교육과정이 존재하기는 하나 거의 유사한 형태이었다.

'제7차' 및 '2007년 개정교육과정' 그리고 '2009년 개정교육과정'에서는 교육과정 편성 · 운영권이 대폭적으로 시 · 도와 학교에 위임되어 국가기준에는 전국 공통의 일반적, 공통적 사항만 규정하고, 나머지는 시 · 도 지침에 제시하거나, 전적으로 학교가 결정하도록 함으로써 각 학교 교육과정은 다양한 모습을 띠게 되었다.

각 학교는 지역의 특성, 학생 집단의 특성, 학부모의 요구수준, 교사 조직의 특성, 학교장의 교육 철학 등을 고려하여 다양하고 특성 있는 교육과정을 편성 · 운영하게 되었다.

(2) 학교 교육과정의 특성

일반적으로 교육과정은 '학습자에게 경험을 선정하고 조직하여 교육 경험의 질을 구체적으로 관리하는 교육의 기본 설계도'라고 할 수 있다. 따라서, 의도된 학교 교육에서 '왜, 무엇을, 어떻게, 어느 수준과 범위로 가르치고 평가하느냐'를 문서로 계획한 교육설계도가 교육과정이기 때문에, 교육과정을 단순한 교육 내용으로만 볼 것이 아니라 교육 목표, 내용, 방법이나 운영 방식, 평가를 포괄하는 폭넓은 개념으로 보아야 할 것이다.

학교 교육과정은 국가수준의 교육과정 기준과 시 · 도의 교육과정 편성 · 운영 지침을 근거로 하여 지역의 특수성과 학교의 실정 및 실태에 알맞게 각 학교별로 마련한 '의도적인 교육 실천계획'을 의미한다. 즉, 그 학교가 수용하고 있는 학생에게 책임지고 실현하여야 할 교육 목표, 내용, 방법, 평가 등에 관한 실천 가능한 구체적인 실행 교육과정이고, 특색 있는 당해 학교의 교육 설계도이며, 상세한 교육 운영 세부 실천 계획인 것이다.

2) 학교 교육과정 편성 · 운영의 필요성

학교수준에서 학교 교육과정을 편성하고 운영해야 할 필요성을 살펴보면 다음과 같다.

첫째, 교육의 효과성을 높이기 위해서 필요하다.

학교 교육과정의 편성을 통하여 국가수준의 교육과정을 당해 학교의 실정에 알맞게 지속적으로 보완, 조정함으로써 학생의 실태에 적합한 학습자 중심의 교육과정을 다양하게 운영할 수 있다. 이렇게 학습자 중심의 교육과정 운영을 통하여 나아가서 단위 학교 교육에서 도모하고자 하는 목적을 달성하기가 용이하다고 하겠다. 전국 공통의 일반적인 국가수준의 기준을 그대로 획일적으로 시행하는 것은 학생 개개인의 능력과 적성에 맞는 교육의 개별화, 다양화, 자율화를 꾀하기가 어려울 뿐만 아니라 융통성 있는 운영과 적극적인 교수-학습의 상호작용이 효과적으로 이루어질 수 없는 것이다.

둘째, 교육의 적합성을 높이기 위해서 필요하다.

지역이나 학교의 특수성, 교육의 실태, 학생 · 교원 · 학부모의 요구와 필요를 반영하여 해당 학교의 교육 중점을 설정, 운영함으로써 학교 교육의 적합성을 높일 수 있다. 다시 말하면, 학교의 상황과 여건에 맞는 교육을 실현할 수 있다고 하겠다. 학교 교육과정의 편성 및 운영은 국가수준의 공통성과 지역 · 학교 · 개인 수준의 다양성을 동시에 추구하는 교육과정의 성격을 지니고 있으므로 교원 · 학생 · 학부모가 함께 실현해 나가는 교육적인 노력이 필요하다고 하겠다.

셋째, 교원의 자율성과 전문성을 신장시키기 위해서 필요하다.

학교의 교육은 누구보다도 학생들의 능력과 욕구를 잘 이해하고 학교의 지역적인 특수성을 잘 알고 있는 교사들이 학교 교육과정 편성 및 운영과정에 능동적으로 참여하도록 유도함으로써 잘 이루어질 수 있다. 또한 이런 과정은 교사들에게 자율성과 전문성을 신장시킬 수 있는 기회를 가지도록 할 수 있다. 학교 교육과정의 편성과 운영은 교원의 전문적인 업무다. 교원이 교육과정을 편성하고 운영할 수 있기 때문에 교직을 전문직이라고 하는 것이며, 이 업무를 수행하는 일은 교원의 고유한 전문적인 영역이다. 따라서 교육부, 교육청 등 교육관련 기관 등에서는 학교 교육과정이 지역이나 학교의 실정에 따라 특색이 있게 운영하도록 자율재량권을 부여하고 교원의 자율성이 발휘되도록 이를 보장해 주고 지원해 주어야 한다.

넷째, 교육의 다양성을 추구하기 위해서 필요하다.

우리나라의 초 · 중등 교육은 획일성이 커다란 문제로 지적되어 왔다. 그 원인은 여러 가지가 있으나 획일화된 교과서로 인한 교과서 중심의 학교 운영, 전국이 비슷한 교육과정이 원인이라고 할 수 있다. 이제 획일화된 교육내용, 교육방법과 교육환경에서 탈피하여 학생, 교원, 학교의 실정에 알맞은 다양한 교육으로 변화시켜 나가기 위해서는 학교 교육과정이 필요한 것이다. 그러기 위해서는 '교과서 중심의 학교교육 체제'에서 벗어나 '교육과정 중심의 학교교육체제'로 하루 빨리 전환시켜야 교육의 다양성을 실현할 수 있을 것이다.

3) 학교 교육과정 편성 · 운영의 성격

(1) 학교별 독특성

학교 교육과정 편성 · 운영은 특정적이어서 각 학교가 가지고 있는 지역사회와 학생들의 특정한 요구에 초점을 맞추어 편성 · 운영된다. 따라서, 각 학교의 학교 교육과정 편성 · 운영은 교육과정에 대한 학교 안팎의 요구가 학교마다 다른 만큼 내용면에 있어서 서로 독특하고 상이하게 편성 · 운영된다.

(2) 상황 적응성

학교 교육과정의 편성 · 운영은 반드시 국가수준의 교육과정, 시 · 도교육청의 교육과정 편성 · 운영지침이나 지역교육청에서 제공하는 교육과정 편성 · 운영 장학자료에 관하여 구성되는 것이 아니고 오히려 그런 교육과정들을 기초로 학교의 특정한 상황에 맞게 조화를 시키는 활동이다. 따라서, 학교 교육과정 편성 · 운영은 국가수준의 교육과정과 시 · 도교육청에서 제공하는 교육과정 편성 · 운영 지침 등 교육청에서 제공하는 교육과정 틀을 기준으로 학교가 자율적으로 특색 있게 편성 · 운영하는 활동이다.

(3) 과정중심성

학교 교육과정 편성 · 운영은 과정 중심적이어서 교육과정 편성 · 운영의 전략적 측면에서 보면 결과보다는 편성 · 운영 과정 그 자체에 중요성을 둔다. 환언하면, 학교 교육과정 편성 · 운영은 최종적인 결과인 프로그램 산출도 중요하지만 그 보다는 산출을 내기까지의 과정을 통해 학교 구성원들이 학교 교육과정의 의미와 중요성을 이해하고, 자율성 · 협동성을 발휘하고 전문성을 신장시키는 측면을 더욱 중요하게 생각하는 활동이다.

(4) 참여성

학교 교육과정 편성 · 운영은 참여적이어서, 교사들이 변화를 위한 계획을 세우는 데 있어 서로 협동하는 것이 적절한 교육과정 편성 · 운영 방식이자 모습이라고 본다. 그러므로 비록 어느 교사 한 사람의 노력으로 뛰어난 수준의 학교 교육과정을 편성한다 하더라도 그것은 바람직하지 않으며, 또한 성공하기도 어렵다. 왜냐하면, 학교 교육과정은 그 본질이 집단적 사고의 산물이자 집단적 지식이기 때문이다. 따라서 교사들의 협동적 참여와 민주적 의사결정이 배제된 학교 교육과정은 학교 구성원들의 학교 교육과정에 대한 인식의 공유를 이끌어 내지 못하기 때문에 그 실행의 과정에서 소기의 성과를 기대할 수 없게 된다.

(5) 개방성

편성된 교육과정은 실행한 후에 평가를 통해 얼마든지 수정될 수 있기 때문에 실험적이고 개방적인 특징을 지닌다. 학교 교육과정은 일회적이고 정적인 개념이 아니고 계속적이고 동적인 개념으로서 해를 거듭하면서 꾸준히 발전되어 나가는 프로그램이다. 따라서 주어진 것이 아니라, 만들어 가는 것, 보완해

가는 것이다.

(6) 교사의 역할 확대성

학교 교육과정 편성 · 운영은 교사의 역할을 확대하는 것이어서, 학급으로 제한되어 있는 교사의 역할 범위를 좀 더 넓은 범위까지 확대하게 되고, 그 결과로 교사들은 기존의 역할에 변화와 융통성을 주어야 할 것을 요구받고 있다. 전통적으로 교사들은 외부로부터 주어진 내용을 학급 내에서 학생들에게 수업을 통해 전달하는 수동적이고 타율적인 역할에만 머물러 있었다. 그러나 학교 교육과정 편성 · 운영은 교사들이 그런 역할을 넘어서서 때로는 교육과정 학자, 교과 전문가, 교육과정 해설 및 자문가 등 교육학자의 역할과 함께 새로운 지식의 창조자로서의 능동적이고 전문적인 역할을 새로이 요구하고 있다.

4) 학교 교육과정 편성의 기본원리

(1) 목적지향성의 원리

교육과정을 통하여 국가수준과 시 · 도교육청 및 지역교육청 수준의 핵심적인 교육목적이 달성되어야 하는 것이므로 학교 교육과정은 이러한 교육목적에 부합되어야 한다. 각 교과 및 학년이 학교 교육과정 및 활동을 상위의 교육목적들과 연결시켜야 한다. 학교 교육과정위원회는 상위의 각 교육목적이 학교 교육과정에서 적절하게 강조되고 있는지, 내용 간에 지나친 반복은 없는지, 내용들이 더 통합될 수는 없는지 등의 사항들을 검토해 보아야 한다.

(2) 균형성의 원리

핵심적 교육목적을 다루어야 하는 필수과목과 학생들의 개별적인 특수한 흥미를 개발, 탐색하게 하는 선택과목 및 창의적 체험활동 등은 적절한 균형을 이루어야 한다. 동 교과목들에 할당된 시간은 학교가 설정한 교육목적상의 우선순위를 반영해야 한다. 무엇이 적절한 균형이며 어떤 과목들이 중요한가 하는 것은 학교마다 다소간 주관적이어서 획일적으로 말하기 어려운 문제다. 그러나 한 가지의 방법은, 교과별로 국가수준 혹은 교육청 수준에서 주어지는 최소한의 시간 배당, 전문가들이 판단하는 시간 배당, 현재 학교의 실태 등을 비교하는 표를 만들고 이를 토대로 교사와 학부모들이 협의하여 각 교과별로 학교가 앞으로 배당해야 할 적절한 시간을 결정한 후에 학교 교육과정위원회가 이를 수렴하여 최종적으로 결정하는 방법이다.

(3) 통합성의 원리

종적 연결은 학년 간 및 수준 간 연결을 의미하는데 이는 학생들의 학업성취 등의 결과를 분석하거나 교사들 간의 협의로 파악될 수가 있다. 횡적 연결은 특정학년에서의 교과 간 연결을 의미한다. 제6학년의 수학과 과학이 적절하게 서로 보강해 주고 있는가 하는 문제가 그 하나의 예다. 횡적 연결의 문제는 상위 학년일수록 더욱더 중요하다. 횡적 연결의 문제를 해결하는 손쉬운 방법은 각 학년별로 교사들이 모여 연간교육계획을 펼쳐 놓고 비교 · 조정하는 것이다. 단원 계열의 변경, 통합 단원의 개발, 특정 교과의 내용 추가, 연속성이 낮은 부분을 찾아내고 그 부분의 수정 등을 통해서 가능하다. 통합(integration)은 학생들로 하여금 지식간의 관계를 이해시키고 여러 학문 분야의 지식을 두루 활용하도록 하기 위해 교과들을 서로 연결짓는 다양한 접근법을 사용하게 된다.

(4) 학습자중심의 원리

학교 교육과정은 해당 학교 학생의 특수한 요구에 부응해야 한다. 학생의 요구라는 것도 보는 이의 가치관에 따라 상이하게 판단될 수 있다. 학교 내외의 가용한 자원, 지역사회의 가치관, 교육자의 신념 등을 토대로 요구가 판단되어야 한다. 구체적으로 학교교육과정위원회는 학생의 요구를 파악하기 위해 학부모, 학생, 교사들의 의견을 들어야 한다. 필요한 요구는 여러 가지의 다양한 방법과 조치를 통하여 수용하여야 한다.

5) 학교 교육과정의 편성체제

기본적으로 학교 교육과정을 '어떤 체제로 구성할 것인가'하는 것은 당해 학교에 자율권 · 재량권이 부여되어 있다. 따라서, 그 학교를 경영하는 학교장의 교육적인 판단에 따라 학교가 창의성을 발휘하여 특색 있게 구성하여야 한다. 또한 어떠한 경우에는 다른 학교의 교육과정을 모방하는 경우가 있을 수 있으나 이것은 학교 교육과정 운영의 획일화를 초래하게 되며, 이로 인하여 모든 학교의 교육과정이 특색 없이 경직화, 형식화될 우려가 있다.

학교 교육과정의 편성 형태는 여러 가지 방안이 있을 수 있다. 그러나 어떤 형태나 체제로 편성하든지 간에 학교 교육과정에는 학교장의 교육철학이나 학교 교육 목표, 당해 연도의 노력 중점이 뚜렷이 부각되어야 하며, 교육과정의 편제와 시간 배당, 교과, 창의적 체험활동의 학년 · 교과 · 영역별 교육 중점과 연간지도 계획, 평가 계획이 포함되어야 한다. '왜, 무엇을, 어떻게, 어느 수준과 범위로 가르치고 평가할 것인가'를 담은 교육설계도가 교육과정이라고 한다면, 이 교육과정은 목표 내용, 방법, 평가를 포함하고 있는 것이므로 학교 교육과정 속에는 교육 목표를 실현시키기 위한 구체적인 계획, 지도, 평가, 운영 방식이나 실천 방안이 체계적이고 일관성 있게 제시되어야 한다. 그래야만 당해 학교의 실정에 알맞은 의도적인 교육활동이 특색 있게 이루어질 수 있는 것이다.

교과와 창의적 체험활동의 과정을 구체화할 경우에는 추가시키거나 보완해야 할 목표는 없는지, 재구성하고 조정, 통합해야 할 내용은 무엇인지, 학생 실태에 비추어 상향 또는 하향시켜야 할 내용은 무엇인지, 지도 순서 · 시간을 조정하거나 계절 · 행사와 연계해야 할 것은 무엇인지, 가장 좋은 지도 방법이나 적절한 평가 방법은 무엇인지 등 교육과정의 적절성과 적합성을 분석, 검토해야 할 것이다.

학교는 교과와 창의적 체험활동의 학년별 성취 수준을 설정하고, 다양한 평가 도구와 방법으로 성취도를 평가하여 학생의 목표 도달도를 확인하고 수업의 질 개선 자료로 활용할 수 있도록 평가 기준, 방법 등을 제시해 주어야 한다.

작성된 학교 교육과정 편성안은 심의 · 검토 과정을 거쳐 모든 교직원이 유용하게 활용할 수 있도록 수정 · 보완하고, 교직원 협의를 거쳐 최종적으로 확정하도록 하는 것이 효과적이다.

학교 교육과정의 편성에 있어서 고려해야 할 주요 내용체제는 다음과 같다.

(1) 학교 교육 목표의 결정

① 교육 가치성, 실천 가능성, 평가 가능성 등을 고려하여 신중하게 결정한다.

② 교과 목표, 학년 목표, 영역별 활동 목표 등의 하위 목표로 구체화될 수 있도록 상위 목표를 설정한다.

(2) 각 교과별 학년 목표의 결정

① 국가수준 기준에는 교과별로 학교급별 학년 목표가 제시되어 있지 않으므로, 각 학교에서 학교 교육과정 편성 시에 당해 학교의 학습자 실태 및 특성 등을 고려하여 적정한 학년 목표를 필수적으로 결정해야 한다.

② 학년 목표의 수준, 목표 수, 설정 영역 등은 그 학교의 학생에게 적합하게 결정해야 한다.

(3) 교과별, 학년별 교육내용의 결정

① 국가수준에 지시된 교과별, 영역별, 학년별 교육내용을 골격으로 상세화하고 보완한다.

② 교과별 영역별로 가장 기초 · 기본적인 지식과 능력을 정선하여 체계화

한다.

(4) 교육내용별 소재의 결정

① 교육내용별로 그 지역, 그 학교에 적절한 수업 소재를 선택 결정한다.
② 소재 선정 시에는 학습자와 친근한 것, 간단한 것, 최근의 것, 보편적인 것, 구체적인 것부터 우선적으로 하는 원칙을 중시한다.

(5) 교육 방법의 결정

① 교사의 일방적인 강의, 해설, 설명은 꼭 필요한 경우에만 적용하는 것을 원칙으로 하고, 팀 티칭, 협력 학습 등 다양한 교육 방법 등도 도입한다.
② 학생의 직접 체험활동, 소그룹별 공동 과제 해결활동, 개별 학습활동이 전개될 수 있는 교육 방법을 선택한다.

(6) 학습 시간의 결정

① 교육내용의 수준과 분량, 특성, 학습 형태와 학습 방법 등을 고려하여 적정 학습 시간을 배당한다.
② 고정적인 학습 시간 배당의 종래 방식에서 벗어나 유연하고 융통성 있게 배당한다.
③ 심도 있는 학습이 이루어질 수 있도록 개인차에 따른 소집단별 학습 시간을 고려한다.
④ 창의적 체험활동의 영역별 학습 시간을 균형 있게 배정한다.

(7) 학습 시기의 결정

① 교육과정 및 교과서에 제시된 배열 순서에 전혀 구애받지 않고 그 학교에서 학습하기에 가장 알맞은 시기를 결정한다.

② 특히 계절, 기후, 세시 풍속, 국가 및 지역의 행사, 환경, 자연계의 생태, 각종 역사적 · 사회적 사건 등과 관련 있는 교육내용은 학습을 하기에 가장 적합한 시기에 학습 과제가 다루어질 수 있도록 편성한다.

(8) 학습 매체의 결정

① 학습 매체는 교사용, 학생용을 모두 포함하여 선택 · 결정한다.

② 교수 · 학습에 필요한 모든 준비물을 포함하여 선택하고, 견학, 방문, 실습과 자원 인사초빙도 학습 매체 선정 시 계획해야 한다.

③ 교과용 도서 외에 다양한 학습 매체를 활용하도록 한다.

(9) 평가 계획의 결정

① 평가도구, 평가 방법, 평가 시기 등을 결정한다.

② 선택형 지필검사에만 의존하지 않도록 각별히 유의한다.

③ 학생은 기대하는 대로 성장하기보다는 평가하는 대로 성장한다는 점에 유의한다.

6) 학교 교육과정 편성의 절차

(1) 학교 교육과정 편성의 사전준비 사항

1 학교 교육과정위원회 조직 운영

교원, 학부모, 지역사회 인사 및 교육과정 전문가로 구성되는 교육과정위원회를 구성한다. 위원회는 학교운영위원회와 연계하여 구성하되 다양한 사람들로 구성하는 것이 좋다. 위원회는 자료 수집, 실태 조사, 교육과정 편성 및 운영평가 등의 소위원회로 조직하여 가능한 많은 교사들이 참여하도록 하는 것이 바람직하다. 위원회는 활동 계획, 회의록, 평가보고서 작성 등 실질적인 활동을 하도록 운영한다.

2 국가수준의 기준과 시·도 지침의 내용 분석

학교 교육과정을 편성할 때는 우선 현행의 국가수준 교육과정 기준과 각 시·도 교육청의 학교급별 교육과정 편성·운영 지침을 근거로 편성해야 한다. 실제 아직도 적지 않은 사람들이 국가수준의 교육과정 기준에 각 학교에서 학교 교육과정을 편성하고 운영하는 데 꼭 필요한 기본 지침과 학교교육의 방향이 제시되어 있다는 사실을 잘 모르고 있는 경우가 있다. 즉, 국가수준의 교육과정 기준에는 ① 교육과정의 성격, ② 교육을 통해 추구하는 인간상, ③ 교육과정의 구성 방침, ④ 초등학교, 중학교, 고등학교의 교육 중점과 교육 목표, ⑤ 편제와 시간 배당 기준, ⑥ 학교 교육과정의 편성·운영 지침이 제시되어 있다.

국가수준의 교육과정이 추구하는 인간상을 구현하기 위하여 초·중·고등학교의 학교급별로 교육 중점과 교육 목표가 교육과정에 명시되어 있다. 따라서, 각 학교에서는 지역이나 학교의 실정에 알맞게 학교 교육과정을 편성하기 위해서는 기본적으로 우리나라의 국가수준 교육과정에서는 교육과정을 통해 추구하는 인간상이 어떠한지를 반드시 살펴보아야 할 것이고, 각급 학교의 교육 중점과 교육 목표는 어떠한지를 알아야 이를 토대로 단위 학교의 교육 방향을 설정할 수 있을 것이다. 그렇다면 초등학교와 중학교에서는 적어도 ① 기초적이고 기본적인 교육을 충실히 하는 일과, ② 민주 시민으로서의 자질을 함양하는 데 필요한 일들을 넣어서 학교 교육과정을 편성하여야 할 것이다.

이와 함께 각 시·도 교육청에서 제시한 학교 교육과정 편성·운영 지침을 근거로 단위 학교의 학교 교육과정을 편성하여야 한다.

3 각종 실태 조사·분석과 시사점 추출

학교 교육과정 편성 준비와 구체적인 작업 일정이 수립되고 나면, 가장 먼저 착수해야 할 일은 국가에서 문서로 고시한 교육과정 기준과 시·도 교육청에서 제시한 교육과정 편성 · 운영 지침의 내용을 교과, 재량활동, 특별활동에 따라 분석하고, 필요한 경우에는 관계 법령, 교육 시책, 교육 지표 중점 과제의 내용을 분석하여 학교 교육과정에 반영할 시사점을 일관성 있고 체계적으로 추출하는 것이다.

또, 지역의 특수성과 학교의 실정에 알맞은 특색 있고 창의적인 교육 프로그램을 편성하려면, 무엇보다도 중요한 것이 각종 기초 조사와 실태 분석을 실시하여 학교 교육과정에 반영할 시사점을 실천 가능하도록 추출하는 일이다.

4 지역사회의 교육 여건과 환경의 조사 파악

수업의 장이 교실만은 아니라는 것은 누구나 다 알고 있는 사실이다. 학교 교육과정을 편성, 운영하는 데에는 교원의 조직, 학생의 실태, 학부모의 요구, 지역사회의 실정 및 교육시설 · 설비 등 교육 여건과 환경이 충분히 반영되도록 노력하여야 한다.

모든 학습활동을 통하여 조사, 탐구, 견학, 답사, 실험, 실습 관찰 등과 같은 학생들의 직접적인 체험활동이 많이 이루어지도록 하기 위해서는 학교라는 울타리 안에서의 교육에서 벗어나 지역사회의 교육 시설 · 설비, 문화재, 고적, 전적지 등을 이용한 교육활동이 매우 중요하다.

지역사회의 교육 시설이나 설비 등을 이용하기 위한 사전 준비와 해당 기관과의 유기적인 협조 체제가 강구되어야 하며, 활동 주제에 따라서는 지역사회의 자원인사를 적극적으로 활용할 수 있는 대책이 수립되어야 한다.

특히, 완전한 주 5일 수업제의 시행에 대비하여 토요 휴업일을 운영할 경우에는 지역사회의 교육 시설이나 설비를 이용하기 위한 여러 가지 방안이 구체적으로 강구되어야 한다.

(2) 학교 교육과정의 구체적 편성 절차

새 학년 교육과정은 늦어도 전년도 11월부터 작업에 착수하여야 한다. 절차와 추진 계획을 세부적으로 작성하되 순서와 추진 내용, 담당자와 필요한 자료 등을 명세화한 계획을 작성하여 일정대로 추진하고 수시로 보완해 가야 한다. 우선 교육과정 편성 · 운영의 일반적인 절차를 살펴보고 학교 나름대로 추진 계획을 수립한다. 교육과정위원회의 조직과 임무를 분담하고 세부 업무 추진 사항을 정한 다음 일정을 잡아야 한다. 편성 절차를 구체적으로 도식화하면 [그림 10-1]과 같다.

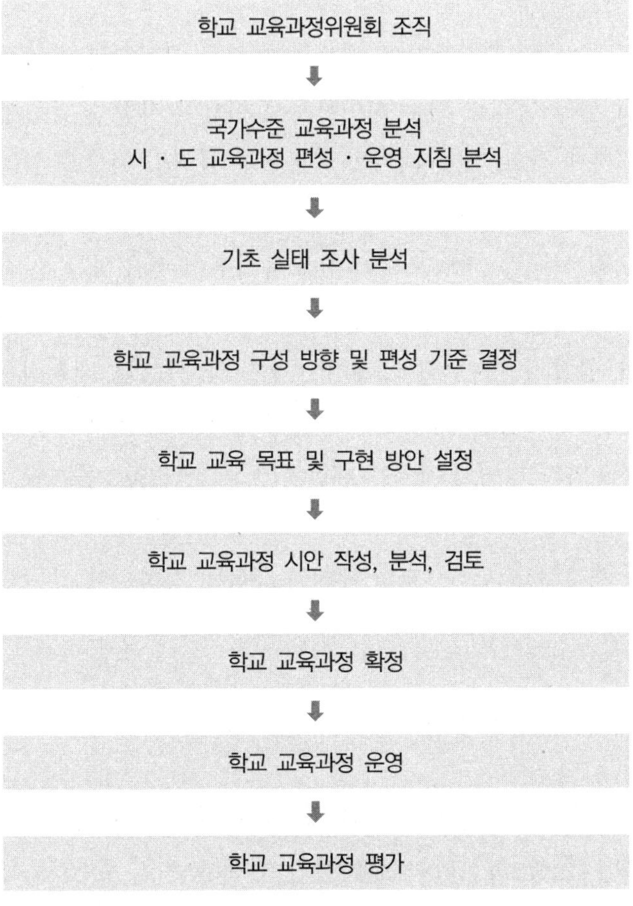

[그림 10-1] **학교 교육과정 편성 · 운영절차**

2. 현행 교육과정의 편성과 운영방법

1) 교육과정 구성의 방향

(1) 추구하는 인간상

우리나라의 교육은 홍익인간의 이념 아래 모든 국민으로 하여금 인격을 도야하고, 자주적 생활 능력과 민주 시민으로서 필요한 자질을 갖추게 하여 인간다운 삶을 영위하게 하고, 민주 국가발전과 인류 공영의 이상을 실현하는 데 이바지하게 함을 목적으로 하고 있다.

이러한 교육 이념을 바탕으로, 이 교육과정이 추구하는 인간상은 다음과 같다.

① 전인적 성장의 기반 위에 개성의 발달과 진로를 개척하는 사람

② 기초 능력의 바탕 위에 새로운 발상과 도전으로 창의성을 발휘하는 사람

③ 문화적 소양과 다원적 가치에 대한 이해를 바탕으로 품격있는 삶을 영위하는 사람

④ 세계와 소통하는 시민으로서 배려와 나눔의 정신으로 공동체 발전에 참여하는 사람

(2) 교육과정 구성의 방침

추구하는 인간상을 구현하기 위한 이 교육과정 구성의 방침은 다음과 같다.

① 배려와 나눔을 실천하는 창의적인 인재를 기를 수 있도록 교육과정을 구성한다.

② 이 교육과정은 초등학교 1학년부터 중학교 3학년까지의 공통 교육과정과

고등학교 1학년부터 3학년까지의 선택 교육과정으로 편성한다.

③ 교육과정 편성 · 운영의 경직성을 탈피하고, 학년 간 상호 연계와 협력을 통한 학교 교육과정 편성 · 운영의 유연성을 부여하기 위하여 학년군을 설정한다.

④ 공통교육과정의 교과는 교육 목적상의 근접성, 학문 탐구 대상 또는 방법상의 인접성, 생활양식에서의 연관성 등을 고려하여 교과군으로 재분류한다.

⑤ 선택교육과정에서는 학생들의 기초영역 학습 강화와 진로 및 적성 등을 감안한 적정 학습이 가능하도록 4개의 교과 영역으로 구분하고, 필수이수 단위를 제시한다.

⑥ 학기당 이수 교과목 수 축소를 통한 학습부담의 적정화와 의미 있는 학습활동이 전개될 수 있도록 집중이수를 확대한다.

⑦ 기존의 재량활동과 특별활동을 통합하여 배려와 나눔의 실천을 위한 '창의적 체험활동'을 신설한다.

⑧ 학교 교육과정 평가, 교과 평가의 개선, 국가수준의 학업성취도 평가 실시 등을 통해 교육과정 질 관리 체제를 강화한다.

2) 학교급별 교육과정 편성과 운영

(1) 초등학교

1 초등학교 교육목표

초등학교의 교육은 학생의 학습과 일상생활에 필요한 기초 능력 배양과 기본 생활 습관을 형성하는 데 중점을 둔다.

① 풍부한 학습 경험을 통해 몸과 마음이 건강하고 균형 있게 자랄 수 있도록 하며, 다양한 일의 세계에 대한 기초적인 이해를 한다.

② 학습과 생활에서 문제를 인식하고 해결하는 기초 능력을 기르고, 이를 새롭게 경험할 수 있는 상상력을 키운다.

③ 우리 문화에 대해 이해하고, 문화를 향유하는 올바른 태도를 기른다.

④ 자신의 경험과 생각을 다양하게 표현하며 타인과 공감하고 협동하는 태도를 기른다.

2 편제와 시간 배당

① 편제

초등학교 교육과정은 교과(군)와 창의적 체험활동으로 편성한다.

㉮ 교과(군)는 국어, 사회/도덕, 수학, 과학/실과, 체육, 예술(음악/미술), 영어로 한다. 다만, 초등학교 1, 2학년의 교과는 국어, 수학, 바른 생활, 슬기로운 생활, 즐거운 생활로 한다.

㉯ 창의적 체험활동은 자율활동, 동아리활동, 봉사활동, 진로활동으로 한다.

② 시간 배당 기준

구 분		1~2학년	3~4학년	5~6학년
교과(군)	국어	국어 448	408	408
	사회/도덕	수학 256	272	272
	수학		272	272
	과학/실과	바른생활 128	204	340
	체육	슬기로운 생활 192	204	204
	예술(음악/미술)		272	272
	영어	즐거운 생활 384	136	204
창의적 체험활동		272	204	204
학년군별 총 수업시간 수		1,680	1,972	2,176

㉮ 이 표에서 1시간 수업은 40분을 원칙으로 하되, 기후 및 계절, 학생의 발달 정도, 학습 내용의 성격 등과 학교 실정을 고려하여 탄력적으로 편성 · 운영할 수 있다.

㉯ 학년군 및 교과(군)별 시간 배당은 연간 34주를 기준으로 한 2년간의 기준수업시수를 나타낸 것이다.

㉰ 학년군별 총 수업시간 수는 최소 수업시수를 나타낸 것이다.

㉱ 3~4학년의 국어과 기준수업시수는 주 5일 수업에 따라 감축된 시간 수이므로 학교에서는 442시간을 기준수업시수로 운영할 수 있다.

㉲ 실과의 수업 시간은 5~6학년 과학/실과의 수업시수에만 포함된 것이다.

3 초등학교 교육과정 편성 · 운영의 중점

① 학교는 1학년 학생들의 입학 초기 적응 교육을 위해 창의적 체험활동의 시수를 활용하여 자율적으로 입학 초기 적응 프로그램 등을 편성 · 운영할 수 있다.

② 학교는 모든 교육활동을 통해 학생의 인성과 기본 생활 습관을 형성할 수 있도록 교육과정을 편성 · 운영한다.

③ 각 교과의 기초적, 기본적 요소들이 체계적으로 학습되도록 계획하고, 정확한 국어사용 능력을 신장할 수 있도록 배려한다. 특히, 기초적 국어사용 능력과 수리력이 부족한 학생들을 위해 별도의 프로그램을 편성 · 운영할 수 있다.

④ 학교의 특성, 학생 · 교사 · 학부모의 요구 및 필요에 따라 학교가 자율적으로 교과(군)별 20% 범위 내에서 시수를 증감하여 운영할 수 있다.

⑤ 초등학교에서는 학교의 여건과 교과(군)별 특성을 고려하여 학년, 학기별로 집중 이수를 통해 학기당 이수 교과 수를 감축하여 편성 · 운영할 수 있다.

⑥ 정보통신 활용교육, 보건교육, 한자교육 등은 관련 교과(군)와 창의적 체험활동 시간을 활용하여 체계적인 지도가 이루어질 수 있도록 한다.

⑦ 전입 학생이 특정 교과목을 이수하지 못할 경우, 교육청과 학교에서는

'보충 학습 과정' 등을 통해 학습 결손이 발생하지 않도록 한다.

⑧ 학년을 달리하는 학생을 병합하여 복식 학급을 편성, 운영하는 경우에는 교육내용의 학년별 순서를 조정하거나 공통 주제를 중심으로 교재를 재구성하여 활용할 수 있다.

⑨ 학교는 학생이 학년군별로 이수해야 할 학년별, 학기별 교과목을 편성하여 안내한다.

⑩ 예술(음악/미술)은 음악과 미술 교과를 중심으로 편성 · 운영한다.

(2) 중학교

1 중학교 교육목표

중학교의 교육은 초등학교 교육의 성과를 바탕으로, 학생의 학습과 일상 생활에 필요한 기본 능력을 배양하며, 다원적인 가치를 수용하고 존중하는 민주 시민의 자질 함양에 중점을 둔다.

① 심신의 건강하고 조화로운 발달을 추구하며, 다양한 분야의 경험과 지식을 익혀 적극적으로 진로를 탐색한다.

② 학습과 생활에 필요한 기초 능력과 문제해결력을 바탕으로 창의적 사고력을 기른다.

③ 자신을 둘러싼 세계에 대한 경험을 토대로 다양한 문화와 가치에 대한 이해를 넓힌다.

④ 다양한 소통능력을 기르고 민주시민으로서의 자질과 태도를 갖춘다.

2 편제와 시간 배당 기준

① 편제

중학교 교육과정은 교과(군)와 창의적 체험활동을 편성한다.

㉮ 교과(군)는 국어, 사회(역사 포함)/도덕, 수학, 과학/기술 · 가정, 체육, 예술(음악/미술), 영어, 선택으로 한다. 선택은 한문, 정보, 환경, 생활 외국어(독일어.

프랑스어, 스페인어, 중국어, 일본어, 러시아어, 아랍어), 보건, 진로와 직업 등 선택 과목으로 한다.

㈏ 창의적 체험활동은 자율활동, 동아리활동, 봉사활동, 진로활동으로 한다.

② 시간 배당 기준

구 분		1~3학년
교과(군)	국어	442
	사회(역사 포함)/도덕	510
	수학	374
	과학/기술 · 가정	646
	체육	272
	예술(음악/미술)	272
	영어	340
	선택	204
창의적 체험활동		306
총 수업 시간 수		3,366

㈎ 이 표에서 1시간 수업은 45분을 원칙으로, 기후 및 계절, 학생의 발달 정도, 학습 내용의 성격 등과 학교 실정을 고려하여 탄력적으로 편성 · 운영할 수 있다.

㈏ 학년군 및 교과(군)별 시간 배당은 연간 34주를 기준으로 한 3년간의 기준수업시수를 나타낸 것이다.

㈐ 총 수업시간 수는 3년간의 최소수업시수를 나타낸 것이다.

3 중학교 교육과정 편성 · 운영의 중점

① 학교는 학생들이 이수해야 할 3년간의 교과목을 학년별, 학기별로 편성하여 안내한다.

② 교과(군)의 이수 시기와 수업시수는 학교가 자율적으로 결정할 수 있다.

③ 학교의 특성, 학생 · 교사 · 학부모의 요구 및 필요에 따라 학교가 자율적으로 교과(군)별 수업시수를 20% 범위 내에서 증감하여 운영할 수 있다.

④ 교육 효과를 높이기 위해 학생의 학기당 이수 교과목 수를 8개 이내로 편성하도록 한다.

⑤ 예술(음악/미술)은 음악과 미술 교과를 중심으로 편성 · 운영한다.

⑥ 선택 과목을 개설할 경우, 학교는 2개 이상의 과목을 개설함으로써 학생들의 선택권이 보장되도록 한다.

⑦ 학교는 필요한 경우 새로운 선택 과목을 개설할 수 있다. 새로운 과목을 개설하여 운영하고자 할 경우에는 시 · 도 교육청의 교육과정 편성 · 운영 지침에 의거하여 사전에 필요한 절차를 거쳐야 한다.

⑧ 학교는 학생의 직업 및 진로에 대한 탐색과 선택을 돕기 위해 진로교육의 강화한 교육과정을 편성 · 운영한다.

⑨ 전입 학생이 특정 교과목을 이수하지 못할 경우, 교육청과 학교에서는 '보충 학습 과정' 등을 통해 학습 결손이 발생하지 않도록 한다.

(3) 고등학교

1 고등학교 교육목표

고등학교 교육은 중학교 교육의 성과를 바탕으로, 학생의 적성과 소질에 맞는 진로 개척 능력과 세계 시민으로서의 자질을 함양하는데 중점을 둔다.

① 성숙한 자아의식을 토대로 다양한 분야의 지식과 기능을 익혀 진로를 개척하며 평생학습의 기본 역량과 태도를 갖춘다.

② 학습과 생활에서 새로운 이해와 가치를 창출할 수 있는 비판적, 창의적 사고력과 태도를 익힌다.

③ 우리의 문화를 향유하고 다양한 문화와 가치를 수용할 수 있는 자질과 태도를 갖춘다.

④ 공동체의 발전을 위해 노력하며, 세계 시민으로서의 자질과 태도를 기른다.

2 편제와 단위 배당 기준

① 편제

고등학교 교육과정은 교과(군)와 창의적 체험활동으로 편성하며, 교과는 보통 교과와 전문교과로 한다.

㉮ 보통 교과 영역은 기초, 탐구, 체육 · 예술, 생활 · 교양으로 구성하며, 교과(군)는 국어, 수학, 영어, 사회(역사/도덕 포함), 과학, 체육, 예술(음악/미술), 기술 · 가정/제2외국어/한문/교양으로 한다.

㉯ 전문교과는 농생명 산업, 공업, 상업 정보, 수산 · 해운, 가사 · 실업, 과학, 체육, 예술, 외국어, 국제에 관한 교과로 한다.

㉰ 창의적 체험활동은 자율활동, 동아리활동, 봉사활동, 진로활동으로 한다.

② 단위 배당 기준

<table>
<tr><th rowspan="2">구분</th><th rowspan="2">교과 영역</th><th rowspan="2">교과(군)</th><th colspan="2">필수 이수 단위</th><th rowspan="2">학교자율과정</th></tr>
<tr><th>교과(군)</th><th>교과 영역</th></tr>
<tr><td rowspan="9">교과(군)</td><td rowspan="3">기초</td><td>국어</td><td>15
(10)</td><td rowspan="3">45
(30)</td><td rowspan="9">학생의 적성과 진로를 고려하여 편성</td></tr>
<tr><td>수학</td><td>15
(10)</td></tr>
<tr><td>영어</td><td>15
(10)</td></tr>
<tr><td rowspan="2">탐구</td><td>사회
(역사/도덕 포함)</td><td>15
(10)</td><td rowspan="2">35
(20)</td></tr>
<tr><td>과학</td><td>15
(10)</td></tr>
<tr><td rowspan="2">체육 · 예술</td><td>체육</td><td>10
(5)</td><td rowspan="2">20
(10)</td></tr>
<tr><td>예술
(음악/미술)</td><td>10
(5)</td></tr>
<tr><td>생활 · 교양</td><td>기술 · 가정/
제2외국어/
한문/</td><td>16
(12)</td><td>16
(12)</td></tr>
</table>

구분	교과 영역	교과(군)	필수 이수 단위		학교자율과정
			교과(군)	교과 영역	
		교양			
	소계		116(72)		64
창의적 체험활동			24		
총 이수 단위			204		

㉮ 1단위는 50분을 기준으로 하여 17회를 이수하는 수업량이다.

㉯ 1시간의 수업은 50분을 원칙으로 하되, 기후 및 계절, 학생의 발달 정도, 학습 내용의 성격 등과 학교 실정을 고려하여 탄력적으로 편성 · 운영할 수 있다.

㉰ 필수이수단위의 교과(군) 및 교과 영역 단위 수는 해당 교과(군) 및 교과 영역의 '최소이수단위'를 가리킨다.

㉱ 필수이수단위의 (   )안의 숫자는 전문교육을 주로 하는 학교, 예체능 등 교육과정 편성 · 운영의 자율권을 인정받은 학교가 이수할 것을 권장한다.

㉲ 총 이수단위 수는 교과(군)와 창의적 체험활동의 이수단위를 합한 것으로, 고등학교 졸업에 필요한 '최소이수단위'를 가리킨다.

③ 보통 교과

교과 영역	교과(군)	과 목
기초	국어	국어*, 화법과 작문Ⅰ, 화법과 작문Ⅱ, 독서와 문법Ⅰ, 독서와 문법Ⅱ, 문학Ⅰ, 문학Ⅱ
	수학	수학*, 수학의 활용, 수학Ⅰ, 미적분과 통계기본, 수학Ⅱ, 적분과 통계, 기하와 벡터
	영어	영어*, 영어Ⅰ, 영어Ⅱ, 실용 영어 회화, 심화 영어 회화, 영어 독해와 작문, 심화 영어 독해와 작문
탐구	사회 (역사/도덕 포함)	사회*, 한국사*, 한국 지리, 세계 지리, 동아시아사, 세계사, 법과 정치, 경제, 사회 · 문화 도덕*, 생활과 윤리, 윤리와 사상
	과학	과학*, 물리Ⅰ, 물리Ⅱ, 화학Ⅰ, 화학Ⅱ, 생명과학Ⅰ, 생명과학Ⅱ, 지구과학Ⅰ, 지구과학Ⅱ

교과 영역	교과(군)	과 목
체육 · 예술	체육	체육*, 운동과 건강 생활, 스포츠와 문화, 스포츠 과학
	예술 (음악/미술)	음악*, 음악 실기, 음악과 사회, 음악의 이해 미술*, 미술과 삶, 미술 감상, 미술 창작
생활 · 교양	기술 · 가정/ 제2외국어/ 한문/ 교양	기술 · 가정*, 농업 생명 과학, 공학 기술, 가정 과학, 창업과 경영, 해양 과학, 정보 독일어Ⅰ, 독일어Ⅱ, 프랑스어Ⅰ, 프랑스어Ⅱ, 스페인어Ⅰ, 스페인어Ⅱ, 중국어Ⅰ, 중국어Ⅱ, 일본어Ⅰ, 일본어Ⅱ, 러시아어Ⅰ, 러시아어Ⅱ, 아랍어Ⅰ, 아랍어Ⅱ 한문Ⅰ, 한문Ⅱ 생활과 철학, 생활과 논리, 생활과 심리, 생활과 교육, 생활과 종교, 생활 경제, 안전과 건강, 진로와 직업, 보건, 환경과 녹색 성장

㉮ 각 과목의 기본 단위 수는 5단위이며, 각 과목별로 1단위 범위 내에서 증감 운영이 가능하며, 가능한 한 학기에 이수하도록 한다.

㉯ *표 한 과목은 교과(군)별 학습의 위계를 고려하여 선택할 수 있도록 지도한다. 이 과목은 4단위 범위 내에서 증감하여 운영할 수 있다.

㉰ 위 표에 제시된 과목 이외에 전문교과의 과목을 편성 · 운영할 수 있다.

[3] 교육과정 편성 · 운영의 중점

① 고등학교 교육과정의 총 이수 단위는 204단위이며 교과(군) 180단위, 창의적 체험활동 24단위로 나누어 편성한다.

② 교과의 이수 시기와 단위는 학교에서 자율적으로 편성 · 운영할 수 있다.

③ 교육 효과를 높이기 위해 학생의 학기당 이수 과목 수를 8개 이내로 편성하도록 한다.

④ 선택과목 중에서 위계성을 갖는 과목의 경우 계열적 학습이 되도록 편성한

다. 단, 학교의 실정 및 학생의 요구, 과목의 성격에 따라 탄력적으로 운영할 수 있다.

⑤ 선택과목은 학교의 실정과 학생들의 요구를 반영하여 편성하되, 학교는 필요에 따라 이 교육과정에 제시되어 있는 과목 외에 새로운 과목을 개설할 수 있다. 새로운 과목을 개설하여 운영하고자 할 경우에는 시 · 도 교육청의 교육과정 편성 · 운영 지침에 의거하여 사전에 필요한 절차를 거쳐야 한다.

⑥ 일정 규모 이상의 학생이 이 교육과정의 편제에 있는 특정 선택과목의 개설을 요청할 경우, 학교는 이를 개설해야 한다.

⑦ 학교에서 개설하지 않은 선택과목 이수를 희망하는 학생이 있을 경우 그 과목을 개설한 다른 학교에서의 이수를 인정하도록 한다.

⑧ 학교 및 학생의 필요에 따라 지역사회의 학습장에서 행하는 학습을 이수 과목으로 인정할 수 있다. 다만 이 경우 시 · 도 교육청이 정하는 지침에 따른다.

⑨ 학교는 필요에 따라 대학과목 선이수제의 과목을 개설할 수 있고, 국제적으로 공인받은 교육과정과 과목을 선택 과목으로 인정할 수 있다. 다만, 이와 관련된 구체적인 사항은 시 · 도 교육청의 지침에 따른다.

⑩ 학교는 필요에 따라 교과의 총 이수 단위를 증배 운영할 수 있다. 단, 전문교육을 주로 하는 학교는 전문 교과에 한하여 증배 운영할 수 있다.

⑪ 학생이 3년간 이수해야 할 학년별, 학기별 과목을 편성하여 안내해야 한다.

(4) 학교급별 공통 사항

1 편성 · 운영

① 학교는 이 교육과정을 바탕으로 학교 실정에 알맞은 학교 교육과정을 편성 · 운영한다.

② 학교는 학교 교육과정 편성 · 운영 계획을 바탕으로 학년 및 교과목별 교육과정을 편성할 수 있다.

③ 학교 교육과정은 모든 교원이 전문성을 발휘하여 참여하는 민주적인 절차와 과정을 거쳐 편성 · 운영한다.

④ 교육과정의 합리적 편성과 효율적 운영을 위하여 교원, 교육과정(교과 교육) 전문가, 학부모 등이 참여하는 학교 교육과정위원회를 구성하여 운영하며, 이 위원회는 학교장의 교육과정 운영 및 의사결정에 관한 자문의 역할을 담당한다.

⑤ 학교 교육과정을 편성 · 운영함에 있어서는 교원의 조직, 학생의 실태, 학부모의 요구, 지역사회의 실정 및 교육 시설 · 설비 등 교육 여건과 환경이 충분히 반영되도록 노력한다.

⑥ 학교는 동학년 모임, 교과별 모임, 현장 연구, 자체 연수 등을 통해서 교사들의 교육활동 개선이 이루어지도록 한다.

⑦ 학교가 종교과목을 개설할 때에는 종교 이외의 과목을 포함, 복수로 과목을 편성하여 학생에게 선택의 기회를 주어야 한다.

⑧ 각 교과의 기초적, 기본적 요소들이 체계적으로 학습되도록 계획하고, 이를 일관성 있고 지속성 있게 지도한다.

⑨ 각 교과목별 학습 목표를 모든 학생이 성취하도록 지도하고, 능력에 알맞은 성취가 가능하도록 다양한 학습의 기회와 방법을 제공하며, 이를 위한 계획적인 배려와 지도를 하여 학습결손이 누적되거나 학습 의욕이 저하되지 않도록 노력한다.

⑩ 공통 교육과정에서는 학생의 능력과 적성, 진로를 고려하여 교육내용과 방법을 다양화한다. 특히 국어, 수학, 사회, 과학, 영어 교과에서는 수준별 수업을 권장한다.

⑪ 수준별 수업 운영을 위한 학습 집단은 학교의 여건이나 학생의 특성에 따라 다양하게 편성할 수 있으며, 학습 결손을 보충할 수 있도록 '특별 보충 수업'을 운영할 수 있다. 특별 보충 수업의 편성 · 운영에 관한 제반 사항은 학교가 자율적으로 결정한다.

⑫ 교과 수업은 탐구적인 활동을 통하여 개념 및 원리를 이해하고, 이를 새로운 사태에 적용하는 기회를 많이 가지게 한다. 특히 여러 가지 자료를 활용한

정보 처리 능력을 가지도록 하는 데 힘쓴다.

⑬ 각 교과의 특성에 맞는 다양한 학습이 이루어질 수 있도록 교과 교실제 운영을 활성화한다.

⑭ 실험 · 실습이나 실기 지도에 있어서는 시설 및 기계 · 기구, 약품 사용의 안전에 유의하도록 한다.

⑮ 학교는 학생과 학부모의 요구를 바탕으로 방과 후 학교 또는 방학 중 프로그램을 개설할 수 있으며, 학생들의 자발적인 참여를 원칙으로 한다.

2 평가활동

① 학교는 학교 교육과정 편성과 운영의 적합성, 타당성, 효과성을 자체 평가하여 문제점과 개선점을 추출하고, 다음 학년도의 교육과정 편성 · 운영에 그 결과를 반영한다.

② 학교에서 실시하는 평가활동은 다음과 같은 사항을 고려해서 이루어지도록 한다.

- 평가는 모든 학생들이 교육목표를 성공적으로 달성하기 위한 교육의 과정으로 실시한다.
- 학교는 다양한 평가 도구와 방법으로 성취도를 평가하여 학생의 목표 도달도를 확인하고, 수업의 질 개선을 위한 자료로 활용한다.
- 교과의 평가는 선택형 평가보다는, 서술형이나 논술형 평가 그리고 수행평가의 비중을 늘려서 교과별 특성에 적합한 평가를 실시하도록 한다.
- 실험 · 실습의 평가는 교과목의 성격을 고려하여 합리적인 세부 평가 기준을 마련하여 실시한다.
- 정의적, 기능적, 창의적인 면이 특히 중시되는 교과의 평가는 타당한 평정 기준과 척도에 의거하여 실시한다.
- 학교와 교사는 학교에서 가르친 내용과 기능을 평가하도록 한다. 학생이 학교에서 배울 기회를 마련해 주지 않고, 학교 밖의 교육 수단을 통해서 익힐 수밖에 없는 내용과 기능은 평가하지 않도록 유의한다.

· 창의적 체험활동에 대한 평가는 창의적 체험활동의 내용과 특성을 감안하여 평가의 주안점을 학교에서 작성, 활용한다.

3) 학교 교육과정 지원

(1) 학교 교육과정 편성 · 운영 지원

1 국가수준 지원 사항

이 교육과정 편성 · 운영을 위하여 국가수준에서는 다음과 같이 평가하고 지원한다.

① 시 · 도 교육청의 교육과정 지원 활동과 단위학교의 교육과정 편성 · 운영 활동이 상호 유기적으로 이루어질 수 있도록 행 · 재정적 지원을 한다.

② 이 교육과정의 질 관리를 위하여 국가수준에서는 주기적으로 학업 성취도 평가, 학교와 교육기관 평가, 교육과정 편성 · 운영에 관한 평가를 실시한다.

- 학업성취도를 평가하기 위하여 교과별, 학년(군)별 학생 평가를 실시하고, 평가 결과는 교육과정의 적절성 확보와 그 개선에 활용한다.
- 학교의 교육과정 편성 · 운영과 교육청의 교육과정 지원 상황을 파악하기 위하여 학교와 관련 교육청에 대한 평가를 주기적으로 실시한다.
- 교육과정 편성 · 운영과 지원 체제의 적절성과 실효성을 평가하기 위한 연구를 수행한다.

③ 국가수준에서는 학교에서 교육과정의 정신을 구현한 평가활동이 원활히 이루어질 수 있도록 다양한 방안을 강구해서 학교 현장에 제공해 주어야 한다.

- 교과별로 '평가 기준'을 개발, 보급하여 학교가 교과 교육과정의 목표에 부합되는 평가를 실시할 수 있도록 한다.
- 교과별 평가활동에 활용할 수 있는 다양한 평가 방법, 절차, 도구 등을 개발하여 학교에 제공한다.

2 교육청 수준 지원 사항

이 교육과정의 원활한 편성 · 운영을 위하여 교육청은 다음과 같은 사항을 지원한다.

① 교육과정의 편성 · 운영에 관한 조사 연구와 자문 기능을 담당할 위원회를 구성하여 운영한다. 이 위원회에는 교원, 교육행정가, 교육학전문가, 교과교육 전문가, 학부모, 지역사회 인사, 산업체 인사 등이 참여할 수 있다.

② 지역의 특수성, 교육의 실태, 학생 · 교원 · 주민의 요구와 필요 등을 반영하여 교육 중점을 설정하고, 교육과정 편성 · 운영 지침을 작성한다.

③ 교육과정 편성 · 운영의 개선을 위한 연구학교를 운영하고, 수업 개선을 위한 연구 교사를 두어 교과별 연구회 활동을 적극적으로 지원한다.

④ 학년군, 교과군 도입을 통한 단위학교 교육과정 자율 편성과 창의적 체험활동의 효율적인 운영을 위한 교육과정 컨설팅 등 지원 기구를 조직하여 교육과정 편성 · 운영을 위한 각종 자료를 연구 · 개발하여 보급한다.

⑤ 교원의 학교 교육과정 편성 · 운영 능력 향상과 교과와 창의적 체험활동에 대한 지도 능력 제고를 위하여 각급 학교 교원에 대한 연수 계획을 수립 · 시행한다.

⑥ 각급 학교가 새 학년도 시작에 앞서 교육과정 편성 · 운영에 관한 계획을 세울 수 있도록 교육과정 편성 · 운영 자료를 개발 · 보급하고, 교원의 전보를 적기에 시행한다.

⑦ 학교 교육과정 편성과 운영을 위한 교육 시설, 설비, 자료 등의 정비 확충에 필요한 행 · 재정적인 지원을 한다.

⑧ 학교가 지역사회의 유관기관과 적극적으로 연계 · 협력해서 교과, 창의적 체험활동을 내실 있게 운영할 수 있도록 지원하며, 관내 학교가 활용 가능한 '지역 자원목록'을 작성하여 제공하는 등 구체적인 지원 방안을 마련한다.

⑨ 수준별 수업을 효율적으로 운영하도록 지원하며, 학습 결손을 보충할 수 있도록 '특별 보충수업'을 운영하는 데 필요한 행 · 재정적인 지원을 한다.

⑩ 개별학교의 희망과 여건을 반영하여 지역 내 학교간 개설할 집중과정을 조정하고, 그 편성 · 운영을 지원한다. 특히, 소수 학생이 지망하는 집중과정을 개설할 학교를 지정하고, 원활한 교육과정 편성 · 운영을 위한 행 · 재정적 지원을 한다.

⑪ 특정 분야에서 탁월한 재능을 보이는 학생과 학습 장애가 있는 학생들을 위한 교육 기회를 마련하고 지원한다.

⑫ 귀국자 및 다문화 가정 자녀의 교육 경험의 특성과 배경을 고려하여 이 교육과정을 이수하는 데 어려움이 없도록 지원한다.

⑬ 전 · 입학, 귀국 등에 따라 공통 교과를 이수하지 못한 학생들이 해당 교과를 이수할 수 있도록 다양한 기회를 마련해 주고, 학생들이 지역사회의 공공성 있는 사회 교육 시설을 통해 이수한 과정을 인정해 주는 방안을 마련한다.

⑭ 지역사회와 학교의 여건에 따라 초등학교 저학년 학생을 학교에서 돌볼 수 있는 기능을 강화하고, 이에 대해 교육청은 특별한 배려와 지원을 하도록 한다.

⑮ 교육과정에 제시되지 않은 교과목을 설치, 운영하는 경우에 대비하여, 교육청은 관련 지침을 학교에 제시해 주고, 학교로 하여금 필요한 사전 절차를 밟도록 지원한다.

⑯ 복식 학급 운영 등 소규모 학교의 정상적인 교육과정 운영을 지원하기 위해서 교원의 배치, 학생의 교육받을 기회의 확충 등에 필요한 행 · 재정적인 지원을 한다.

⑰ 학교 교육과정의 효과적 운영을 위하여 학생의 배정, 교원의 순회 및 수급, 학교 간 시설과 설비의 공동 활용, 자료의 공동 개발 활용에 관하여 학교 간 및 인접 교육청 간의 협조 체제를 구축한다.

⑱ 학생의 교육활동에 필요한 교과용 도서의 인정, 개발, 보급을 위해 노력한다.

⑲ 전문교육을 주로 하는 고등학교는 개설 전공과 유사한 산업체와 협력하여 특성화된 교육과정과 실습과목을 편성 · 운영할 수 있으며, 학생의 현장 실습이

내실 있게 운영될 수 있도록 행·재정적 지원을 한다.

⑳ 학교에 대한 교육과정 운영 지원 실태와 각급 학교의 교육과정 편성·운영 실태를 정기적으로 파악하고, 효과적인 교육과정의 운영과 개선 및 질 관리에 필요한 적절한 지원을 한다.

㉑ 학교의 교육과정 편성·운영에 대한 질 관리 및 교육과정 편성·운영 체제의 적절성과 실효성을 높이기 위하여 학업 성취도 평가, 교육과정 편성·운영 평가 등을 실시할 수 있다.

3. 학교 교육과정의 운영

1) 교육과정 운영의 의미

교육과정의 운영은 교육과정을 학교와 교실에서 사용하고 실천하는 과정을 총칭한다. 교육과정이 구현되는 과정을 크게 개발, 운영, 평가로 나눈다면, 운영은 개발된 교육과정을 실행에 옮기는 과정이다. 넓은 의미의 교육과정 운영은 교육활동 그 자체이지만, 좁은 의미의 교육과정 운영은 교실의 수업운영이 된다.

교육과정 운영은 학교 밖에서 개발되어 주어지는 것을 실천에 옮기는 것과, 학교 안에서 자체적으로 개발하여 실천하는 것으로 나눌 수 있다. 교육과정의 개발자와 실천자의 일치 여부에 따라, 교육과정의 운영은 이행과 실행으로 나누어진다. 교육과정 '이행'은 보통 전문가 집단들이 개발한 교육과정을 학교와 교실에서 교사들이 실천에 옮기는 것이므로 '적용'으로도 불리운다. 이것은 실천자가 직접 참여하여 개발한 교육과정을 실천에 옮기는 것이 아니므로, 개발자와 실천자가 서로 다르다. 이 때 교육과정 운영은 교육과정 개발과는 분리된 별개의 과정이 된다.

이에 반해 교육과정의 '실행'은 개발한 사람이 실천에 옮기는 것이어서 개발자와 실천자가 일치한다는 점에서 교육과정 운영이 교육과정 개발의 연속선상에 있는 활동이 된다.

2) 교육과정 운영의 기본원리

교육과정 실행을 지원하고 촉진하는 일련의 과정을 말한다. 즉, 개발된 교육과정을 학교 현장에 잘 정착하여 실천될 수 있도록 제 여건을 정비하고 관리하는 측면을 의미한다.

교육과정을 성공적으로 실행하기 위해서는 다양한 요인들을 고려할 필요가 있다. 다음은 교육과정 운영의 기본원리와 교육과정 운영에 영향을 미치는 요인들에 대해 살펴보고자 한다.

(1) 합목적성의 원리

학교의 교육과정 편성과 운영은 궁극적으로 학교의 교육목표를 달성하기 위해서 하는 일이기 때문에 합목적성을 지녀야 한다. 따라서 학교에서 교육과정을 편성하고 운영하는 경우에 가장 먼저 할 일은 학교가 설정한 교육목표가 타당한가, 만약 타당하다면 학교에서 편성하고 운영하는 교육과정이 이를 달성하는 효과적인 수단인가 하는 점을 주의 깊게 살필 필요가 있다. 타당한 목적과 그것을 달성하기 위해 강구한 수단 사이에 괴리가 없어야 할 것이다.

(2) 합법성의 원리

합법성은 교육과정 운영이 법률 적합성을 지녀야 한다는 것이다. 교육과정 운영은 국가가 정한 법령 및 기준의 테두리 속에서 진행되어야 한다. 학교는 교육과정과 관련하여 지닌 법적인 책무와 권한을 분명히 하고, 이러한 범위 내에서 의사결정 권한을 행사할 수 있다. 그러나 교육 관련 법규가 지나치게 경직되어 학교와 교원들의 전문적 · 창의적 · 자율적 교육과정 운영권을 제한해서는 아니 될 것이다.

(3) 자율성의 원리

자율성은 교육과정 운영에서 학교와 교원이 부당한 외부의 간섭으로부터 벗어나 독립적인 자기 결정과 실천을 할 수 있음을 인정하는 것이다. 합법적으로 위임, 이양된 권한을 행사하고, 훈련되고 자격있는 전문가 집단으로서 업무를 전문적으로 수행하게 하는 원리다. 자율은 외부적 강제를 벗어나 적극적으로 자발적으로 노력함으로써 확보되는 것이다.

(4) 균형성의 원리

학교의 전체 교육과정을 운영할 때는 교육과정의 핵심 요소들(교육목표, 교육과정, 수업, 교육평가 등)을 확인하고, 이들 요소들 간의 조화와 통일성을 높이는 방향으로 진행되어야 하며, 이러한 작업이 성공적으로 이루어질 수 있도록 교사, 학생, 학부모, 학교 조직, 학교의 물리적 환경 등 제반 요소들을 종합적으로 고려해야 한다는 점에서 균형성은 전체성이라고도 할 수 있다. 교육과정의 운영은 변화하는 사회의 일부, 교과의 일부, 특정 학생 집단이 아니라 모든 학년의 학생에게 교과와 특별활동 영역을 고르게 접근할 수 있는 전체적인 균형성을 확보해야 한다.

(5) 효율성의 원리

교육과정의 운영은 주어진 자원을 바탕으로 최소의 인적 · 물적 자원과 시간을 투입하여 최대의 효과를 올리는 효율성을 달성하는 방향으로 이루어져야 한다. 똑같은 교육과정 운영을 하더라도 더 좋은 품질을, 더 저렴하게, 더 적기에 제공할 수 있도록 하여야 한다.

(6) 효과성의 원리

교육과정의 운영은 설정된 교육목표를 얼마나 잘 달성하고 있는가에 의해 평가되기도 한다. 교육과정 결정의 원천인 학생, 사회, 교과의 요구에서 바람직한 것으로 인정된 교육목표의 달성 정도는 흔히 효과성이라고 한다. 교육목표 달성을 극대화하기 위해서는 인적 · 물적 자원과 시간 자원이 기능적 전체로서 연쇄되어 교육적 효과를 발휘하도록 운영되어야 할 것이다.

3) 교육과정 운영에 영향을 미치는 요인

교육과정의 운영은 일정한 조건 아래에서 이루어진다. 교육과정 운영에 영향을 미치는 요인은 교장, 교사, 학생, 교과서, 시설과 설비, 시간, 교육평가 및 재정여건 등이다. 각 요인은 교육과정 운영을 올바른 방향으로의 변화를 촉진시키거나 변화를 저해하는 쪽으로 작용한다. 즉, 교육과정 운영 조건을 변화시킴으로써 운영은 달라질 수 있으므로, 촉진요인을 찾아내 강화하고 저해요인을 찾아내 제거함으로써 교육과정 운영은 달라질 수 있다.

(1) 교장

교장은 학교 교육과정 운영의 질을 결정하는 데 주요한 역할을 한다. 교장은 강력한 영향력을 가지고 있어서 많은 교사들은 그의 견해에 영향을 받는다. 만일 교장이 교사들의 협동 작업을 지지하는 사람이라면 학교에서 통합교육과정을 개발하기가 쉽다. 반대로 교장의 통치가 엄격하여 교사들이 실패를 두려워하여 도전감을 갖기 어려운 분위기라면 새로운 교육과정의 효과적인 운영은 기대하기 어렵다.

(2) 교사

교육과정이 원안보다 질 높게 혹은 질 낮게 실현되는 것은 전적으로 운영하는 교사들에게 달려 있다. 그러므로, 교육의 질은 교사의 질이다. 교사가 교육과정의 주인이라는 인식을 가지고 임하는 교사와 단순한 전달자라는 인식을 가진 교사는 교육과정 운영에서 차이를 보인다.

교사의 질 정도에 따라 교육과정 운영의 방법과 효과는 다르다. 예비 교사, 초임 교사, 중견 교사, 원로 교사 등으로 전직 경력이 많아질수록 교사들은 변화한다. 교사 변화의 방향은 전문성과 자율성이 향상되는 방향일 수도 있고, 역으로 저하되는 방향일 수도 있다. 넓게는 인생관과 교육관, 교직관, 학생관, 수업방법, 교재사용, 평가, 학생생활지도 등에서 교사들은 변화를 보인다.

교사의 가르치는 분야에 대한 지식과 이해 정도, 전달 방식의 숙련 정도, 교실 장악 능력, 개인의 건강과 가족 및 동료 교사와 학생과의 관계 등에 따라 교육과정 운영은 차이가 생길 것이다.

(3) 학생

학생에 따라 교육과정 운영의 방법과 효과는 다르다. 학생의 성별, 나이, 가정 형편, 친우나 교사와 관계, 학습준비도, 참여도, 학습능력, 자기효능감, 성취의욕, 진로, 적성 등에 따라 교육과정 운영은 달라진다. 기초 학습능력을 결하고 있거나 뚜렷한 목표가 없어 왜 공부해야 하는지를 모르는 경우 학생들은 학습 의욕과 동기가 저하되고 이것은 교육과정 운영에 적지 않은 차질을 가져온다.

또한 학생 개인 뿐만 아니라 학생 집단의 동질성과 이질성은 교육과정 운영에 커다란 도전이 된다. 학생에 따라 동질 집단 혹은 이질 집단을 선호하게 되고, 경쟁적인 상황 혹은 비경쟁적인 상황을 선호하는 것이 다르다. 학습능력이 요구되는 교과 수업에서 상대적으로 동질적인 집단은 수업 운영에 준거를 잡기 쉬운데 반해, 지나치게 이질적인 집단은 수업에 다양한 초점을 필요로 하므로 그만큼 어렵다. 고교에서도 능력, 진로, 적성이 대체로 동질집단인 경우와 이질집단인 경우는 교육과정 운영이 판이하게 달라진다.

(4) 교과서

교육과정은 교과서나 지도서 등으로 구체화되어 교실에서 쓰인다. 교육에서 교과서에 대한 의존도가 높아지면 교과서가 교육과정을 대신하게 된다. 교과서가 교육과정을 대신하는 풍토에서, 교육과정이 개정되었다는 것은 많은 교사나 학생들에게 새 교과서를 손에 쥐는 것 이상의 의미를 지니지 못하며, 수업은 교사들이 교과서를 학생들에게 해석해 주고 설명해 주는 일이 되고 있다. 교사들은 교과서를 가르치는 것이 교육과정 운영이며, 교과서에 제시된 내용을 모두 다루어야 하며, 주요 시험에 앞서 진도를 끝내 주어야 한다는 압력을 심하게 받는다. 교과서가 교육과정을 대변하며 이것만 가르치면 교사의 임무를 다하는 것으로 간주하고, 학교에서 학교 실정에 맞는 그리고 학생들이 요구하는 프로그램을 자체적으로 창의적으로 개발하지 않게 된다.

(5) 시설과 설비

학교의 시설과 설비 여건에 따라 교육과정 운영은 달라진다. 교육과정의 원활한 운영을 위해 학교의 시설은 다양한 학습 집단을 고려한 다양성과 융통성(flexibility), 그리고 교과의 특성이나 사용되는 교구를 고려한 독특성(speciality)을 갖추어야 한다. 적절한 수준의 방음, 난방, 냉방, 식수, 조명, 화장실, 체격에 맞는 책걸상, 실험 실습 실기 시설, 예체능을 위한 시설 등이 부실하면 교육과정 운영은 제약받게 된다.

교육과정의 성격에 따라 실험실, 특별실, 도서실, 교실, 운동장 등의 공간 배치와 활용도가 달라져야 한다. 교과목 수업을 위한 교과교실이 갖추어져 있는 경우 해당 수업을 위한 시설과 설비를 갖추고 수업을 할 수 있겠지만, 그렇지 못한 경우 교사들은 많은 교구를 각 교실로 옮겨 다니며 수업하는 데는 제약과 불편에 따라 교과 특성에 맞는 수업을 진행하기 어려울 것이다. 과학 실험을 할 수 있는 실험실이 갖추어져 있는 경우와 그렇지 못하고 실험실은 있되, 교구가 부족한 경우 과학 실험 수업은 제대로 이루어질 수 없을 것이다.

(6) 시간

수업하기 좋고 집중이 잘되는 때(계절, 월, 요일, 시간)와 그렇지 못한 때에 교육과정을 운영하는 것은 서로 다르다. 냉난방이 부실한 상황에서 혹서기와 혹한기의 수업, 입학식, 개교기념일, 졸업식, 운동회, 수학여행, 학예회 등 학교 행사를 전후한 수업, 어린이날, 설, 추석 등 명절을 전후한 수업은 그만큼 좋은 성과를 거두기 어렵다. 마찬가지로 학교 일과가 상대적으로 일찍 끝나는 토요일, 교사들과 학생들이 지친 하루 일과가 끝나는 마지막 수업 시간은 상대적으로 교육과정 운영 여건이 좋지 않다.

(7) 교육평가

각종 교육평가는 기본적으로 교육과정 운영의 질 관리를 위한 것이라고 할 수 있으나, 역으로 교육평가는 교육과정 운영을 제약한다. 교육평가의 기능이 교수-학습과정을 진단해 주고 고쳐야 할 점을 지적해 주는 교수-학습의 개선을 위한 기능보다, 학생을 상대 비교하여 순위를 매기고 상벌을 주고, 선발하고, 진급과 입학을 위한 자격을 부여하는 기능을 수행하는 풍토에서 교육과정 운영은 평가에 의해 상당한 정도로 제약된다. 평가 때문에 개발된 교육과정과 운영되는 교육과정 사이에 격차가 발생할 수 있다.

선택형이든 서술형이든 주로 지필식 평가가 이루어지는 경우 학생들은 실험, 실습, 실기, 조사, 토론 등의 탐구 과정을 소홀히 하고 지필검사 대비 학습에 치중하게 된다. 지필검사를 벗어나 평가의 내용이나 형식이 수행평가 위주로 이루어지는 경우 교육과정 운영은 달라진다. 예컨대 과학 교과의 평가에서 순전히 지필검사를 통해 확인하는 경우와 실험설계에서 실험결과보고에 이르기까지 수행평가를 통해 검사하는 경우 교육과정 운영은 달라진다.

(8) 재정 여건

교육과정의 운영에는 재정 지원이 뒤따라야 한다. 교사 연수, 개발된 교육과정의 수정이나 재구조화를 위한 활동비, 교수-학습 자료의 구입, 공간의 배치, 교사에 대한 보상 등 새 교육과정의 운영은 재정 지원이 없이는 성공하기 어렵다. 첨단 정보화 시설을 해 놓고도 이를 유지 · 운영할 수 있는 유지 관리 수선비 등 재정적 여건이 열악하다면 교육과정 운영은 차질을 빚는다.

11

교육과정 평가

1. 교육과정의 질 관리와 평가
2. 교육과정 평가의 모형
3. 교육과정 평가의 영역과 방법
4. 현행 교육과정의 평가지침
5. 현행 교육과정 평가의 문제점

1. 교육과정의 질 관리와 평가

1) 교육과정 질 관리의 의미

현행 교육과정(2009 개정 교육과정)에서는 교육과정의 질 관리를 위하여 학생들의 학력, 학교 및 교육기관, 교육과정 편성·운영을 대상으로 평가한다고 명시하고 있다. 이는 국가수준에서부터 학생들이 직접 학습하는 학급에까지 모든 과정과 결과가 질 관리의 대상이 됨을 의미한다. 그러나 현실적으로 교육과정이 최종 적용되는 단위 학교 학생들의 학력이나 교육활동만을 그 대상으로 생각하고 학교의 책무성만을 강조하는 경향이 강한 것 같다. 그러나 학교의 교육성과가 저조하다면, 이는 학교 구성원들의 문제와 더불어 이를 지원·감독하는 상부 교육기관들, 국가수준의 교육과정을 기획·추진하는 교육부까지도 그 역할과 책임을 따져 분석하는 총체적 평가가 필요하다. 따라서 교육과정의 질 관리를 위해서는 국가수준의 교육과정을 기획하는 단계에서부터 교사와 학생들이 직접 교육과정을 매개로 학습활동을 하는 단위학교의 학급까지의 모든 과정을 교육과정 질 관리의 대상으로 보아야 한다. 또한, 이를 체계적이고 단계적으로 접근하여 평가하여 문제점을 도출하고, 개선될 수 있는 여건을 조성하는 모든 과정을 질 관리로 보아야 할 것으로 생각된다. 물론 이것은 교육과정을 너무 광의적이고 복잡하게 접근한다는 비판을 받을 수 있다. 하지만 우리나라의 경우 교육과정 출발 자체가 국가수준에서부터 시작된 것이고 교육과정 편성·운영 등에 대해서 교육부나 시·도교육청, 지역교육청이 작은 부분까지도 세밀하게 제시하고 있는 부분이 많기 때문에 학교에서 실현되는 교육과정에 대한 정확한 진단을 위해서는 이와 같이 총체적인 평가가 필요하다고 할 수 있다.

2) 교육과정 평가의 개념과 목적

(1) 교육과정 평가의 개념

교육과정 평가란 교육목표의 설정에서 교육내용의 선정과 조직, 교수와 학습의 과정 및 학습결과의 평가 모두를 포함하는 포괄적인 개념이다. 이러한 해석은 교육과정의 개념 자체를 넓게 이해할 때 가능하다. 결국 교육과정 평가란 교육과정의 개선에 필요한 의사결정을 위하여 교육의 과정에 직접, 간접으로 관련되는 모든 요인에 대한 정보를 수집하는 활동이라고 할 수 있다.

그러나 교육평가라 하면 대개의 경우 그 대상은 학생의 학업성취나 수업결과에 관련된 변인에 한정되어 온 것이 일반적인 경향이었다. 교육평가가 주로 학생의 판정과 선발을 위한 측정의 수준에만 머물러 있었을 뿐, 교육개선을 위한 교육과정의 평가라고 하는 차원에서는 별로 이루어지지 못했다고 할 수 있다.

교육과정 평가를 정의하면 다음과 같다.

"학교 교육과정의 질과 효과를 판단하기 위하여 의도된 교육과정, 전개된 교육과정, 그리고 실현된 교육과정의 질적 수준과 그 성과를 조사하고 측정하여 교육과정의 개정에 대한 판단을 내릴 수 있도록 정보를 제공하는 일련의 과정이다."

(2) 교육과정 평가의 기본목적

교육과정 평가의 기본 목적은 계속적인 교육과정의 개선을 통한 교육의 질 관리이며, 여기서 교육의 질을 관리한다는 것은 첫째, 교육과정의 개발체제와 문서 내용의 질을 관리하며, 둘째, 교수-학습활동의 결과로서의 교육 성과의 질을 관리하는 것을 의미한다고 볼 수 있다. 교육과정 평가의 맥락에서 교육의 질 관리는 국가나 지역수준보다는 일차적으로 학교수준의 교육과정의 질을 관리하는 것을 의미한다. 왜냐하면 국가수준과 지역수준의 교육과정 평가는 궁극적으로 학교수준의 교육과정이 효과적으로 편성·운영될 수 있는 보다 좋은 여건을 만들어 주기 위한 목적에서 실시되기 때문이다.

2. 교육과정 평가의 모형

1) 목표달성 모형

이 모형은 평가란 프로그램에 의해 교육목표가 달성된 정도를 밝히는 과정으로 보는 입장이다.

(1) Tyler의 모형

1933년부터 미국의 진보주의 교육협회 PEA가 중심이 되어 1941년에까지 8년간 진보주의 교육의 효과를 실증하기 위한 연구가 시행되었으며 핵심은 「교육과정과 평가」에 대한 연구로서 Tyler는 '8년 연구'의 평가팀장으로 참여하면서 단순히 학생들의 성적을 확인하는 것만으로 평가가 제대로 이루어질 수 없음을 깨닫게 되었다. 왜냐하면 진보적인 교육과정을 지닌 학교와 보수적인 교육과정을 지닌 학교의 교육목표 자체가 서로 달랐기 때문이었다.

또한 Tyler는 평가가 반드시 목표를 전제하며, 평가란 목표의 성취 여부를 확인하는 것이라는 주장을 하게 되었다. 즉 Tyler는 주어진 목표의 성취 정도를 확인하는 것을 평가라고 규정하였다. 이러한 '목표중심평가' 접근법은 Tyler에 의해 제안된 이래로 지금도 우리 교육 현장에서 주된 평가접근법 중의 하나로 활용되고 있다.

목표달성 모형에서 교육평가 교수목표를 달성한 정도를 결정하는 과정으로 정의된다. 이와 같은 평가의 개념은 Tyler의 '8년 연구'에서 비롯되었는데 그가 제시한 일반적인 평가 절차는 다음과 같은 과정을 포함한다.

첫째, 세 개의 목표자원(goal-sources)—학생, 사회, 교과목–과 두 개의 목표사정(goal-screens)—학습심리학, 교육철학—분석을 통하여 교육목표를 설정한다.

둘째, 설정된 교육목표를 측정 가능한 행동목표로 변형하여 진술한다.

셋째, 교수 프로그램을 끝낸 후에, 사전에 설정된 목표의 달성 여부를 판단하기 위하여 성취도를 측정한다. 따라서 달성되지 못한 목표는 교수 프로그램이 부적절하였음을, 달성된 목표는 교수 프로그램이 성공적이었음을 나타내는 것이다.

Tyler는 교육목표를 행동적으로 진술할 것을 최초로 제안한 학자 중의 한 사람으로서 비록 그가 제시한 교육목표 진술의 적정한 명세화 정도의 기준에 대해서는 평가자들 간에 논란이 되고 있으나, 교육평가를 보는 교육자들의 사고에는 지대한 영향을 미쳐 왔다. Tyler의 평가 절차는 교수 프로그램의 효과를 목표의 달성 정도에 비추어 추리하므로 이 평가모형의 초점은 교육목표와 그 목표의 성취 정도라고 할 수 있다.

(2) Hammond의 모형

R. L. Hammond는 목표달성 모형의 변형을 제언하고, 교육평가는 "교육 프로그램이 진술된 목표를 성취하는데 효과적인 것이었는가"를 결정하는 과정으로 정의하였다.

Hammond 모형의 평가 절차는 다음과 같다.

① 평가될 현행 교육 프로그램을 확인한다.

② 관련된 환경변수와 수업변수를 정의한다.

③ 목표를 행동적 용어로 진술한다.

④ 목표에서 진술된 행동을 평가한다.

⑤ 목표달성 결과를 분석한다.

Hammond의 모형은 진술된 목표의 달성 정도에 영향을 미친다고 볼 수 있는 환경변수와 수업변수의 본질을 상세히 기술하고, 평가의 최종 단계에서는 측정된 학습자의 행동에 영향을 미친 환경변수와 수업변수 간의 관계를 분석한다.

(3) Metfessel과 Michael의 모형

Metfessel과 Michael은 목표달성 모형의 또 다른 변형을 제안하였는데, 이 접근방법은 다음과 같은 8단계로 되어 있다.

① 교수-학습 공동체 구성원의 참여
② 일반목적과 세부목표의 설정
③ 세부목표를 의사소통이 가능하고 학습을 촉진할 수 있는 형태로 변형
④ 측정방법과 도구의 개발
⑤ 주기적인 측정
⑥ 측정자료의 분석
⑦ 분석된 자료의 해석
⑧ 프로그램의 개선과 목표수정을 위한 제언

Metfessel과 Michael 모형의 특색은 교육 프로그램의 목표달성에 반영되었다고 볼 수 있는 여러 다른 부류의 준거를 설정하는 것이다.

(4) Provus의 모형

Tyler의 목표중심평가 접근법을 변형하여 발전시킨 평가 방안 중의 하나가 Provus의 '불일치평가' 접근법이다. Provus에 따르면, 평가란 프로그램 기준에 관하여 동의하고, 프로그램 수행 결과와 기준간의 차이를 파악하며, 그 불일치에 관한 정보를 활용하여 프로그램의 약점을 파악하는 과정이다. 평가의 목적은 프로그램을 개선할 것인지, 유지할 것인지, 아니면 종결시킬 것인지를 결정하기 위한 것이다. 프로그램에 관한 의사결정을 하기 위해서는 평가 결과가

필요한 데, 이 때 평가활동은 기준에 근거하여 수행 결과를 확인하는 과정을 일컫는다.

Provus의 불일치평가 접근법은 평가를 네 단계로 구분하여 제시하고 있다. 평가의 첫 번째 과업은 무엇이 새 프로그램을 구성하는지를 결정하는 것이다. 두 번째 단계는 프로그램이 제대로 실행되는지를 확인하는 것이다. 세 번째 단계는 프로그램의 중간 단계의 목적들이 달성되고 있는지를 확인하는 것이다. 네 번째 단계는 프로그램 실행 과정에서 프로그램의 최종적인 목적이 성취되었는가를 확인하는 것이다. Provus의 불일치평가 접근법에서 가장 중요한 점은 기준에 근거해서 프로그램 수행 결과가 어떻게 되었는가를 확인한다는 점이다.

2) 판단모형

이 모형은 평가를 평가자의 전문성을 이용하여 평가대상의 가치와 장점을 체계적으로 판단하는 활동으로 보는 입장이다.

(1) Scriven의 모형

Tyler가 목표중심평가 접근법을 제시한 이래로 평가는 주로 주어진 목표의 성취 정도를 확인하는 활동으로 간주되었다. 그러나 Scriven이 탈목표평가 접근법을 제시함에 따라, 평가는 사전에 주어진 목표에 의거해서 성취 수준을 확인하고 해석하는 활동이라기보다는 특정활동이나 행위가 가져오는 다양한 결과 또는 효과를 총체적으로 파악하는 과정으로 이해되기 시작하였다.

Scriven이 탈목표평가 접근법을 강조함에 따라 평가에 있어서 전문가의 역할이 더욱 중요해지게 되었다. 평가란 주어진 목표에 근거해 성취 정도를 확인하는 '관리적인' 활동이라기보다는 전문가가 전문가적인 안목에 의해 가치판단을 수행하는 '복잡한' 활동이라는 것이다.

1 형성평가와 총합평가

Scriven은 수업과정에서 개발 중에 있는 교수 프로그램의 개선을 목적으로 하는 형성평가(formative evaluation)와 이미 완성된 교수 프로그램의 실적을 종합적으로 평가하는 총합평가(summative evaluation)라는 개념을 최초로 구별하여 사용한 학자다.

그는 형성평가와 총합평가를 구별하는데 있어서 자료수집 설계나 자료분석 기술과 같은 절차상의 차이점에 관해서 구체적으로 언급하지는 않았지만, 이와 같은 구별은 평가이론에 지대한 공헌을 하고 있다.

2 목표의 질 평가

평가는 가치를 결정하는 것이다. 따라서 교육평가를 단순히 목표를 성취한 정도로 정의하는 목표달성 모형에 이의를 제기하고 목표 자체를 평가할 필요성을 강조하였다. 목표 자체가 성취할 가치가 없는 것이라면 그것을 어느 정도 성취하였는가 하는 문제는 무의미한 것이다. 평가자는 프로그램 설계자에 의해서 제공된 목표를 수동적으로 받아들일 것이 아니라, 목표의 질과 함께 그 성취 정도를 평가하여야 한다는 것이다.

3 수혜자 중심평가

교육을 일종의 서비스 행위로 간주하고 교육을 위해 사용되는 모든 것들을 제품 혹은 상품으로 여겨 교육의 소비자인 학생과 학부모에게 어떤 교육을 제공하느냐에 관심을 두는 평가다.

경제학적 관점에서 보면, 교육은 3차 산업에 해당하고 서비스업으로 분류된다. 따라서 교육행위는 서비스 혹은 일종의 서비스 상품이며 학교와 교사는 교육이라는 상품의 생산자이고 판매자다. 이에 반해 학생들과 학부형은 교육이라는 이름이 붙여진 서비스 또는 상품의 소비자라고 할 수 있고 이미 만들어진 여러 가지 교육 프로그램 중에 특정 프로그램을 취사선택해서 사용하는 경우 학교와 교사들도 교육적 상품의 소비자에 해당한다.

소비자들로 하여금 필요한 상품을 현명하게 선택, 구매할 수 있도록 도울 목적으로 공공 또는 전문기관에서 각종 상품에 대한 평가보고서를 만들어 소비자에게 제공하듯이 교육과정이나 프로그램에 대해서 일가견을 갖고 있는 사람으로서 교육적 서비스 상품의 소비자인 학생, 학부형 또는 교사를 대신하여 교육적 서비스의 상대적 장단점을 판단하여 학생, 학부형 또는 교사들에게 교육적 서비스 또는 상품을 현명하게 선택, 구입하는데 도움을 줄 수 있는 정보를 수집하고 제공하려는 평가를 수혜자지향 평가모형(消費者志向 評價模型, consumer oriented evaluation model), 고객중심 평가모형(顧客中心 評價模型, client centered evaluation model), 또는 소비자보호 평가모형이라 한다.

4 비교평가와 비비교평가

Scriven은 비교평가(comparative evaluation)와 비비교평가(noncomparative evaluation)를 구별하고 비교평가에 강조점을 두었다. 교육평가에서 의사결정의 초점은 여러 대립안들 중에서 최선안을 선택하는 것이므로 평가대상—목표 · 프로그램 · 성취도 등—의 비교는 중요하다.

5 탈목표평가

진술된 목표의 성취 정도를 평가하는 목표지향 평가와는 대조적으로 탈목표평가(goal-free evaluation)는 의도된 성과뿐만 아니라 기대하지 않았던 성과의 평가도 고려하는 것이다. 그러나 Scriven은 이상적인 평가설계에는 목표지향 평가와 탈목표 평가가 모두 포함되어야 한다고 하여 탈목표 평가를 목표지향 평가의 보충평가로 제안하고 있다.

6 모더스 오퍼랜디 방법

Scriven은 실험설계의 접근이 불가능한 상황에서 유용한 "Modus Operandi Method"라는 평가기술을 도입하였다. 가장 흔히 적용되는 모더스 오퍼랜디 방법은 평가하고자 하는 과정이 바람직하다고 판단된 일련의 효과에 대한 원인이 되는가 여부를 탐색하려는 것이다. 즉 인식된 효과와 평가하고자 하는 과정 간에 완전한 인과관계(casual chain)의 존재여부를 발견하고자 하는 것이다.

어떠한 효과가 평가하고자 하는 교수 프로그램과 인과관계가 있는가를 관찰하는 것이다. 또한 이 분석방법은 확률적인 것이며, 단정적인 것은 아니다.

(2) Stake의 모형

Stake의 안면평가 접근법에 따르면, 평가 대상의 전체적인 실상을 정확하게 파악하는 것이 무엇보다도 중요하다. 실상을 종합적으로 파악하고 평가하기 위해서는 두 얼굴, 즉 기술하는 측면과 판단하는 측면을 구분하여 파악하고 평가할 필요가 있다. 먼저 평가 대상을 종합적으로 완벽하게 관찰해서 충실하게 기술한 다음에 이에 대한 정확한 판단을 내림으로서 평가가 완성될 수 있다.

따라서 평가의 과정에서는 기술과 관련된 정보와 판단과 관련된 정보가 동시에 수집될 필요가 있다. 기술과 관련된 자료 수집(교육 프로그램)은 사전조건(수업전조건) 실행과정(수업과정), 결과(수업성과)에 대한 '의도' 및 '관찰'에 초점을 두며, 판단과 관련된 자료 수집은 사전조건, 실행과정, 결과 각각에 대한 '기준'과 '판단'에 초점을 두어야 한다. 평가는 의도와 관찰내용, 그리고 기준과 판단의 비교를 통하여 이루어진다.

Stake는 교육 프로그램의 설계에 어떤 논리적 근거가 존재한다는 것을 가정한다. 이 모형을 도식으로 나타내면 다음과 같다.

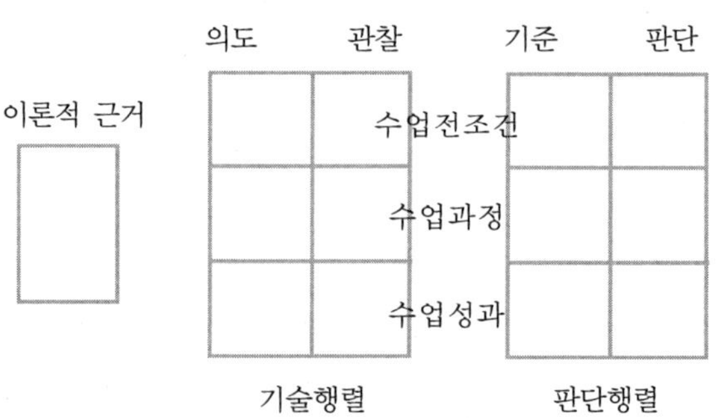

[그림 11-1] Stake의 평가모형

(3) Guba의 모형

Guba는 평가 대상을 학생으로만, 그리고 평가를 성취 수준을 확인하는 행위로만 규정하는 전통적인 관점을 비판하면서, 평가를 평가 대상 자체가 지니고 있는 장점과 가치를 판단하는 것이라고 주장한다. Guba에 따르면, 평가 대상은 두 가지로 구별 가능한 데, 하나는 프로그램 그 자체이며, 다른 하나는 프로그램이 적용되는 대상, 예를 들면 학생이나 교사 등이다.

Guba는 기존의 양적 평가가 견지해 온 합리주의적인 방법을 참여적 기술과 관찰을 강조하는 자연주의적 방법과 대조시키면서, 자신의 평가 접근법으로 자연주의적 평가 접근법을 강조한다. Guba의 자연주의적 평가 접근법의 주요 특징은 다음과 같다. 첫째, 있는 그대로의 현실을 파악하기 위해서 실험적인 상황보다는 자연적인 상황 속에서 연구 평가가 이루어져야 한다. 둘째 객관적으로 고안된 조사 도구보다는 직접적인 관찰이나 면접을 위해서 인간을 조사도구로 사용한다. 셋째, 현장의 참여관찰로부터 문제나 사건을 이해하고 해결하기 때문에 결론의 추론 방식이 귀납적이어야 한다. 넷째, 수치적인 측정의 문제가 아니라 평가 대상에 대한 이해와 관련된 문제이기 때문에 다양한 자료와 다양한 현상을 파악할 필요가 있다.

이상에서 살펴본 바와 같이 Scriven과 Stake 및 Guba 판단모형의 제안자로서, 유능한 평가자는 교육 프로그램의 다양한 부분을 정교하게 평가할 수 있어야 한다고 보는 것이다.

3) 의사결정 촉진모형

의사결정 촉진모형에서 평가자는 교육현상의 가치를 결정하는 것이 아니라 의사결정자, 즉 가치의 결정자가 필요로 하는 정보를 수집하고 제공하는 역할을 한다.

(1) Stuffebeam의 모형

의사결정 촉진모형으로서 가장 많이 알려진 이 모형은 상황평가(context evaluation), 투입평가(input evaluation), 과정평가(process evaluation), 산출평가(product evaluation)의 네 가지 형태의 평가로 구성되어 있으므로 각각 그 머리글자를 따서 CIPP모형이라고도 한다. CIPP모형의 접근방법은 평가가 의사결정의 대립안을 판단하는데 필요한 정보를 기술하고 수집하고 제공하는 과정이라는 정의에 근거를 두고 있다. 여기에서 정보를 기술한다는 것은 의사결정자가 요구하는 정보를 구체적으로 명백히 정의하는 것이고, 수집한다는 것은 측정이나 통계적 방법과 같은 절차를 통해서 정보를 수집하여 구성하고 분석하는 것이며, 제공한다는 것은 평가목적에 적합하도록 정보를 통합하는 것을 말한다.

CIPP모형을 구성하는 네 가지 유형의 평가는 다음과 같다.

① 상황평가는 가장 기초적인 평가로 교육장면에서 여러 가지 문제점과 충족되지 않은 필요를 확인하고 분석하여 목표를 설정하는 역할을 한다. 따라서 상황평가는 관련된 교육환경의 구성요인에 대한 개념적인 분석과 교육문제를 확인하기 위한 실증적인 자료수집을 포함한다.

② 투입평가는 목표를 달성하기 위하여 자원을 활용하는 방안에 관한 정보를 제공하는 것이다. 따라서 상황평가의 결과로 확인된 목표를 달성하기 위해서는 수업체제와 수업전략에 관한 분석을 하는 것이다. 그러므로 투입평가자는 목표달성을 촉진하기에 가장 적합한 수업절차를 선택하고 설계하는 데 필요한 정보를 제공해야 한다.

③ 과정평가의 목적은 프로그램이 계획된 대로 시행되고 있는지 확인하고 수업설계상의 결점을 발견하려는 것이다. 따라서 과정평가자는 실제 수업절차를 점검하여 절차상의 문제점을 해결하는 데 필요한 정보를 제공해야 한다.

④ 산출평가는 프로그램을 끝낸 후에 또는 필요에 따라서는 진행 중에 목표의 달성 정도를 측정하고 해석하는 것이다. 따라서 산출평가자는 어떤 수업 프로

그램을 계속할 것인가, 중단할 것인가 또는 수정할 것인가를 판단하는데 필요한 정보를 제공해야 한다.

이상과 같이 네 가지 평가는 각각의 평가에 대응하는 의사결정에 도움을 주는 평가라고 할 수 있는데, 상황평가는 목표를 설정하기 위한 계획결정에, 투입평가는 계획의 단계를 위한 구조화결정에, 과정평가는 계획의 시행을 통제하기 위한 시행결정에, 산출평가는 계획의 달성을 판단하기 위한 순환결정에 도움을 주는 평가다. 의사결정의 유형과 평가는 다음과 같이 도식화될 수 있다.

	의도	실제
목적	계획결정 (상황평가에 의한)	순환결정 (산출평가에 의한)
방법	구조화결정 (투입평가에 의한)	시행결정 (과정평가에 의한)

[그림 11-2] **결정의 유형과 평가**

(2) Alkin의 모형

이 모형은 CIPP와 본질적으로 같으나 과정 평가를 프로그램 실행에 대한 평가와 프로그램 개선에 대한 평가로 구분되며, 평가는 다음과 같은 5단계 과정을 거친다.

1 **체제**(사정)**평가**

프로그램의 전체적인 틀에 대한 평가(특정 상황에 적합한 혹은 필요한 교육목표의 폭과 깊이를 결정하는데 필요한 정보 제공) 체제의 바람직한 산출 혹은 진술된 필요와 비교하여 현존하는 체제의 상태에 관한 진술이다.

2 **프로그램 계획평가**

프로그램 목표를 충족할 수 있는 가장 효과적인 방안을 선택하도록 정보를 제공(프로그램의 유형, 실용성, 비용, 실행 효과 등을 검토) 하는 것이다.

3 프로그램 실행평가

프로그램이 실제 계획한 대로 실천되고 있는지, 실행 중인 프로그램의 개선에 필요한 정보제공이다.

4 프로그램 개선평가

프로그램 실행 과정에 직접 개입하여 문제점을 추출하고, 실제로 수정, 보완하는 프로그램 개선 과정(프로그램 전반에 관한 정보 제공)이다.

5 프로그램 승인평가

의사결정자에게 프로그램의 질적 수준에 대한 종합적인 결과를 제공하여 프로그램 채택여부를 결정하도록 도와주는 과정(프로그램의 신뢰도, 타당도, 효율성, 일반화 가능성 등이 포함됨)이다.

(3) Cronbach의 모형

프로그램 평가 이론가로서 Cronbach은 1963년에 '평가를 통한 교육과정 개선'(Course Improvement Through Evaluation)이라는 글을 발표하였다. 이 글에서 Cronbach는 평가의 중요한 목적 중의 하나는 교육 프로그램을 개선하기 위한 것임을 분명히 하였다.

Cronbach에 따르면, 평가란 교육 프로그램에 관한 의사결정에 필요한 정보를 수집하여 활용하는 활동이다. 따라서 평가의 주요 기능 중의 하나는 교육 프로그램에서 개선이 필요한 측면을 찾아내는 것이다. 이를 위해서는 우선적으로 프로그램이 어떤 효과를 가져오는지, 그리고 어떤 변인들이 프로그램 효과에 어떤 영향을 미치는지를 파악할 필요가 있다.

평가가 교육 프로그램의 개선에 기여하기 위해서는 평가의 결과가 프로그램의 완성단계가 아니라 프로그램 개발 도중에 나와야 한다. 왜냐하면 프로그램이 완성되기 전에 평가 결과가 나와야만 평가 결과를 반영하여 프로그램을 개선할 수 있기 때문이다. 이런 맥락에서 Cronbach은 평가의 형성적 기능, 즉 형성평가를 강조하였다.

이처럼 Cronbach는 교육과정 개선을 위한 평가, 즉 프로그램 평가의 중요성을 강조하였다. 이러한 평가 논리는 평가의 대상을 오로지 학생으로만 보는 전통적인 평가 논리와는 다르다. 따라서 Cronbach의 '평가를 통한 교육과정의 개선'이라는 글은 평가의 대상을 학생으로부터 교육 프로그램으로까지 확대시켰다고 볼 수 있다.

지금까지 살펴본 교육평가의 목표달성 모형, 판단모형, 의사결정 촉진모형을 평가에 대한 각 접근방법을 중심으로 비교하면 다음과 같다.

표 11-1 교육평가 모형의 비교

평가모형 / 비교준거	목표달성 모형	판단모형	의사결정 촉진모형
정의	학생의 성취와 진술된 목표를 비교하는 것	목표척도에 비중을 둔 성취자료를 수집하고 결합하는 것	의사결정을 위해서 정보를 정의하고 획득하고 이용하는 것
목적	수업활동의 목적이 실제로 달성된 정도를 결정하는 것	가치를 확립하고 정당화하는 것 평가는 많은 역할을 한다.	의사결정자에게 필요한 정보를 제공하는 것
강조점	목표의 명세화 및 학생의 학습성과 측정	자료수집, 도구비중 및 목표 선정의 정당화	의사결정에 이용되는 평가 보고서
평가자의 역할	교과과정 전문가	실제적인 교육 실천의 장점을 판단하는 자	의사결정자에게 평가정보를 제공하는 전문가
평가의 유형	성과의 사전측정과 사후측정	① 형성-총합평가 ② 비교-비비교평가 ③ 내재적 평가와 최종평가 ④ 탈목표 평가	① 상황평가 ② 투입평가 ③ 과정평가 ④ 산출평가
제안된 구성	① 행동적 용어로 목표진술 ② 학생 중심적인 교수목표	① 목표(주장)와 역할(기능)간의 구별	① 계획의 결정을 위한 상황평가

비교준거 \ 평가모형	목표달성 모형	판단모형	의사결정 촉진모형
제안된 구성	③ 목표는 학생의 투입행동, 문화, 교육철학, 학습이론, 새로이 개발된 교수법 등을 고려해야 한다.	② 여러 유형의 평가	② 프로그램의 결정을 위한 투입평가 ③ 시해결정을 위한 과정평가 ④ 순환결정을 위한 산출평가
공헌	① 행동 목표의 달성 여부를 쉽게 평가할 수 있다. ② 실행자들이 평가 연구를 설계하기 쉽다. ③ 명백한 목표의 정의에 초점을 둔다.	① 형성평가와 총합평가를 구분한다. ② 다양한 상황에 적용할 수 있다. ③ 방법과 목표의 분석이다. ④ 평가유형을 도형화하였다.	① 평가의 봉사기능을 제공하였다. ② 환류작용에 민감하다. ③ 프로그램의 어떤 단계에서도 평가가 가능하다. ④ 전체성을 갖고 있다.
단점	① 과정평가와 프로그램을 너무 단순화하는 경향이 있다. ② 목표의 가치를 고려함이 없이 목표를 너무 강조하는 경향이 있다.	① 각기 다른 준거를 근거로 한 성취를 같게 생각하고 준거에 상대적인 비중을 두는 것은 방법론적 문제를 야기한다. ② 판단의 타당성을 평가하는 방법이 없다.	① 가치문제를 별로 고려하지 않는다. ② 의사결정 과정이 명확하지 않고 그 방법이 정의되지 않았다. ③ 전과정을 전체적으로 이용한다면 비용이 많이 들고 복잡해진다.

3. 교육과정 평가의 영역과 방법

1) 교육과정 평가의 영역

첫째, 교육과정을 평가한다고 할 때, 가장 먼저 떠오르는 평가의 영역은 교육과정 문서 자체다. 교육과정 문서는 일반적으로 독립된 문서로 발행되는 '계획된' 교육과정을 가리킨다. 교육이 제대로 이루어지기 위해서는 무엇보다도 교육과정이 잘 계획될 필요가 있다. 잘 계획되어 있지 않는 것이 잘 실천되고 실현되기를 기대한다는 것은 불합리하다. 따라서 계획된 교육과정은 실천 이전에 그 자체로서 평가될 필요가 있다.

따라서 계획된 교육과정의 질, 즉 교육과정을 구성하고 있는 하위요소들인 교육과정 목표의 질, 교육내용 선정과 조직의 질 등의 적합성이 평가되어야 한다.

둘째, 교육과정 평가의 실행을 염두에 둘 때, 교육과정 의사결정 및 적용의 수준은 국가, 지역, 학교로 구분하는 것이 바람직하다. 왜냐하면 우리나라의 초·중등 교육과정은 크게 국가, 지역, 학교의 세 수준에서 결정되고, 운영되며, 그 성과가 평가되기 때문이다. 따라서 교육과정의 정상적인 운영을 통하여 교육의 질을 제고하기 위해서는 이들 세 수준의 교육과정이 각각 어떻게 개발되고 편성·운영되며, 그 성과(교육의 효과)는 어떠한지에 대하여 체계적인 평가를 시행할 필요가 있다.

2) 교육과정 평가의 방법

(1) 자체평가

학교수준의 교육과정 평가는 원칙적으로 학교 구성원 모두가 참여하는 자체평가의 형식을 띠어야 한다. 학교에서 교육과정을 자체평가한다는 것은 교사들이 자신들의 교육활동을 스스로 반성해 봄으로써, 자신들이 참여하는 교육활동의 실태를 파악하고, 개선이 필요한 부분과 계속 유지시켜 나가야 할 부분 등을 정확히 이해하여 교수-학습활동의 질을 개선시켜 나가는 과정을 의미한다. 이러한 자체평가 활동은, 현재 교육청 평가의 일환으로 이루어지고 있는 학교평가와는 달리, 교육과정의 편성·운영에 대한 책무성을 묻기 위한 것이라기보다는 교육과정의 편성·운영을 계속적으로 개선해 나가기 위한 것이라고 볼 수 있다. 학교평가를 포함해서 현재 이루어지고 있는 대부분의 평가는 지나치게 계량화된 지표에 의한 평가, 외부인에 의한 평가, 그리고 책무성을 묻기 위한 평가임에 반하여 이 글에서 제안하고 있는 교육과정 평가는 교육과정 편성 · 운영의 개선을 통한 교수-학습활동의 질을 관리하기 위한 문제해결형의 자기평가가 되는 것이 바람직하다.

(2) 외부인사의 평가

학교수준의 교육과정 평가에 있어서, 불가피한 이유 때문에 외부평가가 이루어질 경우, 교육과정 전반에 대한 전문적 식견을 갖춘 평가자가 평가대상학교에 일정기간 머물면서 평가를 실시하는 것이 바람직하다. 현재 교육청이나 학교평가에서 이루어지고 있듯이, 자체보고서 결과의 실사를 위해 한두 차례 학교를 방문함으로써 평가대상학교의 교육과정을 제대로 평가한다는 것은 거의 불가능하다. 따라서 평가자가 평가대상학교에 일정기간 머물면서 학교의 문화를 포함한 전반적인 특징과 현상에 대하여 종합적으로 평가할 필요가 있다.

단위학교가 교육과정에 대한 자체평가를 실시할 경우에도 몇몇 외부인을 평가단에 포함시키거나 평가의 과정에서 외부인의 자문을 구할 필요가 있다. 학교수준의 교육과정을 평가할 때 원칙적으로 자체평가를 실시한다고 해서 모든 학교가 자체평가만 계속해서 시행할 경우 평가의 효과가 떨어질 가능성이 있다. 왜냐하면 대부분의 학교 관례들이 내부인 자신들에게 너무나 익숙한 현상이나 내용들이어서 내부인의 눈에 쉽게 띄지 않기 때문이다. 따라서 자체평가시 몇몇 외부인을 평가단에 포함시키거나 외부 전문가의 자문이나 검토를 받음으로써 내부인들이 잘 느끼지 못하는 현상이나 문제를 쉽게 발견할 수 있게 될 것이다.

(3) 정량적 평가와 정성적 평가

교육과정을 평가할 때, 정량적인 평가와 정상적인 평가가 균형을 이루도록 하는 것이 바람직하다. 현재 이루어지고 있는 대부분의 교육청 평가나 학교평가는 책무성을 묻기 위한 평가이고, 따라서 평가 결과의 객관성을 보장하기 위한 방편으로 평가지표를 계량화하는 경향이 있다. 따라서 교육의 질 개선이나 교사의 전문성 신장에 도움이 될 만한 구체적인 정보를 효과적으로 환류시켜 주지 못하고 있다. 따라서 정성적 평가지표를 보다 많이 마련해서 문제의 구체적인 성격 및 발생 원인, 개선 가능성 등에 대한 정보를 제공해 주고자 노력할 필요가 있다.

(4) 교육과정 수준별 평가

1 국가수준의 평가

교육과정 평가는 영역, 수준, 관점에 따라 실행 주기가 달라지는 것이 바람직하다. 국가수준의 개발체제나 문서에 대한 평가는 교육과정 개정 주기마다 일회씩만 이루어지면 된다. 그러나 국가수준의 실행이나 성과에 대한 평가는 매년 또는 교육과정 개정 초기와 후기 등으로 나누어서 반복 실시될 필요가 있다.

2 지역수준의 평가

지역수준의 교육과정 평가는 국가수준과 비슷한 방식으로, 즉 개발체제나 문서에 대한 평가는 개정 주기마다 일회씩, 실행이나 성과에 대한 평가는 매년 또는 일정 주기로, 이루어질 필요가 있다.

3 학교수준의 평가

학교수준의 교육과정 평가는 개발체제, 문서, 실행, 성과의 모든 영역에 대하여 매년 실시하는 것이 바람직하다. 왜냐하면 학교는 전년도의 교육과정 편성 · 운영에 대한 자체평가 결과에 기초하여 매년 교육과정 운영 계획을 다시 수립하고, 이에 근거하여 실행하기 때문이다. 특히, 앞에서 규정한 교육의 질, 즉 교수-학습활동의 질과 교육성과의 질과 밀접히 관련되어 있다고 볼 수 있는 학교수준의 교육과정 평가의 실행과 그 결과인 성과에 대한 평가는 매년 이루어지는 것이 바람직하다.

(5) 학교교사의 전문성 제고

교육과정 평가는 교육과정에 대한 교사의 전문성을 신장시킬 수 있는 방식으로 이루어져야 한다. 교사를 평가의 주체로 간주하기보다는 평가의 대상으로만 삼게 될 때, '책무성 확인을 통한 교육의 질 관리'라는 평가의 본래 의도는 하나의 수사에 그치고 만다. 따라서 교육과정 평가를 통하여 지속적인 교육과정 개선을 이루기 위해서는 교사가 스스로 자신을 되돌아보고 개선할 수 있도록 하는 기회를 제공해 줄 필요가 있다. 즉 교육과정 평가를 통하여 교사들이 자신들의 교육 행위를 스스로 반성해 보고, 개선이 필요할 경우 지속적으로 개선하고자 노력하는 일종의 실천 연구를 수행할 기회를 제공함으로써, 교육과정에 대한 교사의 전문성을 신장시킬 필요가 있다.

4. 현행 교육과정의 평가지침

1) 교육과정 구성의 방침

- 교육과정 평가체제를 확립하여 교육에 대한 질 관리를 강화한다.

2) 교육과정의 평가와 질 관리

- 이 교육과정 질 관리를 위하여 국가수준에서는 주기적으로 학생 학력평가, 학교와 교육기관평가, 교육과정 편성 · 운영에 관한 평가를 실시한다.

① 학업성취도를 평가하기 위하여 교과별, 학년별 학생 평가를 실시하고, 평가 결과는 교육과정의 적절성 확보와 그 개선에 활용한다.

② 학교의 교육과정 편성 · 운영과 교육청의 교육과정 지원 상황을 파악하기 위하여 학교와 관련 교육청에 대한 평가를 주기적으로 실시한다.

③ 교육과정 편성 · 운영과 지원 체제의 적절성과 실효성을 평가하기 위한 연구를 수행한다. 이 교육과정이 적용되는 첫 해부터 다양한 절차를 거쳐 해당 학교, 학년, 학생에게 적절한지를 조사하여 평가하되, 교육과정 평가 연구는 교육과정의 편재, 시간(단위) 배당, 편성 · 운영 지침의 적절성과 그 적용 효과에 중점을 둔다.

- 국가수준에서는 학교에서 교육과정의 정신을 구현한 평가 활동이 원활히 이루어질 수 있도록 다양한 방안을 강구해서 학교 현장에 제공해 주어야 한다.

① 교과별로 '절대평가 기준'을 개발, 보급하여 학교가 교과 교육과정의 목표에 부합되는 평가를 실시할 수 있도록 한다.

② 국가수준의 평가 문항 은행을 구축하여 에듀넷 등 통신망을 통해 학교가 평가에 이용할 수 있도록 한다.

③ 교과별 평가활동에 활용할 수 있는 다양한 평가 방법, 절차, 도구 등을 개발하여 학교에 제공한다.

- 시 · 도 교육청에서는 관내 학교의 교육과정 편성 · 운영에 대한 질 관리 및 지역 교육청의 교육과정 편성 · 운영 체제의 적절성과 실효성을 높이기 위하여 학업성취도 평가, 교육과정 편성 · 운영 평가 등을 실시할 수 있다.
- 학교에서 실시하는 평가활동은 다음과 같은 사항을 고려해서 이루어져야 한다.

① 평가는 모든 학생들이 교육목표를 성공적으로 달성하기 위한 교육의 과정

으로 실시한다.

② 학교는 다양한 평가도구와 방법으로 성취도를 평가하여 학생의 목표 도달도를 확인하고, 수업의 질 개선을 위한 자료로 활용한다.

③ 교과의 평가는 선다형 일변도의 지필검사를 지양하고, 서술형 주관식 평가와 표현 및 태도의 관찰 평가가 조화롭게 이루어지도록 한다.

④ 실험 · 실습의 평가는 교과목의 성격을 고려하여 합리적인 세부 평가 기준을 마련하여 실시한다.

⑤ 정의적, 기능적, 창의적인 면이 특히 중시되는 교과의 평가는 타당한 평정 기준과 척도에 의거하여 실시한다.

⑥ 학교와 교사는 학교에서 가르친 내용과 기능을 평가하도록 유의한다. 학생이 학교에서 배울 기회를 마련해 주지 않고, 학교 밖의 교육 수단을 통해서 익힐 수밖에 없는 내용과 기능은 평가하지 않도록 유의한다.

⑦ 초등학교의 교과활동 평가는 학생의 활동 상황과 특징, 진보의 정도 등을 파악하여, 그 결과를 서술적으로 기록하는 것을 원칙으로 한다.

교육과정 평가 · 질 관리면에서 2009 개정 교육과정과 7차교육과정의 차이점을 비교하면 〈표 11-2〉와 같다.

표 11-2 2009 개정 교육과정과 7차교육과정의 차이점

7차교육과정	2009 개정 교육과정	내용
교육과정 관련 국가수준 및 단위학교 평가	교육과정 관련 국가수준, 시 · 도 교육청, 단위학교평가 - 시 · 도 교육청의 학업성취도평가, 교육과정 편성 · 운영 평가 근거 마련	시 · 도 교육청에서는 관내 학교의 교육과정 편성 · 운영에 대한 질 관리 및 지역 교육청의 교육과정 편성 · 운영 체제의 적절성과 실효성을 높이기 위하여 학업성취도 평가, 교육과정 편성 · 운영평가 등을 실시할 수 있다.

5. 현행 교육과정 평가의 문제점

사회가 변화하면서 학습자에 관한 관점도 변화되어 왔다. 과거에는 심리학을 바탕으로 하는 행동주의 이론이나 인지이론 학습자 관점이 주류를 이루었으나, 최근에 이르러서는 국민교육을 위한 학교제도의 성격과 밀접한 관련이 있는 교육학적 학습자관을 뛰어넘어 구성주의 인지이론을 바탕으로 하는 학습자관으로 확대되어 왔다. 또한, 학습행위를 각 학습자들의 학습 관련 행위로서, 학습하는 것뿐만 아니라 학습하지 않는 것까지를 포함시키고 있다.

이러한 학습자관의 변화는 평가관의 변화를 동반하였다. 전통적인 학습자관에서는 선발주의적 평가관에 의하여 평가의 목적을 학습 정보의 양에 관심을 두는 양적 평가에 치중하여 왔다. 그러나 최근에는 학생들이 능동적으로 학습함으로써 창의성이나 문제해결력 등 고등사고 기능을 신장시키는 질적 평가가 강조되고 있다. 이러한 질적 평가의 방법으로서 수행평가의 필요성이 제기되고 있다.

이러한 여건의 변화에도 개선되지 않고 있는 교육과정 평가상의 문제점 다섯 가지를 제시하면 다음과 같다.

1) 지적 영역 일변도 평가방식

그 동안 학교 교육평가는 학생의 발달 영역에서 지적인 측면에 치우쳐 평가가 집중되었다. 그러나 우리교육이 추구하는 전인교육이라는 차원에서 보면 정의적 영역과 심동적(운동기능적) 영역을 함께 고루 발전시켜야 한다.

2) 단순 암기, 이해 등 하등 정신능력 중심의 평가

시험 문제 출제 및 채점상의 용이성 등으로 그 동안 학교 교육평가는 단순

암기 위주나 고작 이해 정도 위주로 치우쳐 왔다. 이러한 평가방법은 수업방법에서도 큰 영향을 주어 왔고, 결국에는 미숙한 국민을 양성하는 일에 집중하는 결과를 가져오게 된다. 그러나 오늘날의 사회는 창의적인 인재를 요구하고 이를 위해 분석력과 종합력, 비판력 등과 같은 고등사고 능력을 신장할 수 있는 평가를 통해 논리성과 합리성을 지닌 국민들을 길러 내어야 한다.

3) 지필검사 일변도 평가방식

일부 예체능 과목을 제외하고는 나머지 교과는 대부분 지필검사위주의 평가를 실시하였다. 이는 과정으로서의 지식보다는 결과로서의 지식만을 추구하게 하는 경향을 만들게 되었다. 교육평가는 학습하는 과정에서의 수행평가나 다양한 종류의 실기평가 등으로 지적인 영역 이외의 정의적이고 심동적인 영역까지를 평가할 때 국가수준의 교육과정이 추구하는 인간상을 육성할 수 있는 것이다.

4) 사지택일형 객관식 일변도 평가방식

그 동안 출제 및 채점상의 용이점과 시간상의 한계성을 극복하기 위하여 사지택일형 객관식 평가 위주로 학교 교육평가가 이루어져 왔다. 이러한 평가방식으로는 결과적으로 교육의 목표를 호도하고, 교수-학습 활동에 있어서 논리적 사고력이나 문제해결력 또는 창의력 배양을 위해서는 역기능을 배제하기가 힘들다고 하겠다.

5) 상대기준 평가 위주의 교육평가

상대기준 평가는 대상 집단의 학생들 상호간의 상호 비교 점수다. 반면, 절대기준 평가 또는 준거지향 평가는 학생들이 도달해야 하는 특정의 성취기준을 평가의 준거로 보고 있다. 그 동안 대학입시로 인해 교육의 선발적 기능을 강조하는 풍토가 조성되어 비교육적 상황이 많이 촉진되었다. 교육이 선발적 기능도 있겠지만 궁극적으로 이상적인 성취수준으로 끌어 올리는 것이고, 학생들을 능력과 관계없이 인간으로서 똑같이 존중한다는 측면에서는 절대기준 평가가 도입되어야 한다.

참고 문헌

강봉규 · 이종성(1985). 교육과정 및 교육평가. 서울 : 형설출판사.

강봉규 · 길형석(1990). 교육과정 및 교육평가. 서울 : 학문사.

강봉규 · 박성혜 · 최미리(2004). 교육과정 및 교육평가 . 서울 : 태영출판사.

Aikni, W. M.(1942). *The story of the eight-year study.* NY : Harper & Brothers.

Armstrong, D. G.(2007). *Developing and Documenting the Curriculum.* Boston : Allyn and Bacon.

Beyer, L. E. & D. P. Liston(1996). *Curriculum in conflict.* NY : Teachers College Press.

Blake, N. et al.(2006). *Thinking again : Education after postmodernism.* Westport, Connecticut : Bergin & Garvey.

Brown, T.(1988). How fields change : a critique of the "Kuhnian view". In W. Pinar(1988). *Contemporary curriculum discourses.* 16-30.

Bruner, J.(1960). *The process of education.* Cambridge, Mass : Harvard Univ. Press.

Cornbleth, C.(1990). *Curriculum in context.* NY : The Falmer Press.

Doll, Jr. W.(2003). *A post-modern perspective on curriculum.* NY : Teachers College Press.

Eggleston, J.(1997). *The Sociology of the school Curriculum*, Landon, Routledg & Kegan Paul.

Faunce, R. C. & Bossing, N. L.(1988). *Developing the Core Curriculum*, New York;

Prenties-Hall Inc.

Gagné, R. M., Briggs, L. J., Wager, W. W.(1992)(4th ed.). *Principles of Instructional Design.* New York : Holt, Rinehart and Winston.

Gagné, R. M., Briggs, L.(1979). *Principles of Instructional Design.* New York : Holt. Rinehart and Winston.

Glaser, R. & Nitko, A.(1971). Measurement in learning and instruction, In R. L. Thorndike (Ed.), *Educational Measurement*(2nd ed.), Washington, DC : American Council Education, pp. 625-670.

Glaser, R.(1962). Psychology and Instructional Technology. In R. Glaser (ed.). *Training Research and Education.* Pittsburgh : University of Pittsburgh Press.

Goodlad, J. L., Richter, M. N.(1996). *The Development of a Conceptual System for Dealing With Problems of Curriculum and Instruction.* Los Angles : Institute for Development of Educational Activities. Univ. of California.

Guba, E.G., Lincoln, Y. S.(1988). Do Inquiry Paradigms Imply Inquiry Methodologies? In D. M. Petterman(ed.). *Qualitative Approaches To Evaluation in Education,* New York : Praeger Publishers.

Hilgard, E. R. and Bower, G. H.(1986). *Theories of Learning,* NY : Appletion-Century-Crofts.

Hirst, P. H.(1975). *Knowledge and the curriculum.* London : RKP.

Holt, M.(1978). *The common curriculum.* London : Routledge & Kegan Paul.

Hosford, P. L.(1993). *An Instructional Theory : A beginning,* New Jersy : Prentice-Hall.

Inhelder, B., Sinclair, H., & Bovet, M.(1994). *Learning and the development of cognition.* London : Routledge & Kegan Paul Ltd.

Jackson, P. W.(1980). Curriculum and its discontents. *Curriculum Inquiry.* 10(1). 28-43.

Jonassen, D. H.(1999). Evaluating constructivistic learning. *Educational Technology.* September.

Kliebard, H. M.(1986). *The struggle for the American curriculum :* 1890-1958. London : RKP

______________(1992). Constructing a history of the American curriculum. In Philip W. Jackson(ed.)(1996). *Handbook of research on curriculum.* NY : Macmillan. 98-118.

___________(2005). *The struggle for the American curriculum :* 1953-1958. Boston : RKP.

___________(2005). Bureaucracy and curriculum theory. in W. Pinar(Ed.)(1975). *Curriculum theorizing,* Berkeley, CA : McCutchan Publishing.

Komisar, B. P.(1981). Need and needs-curriculum. In B. O. Smith & R. H. Ennis (Eds.)(1981). *Langage and concepts in education.* Chicago : Rand McNally.

Lewy, A.(ed.)(2006). The International Encyclopedia of Curriculum. NY : Pergamon Press.

Lewy, A. & Goodlad, J. I.(1991). Overview in Lewy, A.(ed.)(1991). *The international encyclopedia of curriculum.* NY : Pergamon Press. 11-14.

Lincoln, S., & Cuba, G.(1985) *Naturalistic inquiry,* Sage Publications, Inc.

Lincoln, Yvonna S.(1992). Curriculum studies and the tradition of inquiry : The humanistic tradition. in Philip W. Jackson(ed.)(1992). *Handbook of research on curriculum.* NY : Macmillan. 79-97.

Macdonald, J.(1975) "Curriculum theory" in Pinar, W.(eds.) *Curriculum theorizing : The reconceptualists.* Berkly : McCutchan.

Mager, R. F. & Pipe, P.(1984). *Analyzing performance problems.* Bermont, CA : Lake Publishing Co.

Mager, R. F.(1962). *Preparing Instructional Objectives*, Palo Alt., Fearon Publishers Inc.

Marsh, C. J., Willis, G.(1995). *Curriculum : Alternative Approaches.* Ongoing Issues. NJ : Prentice-Hall.

Marshall, J. et al.(2000). *Turning Points in curriculum.* Columbus, Ohio : Merril.

McKillip, J.(2007). *Need analysis : Tools for the human services and education.* Newbury Park, CA : Sage Pub.

McNeil, J. D.(1981). "Evaluating the Curriculum", In Giroux, H. A., Penna, A. N., Pinar, W. F.(eds.). *Curriculum and Instruction,* Berkeley : McCutchan.

McNeil, J. D.(1996). *Curriculum : A Comprehensive Introduction(5th ed.).* New York : Harper Collins

Miller, J. P., Seller, W.(1990). *Curriculum : Perspectives and Practice.* Toronto : Copp Clark Pitman Ltd.

Oliva, P. F.(1992), *Developing the Curriculum(3rd ed.).* New York : Harper Collins.

Ornstein, A. C., Hunkins, F. P.(2004). *Curriculum : Foundations, Principles, and Issues(4th ed.).* New York : Pearson.

Ornstein, A. C. & Hunkins, F. P.(1993). *Curriculum(2nd ed.).* Boston : Allyn and Bacon.

Osterhof, A.(1994). *Classroom applications of educational measurement(2nd ed.).* NY : Mcmillan College Publishing Co.

Phenix, P. H.(1984). *Realms of meaning.* NY : McGraw-Hill.

Pinar, W.(ed.)(1975). *Curriculum theorizing.* Berkeley, CA : McCutchan Publishing.

Posner, G. J.(1988). Models of Curriculum Planning, In L. Beyer, M. Apple(eds.), *The Curriculum : Problems. Politics and Possibilities.* New York : State Univ. Of New York Press.

____________(2004). *Analyzing the curriculum(3rd ed.).* New York : McGraw-Hill. Inc.

Print, M.(1987). *Curriculum development and design.* North Sydney, Australia : Allen & Unwin.

Reigeluth, C. M.(1983). *Instructional design theories and models.* Hillsdale, NJ : Lawrence Erlbaum Associates.

Romiszowski, A. J.(2008). *Designing instructional systems.* London : Kogan Page Ltd.

Scriven, M.(1967). The methodology of evaluation, In R. Tyler, R. Gagné, & M. Scriven (Eds.). *Perspectives on curricular evaluation,* AERA Monograph Series on Curriculum Evaluation, No. 1, Chicago : Rand McNally.

Stufflebeam, D. & Guba, E.(1971). *Educational evaluation and decision making.* Itasca, Ill. : F. E. Peacock.

Taba, H.(1962). *Curriculum Development : Theory and Practice.* New York : Harcourt Brace Javanovich.

Taylor, P. C. S.(1993). Collaborating to reconstruct teaching : The Influences of Researcher Beliefs, In K. Tobin(ed.), *The Practice of Constructivism in Science Education,* AAAS Publication, 267-298.

Tyler, R. W.(1949), *Basic Principles of Curriculum and Instruction.* Chicago : The Univ. of Chicago Press.

Walker, D. F.(1971). "A Naturalistic Model for Curriculum Development", *School Review,* 80 : 1, 51-69.

Walker, D. F., Soltis, J. F.(1986), *Curriculum and Aims.* New York : Teachers College Press.

Walker, D. F.(2006). Methodological issues in curriculum research. In Philip W. Jackson(ed.). *Handbook of research on curriculum.* NY : Macmillan. 98-118.

Wulf, K. M., Schave, B.(2006). *Curriculum Design.* Glenview : Scott, Foresman.

Zais, R. S.(1976). *Curriculum Principles and Foundations.* New York : Harper and Row.

찾아 보기

용 어

인 명

저자 소개

✍ 강봉규

교육학박사(연세대)
현, 가톨릭대학교(성의 교정) 명예교수

✍ 박성혜

교육학박사(미국 Pennsylvania State Univ.)
현, 덕성여자대학교 교수

새로운 **교육과정**

초판발행 2010년 7월 20일
9판발행 2016년 8월 15일

저 자 강봉규 · 박성혜
발행인 김현태
발행처 태영출판사

주 소 (08301) 서울 구로구 구로동 104-10 동남오피스텔 201호
전 화 02 · 839-3757, 839-3752
팩 스 02 · 837-3754
등 록 2005년 5월 30일 제12-421호
http://www.taeyeongbook.co.kr
E-mail tys2005@hanmail.net
ISBN 978-89-6302-037-2 93370
정 가 16,000원

NAVER 태영출판사

* 잘못 만들어진 책은 교환해 드립니다.